ENVIRONMENTAL
AND
RESOURCES LAW
REVIEW

环境资源法论丛

第14卷

吕忠梅　主编

法律出版社
LAW PRESS·CHINA
北京

图书在版编目(CIP)数据

环境资源法论丛. 第14卷 / 吕忠梅主编. -- 北京 : 法律出版社, 2023

ISBN 978-7-5197-7734-0

Ⅰ. ①环… Ⅱ. ①吕… Ⅲ. ①环境保护法-文集②资源法-文集 Ⅳ. ①D912.604-53

中国国家版本馆CIP数据核字(2023)第062340号

环境资源法论丛(第14卷)
HUANJING ZIYUANFA LUNCONG(DI-14 JUAN)

吕忠梅 主编

责任编辑 宋丽娜
装帧设计 李 瞻

出版发行 法律出版社
编辑统筹 法律教育出版分社
责任校对 李慧艳
责任印制 刘晓伟
经　　销 新华书店

开本 710毫米×1000毫米 1/16
印张 15.5　字数 239千
版本 2023年6月第1版
印次 2023年6月第1次印刷
印刷 北京虎彩文化传播有限公司

地址:北京市丰台区莲花池西里7号(100073)
网址:www.lawpress.com.cn
投稿邮箱:info@lawpress.com.cn
举报盗版邮箱:jbwq@lawpress.com.cn
销售电话:010-83938349
客服电话:010-83938350
咨询电话:010-63939796

书号:ISBN 978-7-5197-7734-0
定价:42.00元

凡购买本社图书,如有印装错误,我社负责退换。电话:010-83938349

从绿色条款实施到绿色法典编纂
（代序）

“人与自然和谐共生”是中国式现代化的本质特征，这种超越“主客二分”“天人合一”的生态观，不仅为环境法奠定了哲学基础，而且为法律体系从“社会规则”发展为“人与自然共同体规则”开辟了道路。在强国建设、民族复兴的新征程上，既需要通过加强环境法学研究进一步完善生态环境法治体系，也需要通过加强传统部门法学研究着力推进中国特色社会主义法律体系的“绿色化”。

今年迎来《民法典》颁布三周年。回顾从《民法总则》到《民法典》编纂完成，环境法学者为增加“绿色原则”“绿色条款”的努力历历在目，环境法与民法的多场对话会、绿色民法典的多篇论文，记录了民法典编纂的“着绿”过程。《民法典》第9条及物权编、合同编、侵权责任编相关条款共同形成的“绿色”规范体系，体现了以民事法律原则和制度促进“人与自然和谐共生”的中国方案，彰显了植根于深厚的中华优秀传统生态文化土壤的中国智慧，也为民法与环境法在价值、原则、制度层面的沟通与协调提供了中国思维。法律的生命在于实施。《民法典》绿色条款的产生固然不易，但这些条款对于社会经济生活的调整功能、对于促进实现建设“美丽中国”目标的规范作用日益显现，如何将《民法典》的绿色原则、绿色条款变为市场经济活动中人们的自觉行为，变成蓝天白云、山清水秀的美好生活环境和生态环境，更需要我们长期跟踪、深入研究。

党的二十大报告提出“统筹立改废释纂”的要求，首次在党的政治报告中明确将法典编纂定位为完善以宪法为核心的中国特色社会主义法律体系的重要形式，标志着我国的立法模式从“成熟一个制定一个”向统筹规划、系统推进、协同共进转型，以增强法律的体系性、科学性、权威性；立法方式从以创制为主向统筹创制与清理、编纂和解释、废止法律等升级，进一步增强法律的可持续发展能力。继2021年十三届全国人大常委会将环境法典等行政法领域的法典编纂研究纳入立法计划后，十四届全国人大常委会2023年度立法计划明确提出“研究启动条件成熟的相关领域法典编纂工作”，意味着相关法典编纂启动在即。环境法典编纂研究已经开展多年，尤其是自2017年中国法学会环境资源法学研究会组织“环境法典编纂研究”大型研究项目以来，学者们集中力量对环境法典的编纂条件、编纂价值、编纂思路、编纂方法等展开研究，取得了丰硕成果。这些成果受到国家立法机关的高度关注，使得环境法典编纂始终在全国人大常委会立法计划的视线范围内。今年，全国人大常委会正在制定十四届全国人大五年立法规划，我们在期待启动环境法典编纂成为一类立法规划项目的同时，更需要加快环境法典编纂研究的步伐，加大环境法典编纂研究的力度，加深环境法典编纂研究的厚度。总结《民法典》编纂经验，借鉴《民法典》编纂方法，是环境法典编纂研究的重要内容。在这个意义上，《民法典》绿色条款适用研究既能够为环境法典编纂提供立法借鉴，又能够为环境法典编纂研究提供制度协同方案，还能够为环境法典编纂研究提供方法支持。

基于此，本卷立足于从《民法典》绿色条款实施到环境法典编纂的思路，选择了三组文章。其中，《民法典》绿色条款研究围绕司法实践提出的问题，从解释论的角度展开，深入探讨《民法典》绿色条款适用中的具体问题；环境法典编纂理论研究围绕环境法典中的基本制度建构和域外比较两个主题，从立法论角度提出环境法典编纂的具体设想，为环境法典编纂提供理论支撑。

《民法典》绿色条款研究作为本卷重点专题，选取了7篇来自理论和实务界的研究文章，内容涵盖绿色原则的功能、绿色条款的效力等不同层次问题，尤其是围绕绿色条款在合同纠纷中的落实问题展开理论研究，以回应司法实践需求，丰富《民法典》适用的理论基础。王腾副教授的《民法绿色原则的功能实现与适用规则——基于租赁合同纠纷司法案例的展开》一文从司法案例入手展开分析，针对绿色原则的统一适用缺乏判断标准、突破具体民事规则、与其他基本原则存在功能性冲突等问题提出了理性应对方案。汤敏博士和孔慧媛同学的《论绿色原则在合同纠纷裁判中的限制性影响》、孙宝光法官的《“绿色”合同利益的范围界定与司法保护——以〈民法典〉第

509条第2款为对象》等5篇文章围绕《民法典》合同编绿色条款的司法适用问题,从绿色原则的适用性、合同中“绿色”利益的识别、绿色条款的适用状况及规范路径等方面探讨合同制度绿色化问题,论证了对合同制度进行绿色化改造的具体路径。胡立峰法官的《民法绿色原则对违约责任规则的修正强度及其司法调控》一文针对违约责任的认定问题进行了理论与实践分析,论证了实现修正强度规范化和修正强度稳定性双重需求与实现方式。我们知道,《民法典》中的绿色条款,大多为不完整规范,其适用既需要有环境法的理念,也需要有相关环境法规范的衔接;因此,《民法典》绿色条款适用研究,一定会涉及不同法域、不同学科的理论碰撞与跨界思考。这些研究成果,不仅可以为落实《民法典》绿色条款、解决司法实践面临的法律适用难题提供智力支持,而且可以为编纂环境法典、解决立法实践面临的法律规范衔接难题提供智识支撑。

环境法典编纂理论研究作为本卷的重要内容,从制度研究和域外比较两个角度选编了5篇文章,其中,“制度研究”3篇,“域外环境法”2篇。“制度研究”涉及环境行政许可、环境公益诉讼等关系环境法典编纂成色与分量的重要制度。王炜二级巡视员的《作为行政许可的排污许可制度》、丁晓华法官的《〈民法典〉施行后环境公益诉讼发展模式研究》、王天栋检察官的《行政公益诉讼诉前磋商程序研究》3篇文章,从我国生态文明体制改革和司法实践出发,梳理制度演变过程、实践发展困境,分析问题产生的理论原因,提出了解决问题的法典化方案。“域外环境法”从借鉴国外环境法制度的角度选材,其中李迪华教授等的《美国无障碍环境法制发展历程及其启示》通过总结美国无障碍环境立法和实施实践,为我国完善无障碍建设寻求启示,是环境立法的一个新视角;王蒙博士的《全球视野下健康环境权发展动态及其启示》通过对健康环境权规范与实施的考察,提出了环境法典编纂中以健康环境权替代环境权的建议。这些具体制度研究,相对于环境法典编纂研究第一阶段主要集中于编纂条件与基本定位、实践需求与理论供给、逻辑主线与模式选择、规范体系与制度结构等基础性、宏观性问题研究,更具有针对性、实践性,对于未来的法典编纂更不可缺少。同时,这些具体制度研究,也会对《民法典》绿色条款的实施,产生积极影响。

2023年,是贯彻落实二十大报告的开局之年,也是十四届全国人大常委会履职首年。二十大确立的“美丽中国”、“法治中国”建设目标,需要以完善中国特色社会主义法律体系的方式畅通法治"轨道",环境法典编纂对于"人与自然和谐共生"的现代化建设、对于现代环境治理体系与治理能力提升,意义不言而喻。如果说,是否启动环境法典编纂以及何时启动环境法典编纂,是立法者的政治选择;那么,为环境法典编纂做好理论准备、技术准备、人才准备,则是环境法学界义不容辞的责任。《环境资源法论丛》就是这样的一个窗口,记录专家学者厘清争议、明确方法、进行制度设计的过程,见证环境法典编纂研究的演进。期待学者们以更加丰富的研究成果,创造环境法典编纂的历史!

吕忠梅

2023年5月30日于全国人大机关办公楼

环境资源法论丛　　第14卷

民法绿色条款专题

制度研究

域外环境法

民法绿色条款专题

《环境资源法论丛》
第 14 卷,第 3~18 页

民法绿色原则的功能实现与适用规则*

——基于租赁合同纠纷司法案例的展开

王 腾**

摘 要 绿色原则在租赁合同纠纷中已经得到了较为广泛的适用。基于法律制度功能是通过"规则创制—体系整合—社会效果"三个递进的过程渐次实现的基本逻辑,在不动产租赁合同纠纷处置中,绿色原则应具有统一法律适用、进行规范解释以及有效回应社会需要三项功能。结合租赁合同纠纷司法案例的实证分析,根据以上三个功能实现过程的分类观察,绿色原则的规则适用存在三个方面的问题,即绿色原则的统一适用缺乏判断标准、突破了具体民事规则、与其他基本原则之间存在功能性冲突。基于此,应从以下三个方面解决以上问题:一是在司法裁判中确立绿色原则的统一适用规则;二是在绿色原则与其他具体规则相冲突时应进行规范解释;三是基于多方利益衡量进行裁判。

关键词 民法典 绿色原则 租赁合同 民法基本原则

绿色原则作为我国《民法典》规定的基本原则之一,已与"平等原则""公

* 本文系司法部法治建设与法学理论研究部级科研项目专项任务课题"基于裁判文书大数据的黄河流域生态环境纠纷类型与解决机制研究"(批准号:20SFB4072)的阶段性成果。

** 王腾,湖北经济学院副教授、硕士生导师,湖北水事研究中心研究员。

平原则”“自愿原则”“诚信原则”等传统民法基本原则一道,正式列为我国一切民事活动所应当遵循的行为准则。绿色原则的具体规范内容表现在《民法典》第9条,即原《民法总则》第9条:“民事主体从事民事活动,应当有利于节约资源、保护生态环境。”这一规定实际上确立了民事主体权利行使的“绿色约束”制度。如民事主体在财产的使用方面必须遵循“节约资源”与“绿色环保”的原则,其中租赁作为民事主体获取财产收益的重要方式,理应也受到绿色原则的约束。为了了解在《民法典》颁布生效后在租赁合同纠纷中绿色原则适用的基本情况,笔者通过北大法宝网站以关键词“绿色原则”搜索自《民法典》实施以来至2021年8月全部推荐案例,共搜集到案例55个,对以上案例的分析,既可反映后《民法典》时代绿色原则在租赁合同纠纷领域适用的基本样态,也能展现在合同纠纷中适用绿色原则的最新实践状况,这对于发现绿色原则适用的问题,并针对性探索相应的完善方案具有重要意义。笔者通过对以上案例的整理,筛选出涉租赁合同纠纷案例9个,占全部推荐案例数的16.4%,且相关检索案例均属于不动产租赁合同纠纷。这在一定程度上说明绿色原则在不动产租赁合同纠纷中已经得到了较为广泛的适用。基于此,笔者拟通过对这些案例的实证研究,梳理分析在此类纠纷中绿色原则适用的基本样态与规律,以期为未来相关纠纷的处置提供可行的指引。

一、不动产租赁合同纠纷中适用绿色原则的基本样态

不动产租赁包括土地租赁与房产租赁,因我国土地归国家或集体所有,故土地租赁一般是指土地使用权租赁,比如基于土地承包经营权流转而产生的代耕协议本质上即是一种不动产租赁合同。[1] 房屋租赁是最常见的租赁合同类型,在我国城市化进程中,其对于提高居民居住质量,解决流动人口住房难问题起到了重要作用。在不动产租赁合同纠纷中较常见的一种类型是承租人与出租人之间就租赁物中存在的性质改变发生争议,承租人基于自身对租赁物就该性质改变所进行的投入或租赁物上添附物的残值请求出租人给予补偿,而出租人则基于租赁合同或者对租赁物所有权人的身份主张承租人应对租赁物进行“恢复原状”后返还,且拒绝进行任何形式的补偿。这一争议的传统解决方案较为简单,即只要合同约定返还租赁物应“保持原状”,

[1] 参见杨芳:《关于涉农土地纠纷案件的调研报告》,载《法律适用》2005年第8期。

或者直接基于出租人对租赁物的物权要求承租人“恢复原状”，甚至还可以基于承租人对租赁不动产的性质改变，请求损害赔偿。但是，随着《民法典》“绿色原则”的确立，审判人员或承租人在司法裁判过程中对此类纠纷的处置或主张产生了一些微妙的变化，那就是他们可能会基于“绿色原则”中“节约资源”与“保护环境”的规范要求，进而去评价或否定租赁物在返还时“恢复原状”的必要性，以此作为是否支持或者满足出租方请求的部分依据。

实际上，对租赁物返还行为进行“绿色评价”是合适的。以房屋出租为例，如果租户在租赁期内对房屋进行了装修，在租赁合同到期后归还房屋时，出租方要求对房屋内添附物进行拆除，是否可能造成资源的浪费（如装修所用木材的浪费）与环境的污染（如固体废物的随意处置），并以此为由判定不用拆除，并给予适当补偿？此外，在土地租赁合同终止时，如出租人要求承租人对土地上的农作物或林木进行清理以实现“净地”返还，是否意味着必然造成生态的破坏或资源的浪费，进而需要限制出租人对土地所有权的处置？这些问题均需要审判者根据案情结合绿色原则进行研判。为了进一步厘清在司法审判实践中绿色原则的适用情况，笔者将搜集到的裁判文书进行了梳理，以全面了解这些案例的“不动产类型”“提出适用绿色原则的主体”“诉争焦点”“是否适用绿色原则”。我们发现，在这 9 份裁判文书中，房屋租赁、城市土地租赁纠纷、农村土地租赁纠纷各有 3 份。在房屋租赁合同纠纷中，有 1 起案件是承租人主张适用绿色原则，2 起案件是由审判人员主张适用；3 起案件的诉争焦点都涉及房屋内设施的拆卸问题，其中 1 起案件在裁判中未适用绿色原则，支持对房屋中设施进行拆卸，而有 2 起案件则适用绿色原则，没有支持对房屋中设施予以拆卸。在城市土地租赁合同纠纷中，有 2 起案例未适用绿色原则，判决应拆除地上设施，1 起案例适用绿色原则，判决不应拆除。在农村土地租赁合同纠纷中，有 1 起案件由审判人员提出适用绿色原则，裁判结果为不予移除地上植物，剩余 2 起案件则由承租人提出适用绿色原则，而法院未支持，裁判结果为移除地上植被。

从以上情况分析，目前我国租赁纠纷司法审判在适用绿色原则方面具有以下基本样态：一是涉及绿色原则适用的租赁合同纠纷主要集中于不动产租赁领域，且均匀地分布于房屋、城市土地以及农村土地租赁。二是提出适用绿色原则的主体主要是承租人与审判人员，其中承租人主张适用绿色原则的较审判人员更多。三是诉争焦点主要围绕租赁合同解除或期满后，租赁物上添附物的移除以及补偿问题。四是裁判过程中最终未适用绿色原则的较适用的更多,且在承租人提出绿色原则的情况下法官均未适用。当然,以上只是对相关案例的初步认识,为了更为系统地了解绿色原则在司法实践中的制度功能与适用规则,我们将深入案例裁判文书的细节内容,并从绿色原则的功能实现的角度出发,去分析绿色原则的适用问题以及应对策略。(见表1)

表1 涉及绿色原则适用的不动产租赁合同纠纷裁判情况

编号	不动产类型	提出适用绿色原则的主体	诉争焦点	是否适用绿色原则	审判法院	案号
1	房屋	承租人	合同解除,拆迁旧料的归属	否	山东省威海市中级人民法院	(2021)鲁10民终830号
2	房屋	审判员	租赁期满,是否拆卸屋内设施	是	宁夏回族自治区中卫市中级人民法院	(2021)宁05民终115号
3	房屋	审判员	租赁期满,承租人是否享有优先承租权	是	北京市第二中级人民法院	(2021)京02民终2444号
4	城市土地	承租人	租赁期满,是否拆卸增建房屋	否	陕西省宝鸡市中级人民法院	(2021)陕03民终449号
5	城市土地	审判员	租赁期满,是否拆卸地上建筑物	是	河南省洛阳市中级人民法院	(2021)豫03民终75号
6	城市土地	承租人	是否可在不拆卸建筑物的条件下,用建筑物抵扣租金	否	四川省攀枝花市中级人民法院	(2021)川04民终368号
7	农村土地	审判员	土地承包经营权转让合同无效,是否需要在返还土地时铲平地上树木	是	天津市第三中级人民法院	(2021)津03民终39号

续表

编号	不动产类型	提出适用绿色原则的主体	诉争焦点	是否适用绿色原则	审判法院	案号
8	农村土地	承租人	租赁期满,基于地上植物生长规律,是否可延长租赁期	否	广西壮族自治区来宾市中级人民法院	(2021)桂13民终537号
9	农村土地	承租人	租赁期满,可否主张地上苗木经济损失	否	福建省泉州市中级人民法院	(2021)闽05民终768号

二、不动产租赁合同纠纷中绿色原则规范功能的实现

任何法律制度的存在或设置都应当以其特有的、不可取代的价值或功能为前提。[2] 民法基本原则为民事法律蕴含的主要价值或者目标,对于立法者、裁判者以及当事人均具有指导意义。裁判者以及当事人妥当运用民法基本原则,不仅可以帮助解释法律、克服成文法之局限性,也可以帮助解释法律行为、填补合同漏洞等,发挥解释功能、补充功能乃至修正功能。[3] 而促成以上功能的真正实现正是民法基本原则制度设计的目标所在,因此,"绿色原则"作为一项民法基本原则,其在具体个案中的规则适用应遵循有利于以上制度功能实现的基本标准,并以此标准作为解决规则适用中疑难问题的重要指引。

(一)法律规则的功能类型与实现机制

法律制度作为社会系统的一个重要单元,其颁布实施必对其他社会系统单元的运行产生影响,制度只有在与其他社会系统单元协调配合时才能发挥其应有的功能。因此,一项制度的规范功能就是其对其他社会系统单元所产生的作用。当前,法学界较为主张从法律社会学的视角看待法律的功能问题,认为"法律功能是在一定的立法目的指引下,基于其内在结构属

---

〔2〕 参见祝之舟、吴秋瑶:《论土地承包经营权转让制度的功能定位及法律适用》,载《山东科技大学学报(社会科学版)》2021年第4期。

〔3〕 参见韩世远:《民法基本原则:体系结构、规范功能与应用发展》,载《吉林大学社会科学学报》2017年第6期。

性而与社会单位所发生的,能够通过自己的活动造成一定客观后果,并有利于实现法律价值,从而体现自身在社会中的实际地位的关系"[4]。这种理论是将法律作为一个整体放置于社会的宏观视野下进行研究所得出的结论,而一项具体的法律制度作为法律体系的子单元,其所展现的功能必然是有层次性的,这种层次性体现在制度功能实现的过程之中。

法律制度功能的实现一般需要经历两个过程:第一个过程发生在制度体系内部,表现为一项制度对既有法律体系发生的特定作用;第二个过程是这些新制度在与其他制度整合后通过对原有法律关系进行调整而产生的积极影响。制度正是通过以上两个过程的传导机制以实现其功能的,与之相应,民法基本原则作为一项抽象的法律制度在其功能实现过程中一般亦可分为对内与对外两个层次。正如有学者认为:"民法基本原则事关民法典制定的目的、理念和思路,其基本功能除了实现对立法的指导和便利司法之外,更重要的则在于通过理性化的抽象设计,强化社会公众对民法的内心信仰和价值认同。"[5]这一表述不仅是对规则功能类型的论证,更蕴含了对功能层次的判断,即"立法指导与便利司法"是基本原则制度的规范领域的内在功能,而对公众的影响可谓在社会领域的外在功能。其中,民法基本原则的内在功能又可以分为两个层次:其一,创造新型规则。这一功能体现的是立法者基于一种新的理念与要求对既有法律体系的补充或修正,民法基本原则作为一项标准性规则,首要功能应是为民事规则体系创立一种新的适用标准,以促使民法规则的实施能够融入这种新规则要素,从而实现对新的法律关系的调整。其二,重整法律体系。任何制度的创造对法律系统本身是存在影响并表现出一定功能的,任何一项新的制度的诞生不可能与整个法律体系相脱离,法律体系是具体制度规范的母体,而规范本身对法律体系的运行将会产生无法避免的影响。民法基本原则的外在功能即表现为原则所确立的具体制度通过与法律体系的整合将其效用传导于社会系统而产生外显功能。结合以上关于功能实现的层次分析,我们可以厘清制度功能实现的一般机制,即制度功能是通过"规则创制—体系整合—社会效果"三

---

[4] 付子堂:《社会学视野中的法律功能问题》,载《郑州大学学报(哲学社会科学版)》1999年第5期。

[5] 赵万一:《民法基本原则:民法总则中如何准确表达?》,载《中国政法大学学报》2016年第6期。

个递进的过程渐次实现的。

以上分析的结论可以引入对绿色原则功能实现机制的探讨之中。绿色原则作为一项民事规范对社会产生的影响并非直接的，其社会功能的实现亦应符合渐进式的特点，首先，立法者在成文法典规则体系中创设了一项新规则，即为民事规则适用建立统一的"绿色"标准。其次，绿色原则的确立为民事规则冲突提供解释与协调工具。只有当绿色原则实现与民事既有制度体系的有机整合，发挥多元制度的协同效应，才能真正发挥其符合立法者预期的功能价值。最后，在顺利完成以上两个阶段后，绿色原则才能进入社会功能实现层面，以回应现实需求、解决现实问题。

（二）绿色原则在不动产租赁合同纠纷中的法律功能实现

依据制度功能实现的渐进性逻辑，我们拟从以上归纳的渐进性三阶段规律出发，进一步阐释绿色原则在不动产租赁合同纠纷中法律功能实现的基本类型及其重点内容，以为深入探索在相关纠纷中适用绿色原则提供基本思路与参考依据。

1. 为民事规则适用建立统一的"绿色"标准

绿色原则作为私法领域的统领性规则可以有效地为不动产租赁合同规则的统一适用提供指引，从而为涉事主体提供相关环境利益的保护。[6] 在缺乏"绿色原则"的时代，"公序良俗""公平"等原则亦可在一定范围内起到促进资源节约或环境保护的功能，有学者甚至认为绿色原则在概念上已为原《民法总则》第 8 条的公序良俗原则之"公序"（社会公共利益）所涵盖。[7] 还有学者认为这一原则是"公法的原则或社会法的原则，而非作为私法的民法的基本原则"。[8] 然而，经过立法者的广泛讨论与综合考量，"绿色原则"以《民法典》第 9 条的规范形式最终确立为民法的新型基本原则，这说明该规范已经具有以往原则所不能覆盖的特殊功能，这种功能可能包括，但显然不限于有助于构建有利于资源节约与环境保护的民法规则体系。换言之，绿色原则的确立，说明立法者已经改变了过去那种将"绿色"作为诸如环境侵权、环境人格权等民法局部规则的认识，而已将"绿色"变

---

〔6〕 参见王利明：《论公序良俗原则与诚实信用原则的界分》，载《江汉论坛》2019 年第 3 期。

〔7〕 参见尹田：《民法基本原则与调整对象立法研究》，载《法学家》2016 年第 5 期。

〔8〕 参见赵万一：《民法基本原则：民法总则中如何准确表达？》，载《中国政法大学学报》2016 年第 6 期。

更为用以指引全部民事规范适用的总体性规则与重要依据,即在具体的民事裁判中,“绿色原则”应与“自愿原则”“诚信原则”等传统民法基本原则同样对待,充当评价与引导具体民事规则适用的基本标准。

2. 为民事规则冲突提供解释与协调工具

当社会关系的发展变化超越了立法者立法时的预见范围时,立法缺陷便可能随即出现。[9] 裁判者以及当事人妥当运用“绿色原则”,“不仅可以帮助解释法律、克服成文法之局限性,也可以帮助解释法律行为、填补合同漏洞等,发挥解释功能、补充功能乃至修正功能”[10]。比如在案例3中,虽然合同双方就承租人与其他市场主体是否具备同等的条件而享有优先承租权存在争议,而一审法院认为,“从绿色原则及经济因素考量,承租方因在涉案房屋经营宾馆住宿等业务,进行了大量资金投入,且经营场所对于品牌经营具有重要影响,如承租方无法通过行使优先承租权承租涉案场地,势必造成较大的经济损失以及无形商业利益损失,承租方继续使用涉案房屋则可充分利用原有设施设备,一定程度上避免了不必要的浪费”,[11] 并以此作出了承租方享有优先承租权的裁决。实际上,“绿色原则”在此已发挥了对租赁合同规范的漏洞补充与功能解释作用,为“优先承租”法律事实的认定提供了区别于传统民法基本原则的新的考量因素与适用标准。

3. 有效回应规范不动产租赁活动的社会需要

民法是调整私人法律关系及其相应利益的法,而自然资源与生态环境保护法作为一类保护公共利益的法律规则,[12] 在传统民法体系中长期以来缺乏生存与扩展的空间,所以,在保守的民法体系框架下,与资源环境保护相关的民法规则十分缺乏。在世界范围内,传统的所有权绝对主义观念在保护生态环境的大背景下出现松动,并在相当程度上融入了“预防原则”和“可持续发展原则”的要求。[13] 与这种理念相伴随的一个重要发展趋势是,随着环境遭到严重损坏,生态环境已逐渐成为民众对自身利益进行维护

---

〔9〕 参见黄茂荣:《法学方法与现代民法》(第5版),法律出版社2007年版,第377页。

〔10〕 韩世远:《民法基本原则:体系结构、规范功能与应用发展》,载《吉林大学社会科学学报》2017年第6期。

〔11〕 北京市第二中级人民法院民事判决书,(2021)京02民终2444号。

〔12〕 参见刘卫先:《环境法学中的环境利益:识别、本质及其意义》,载《法学评论》2016年第3期。

〔13〕 参见石佳友:《物权法中环境保护之考量》,载《法学》2008年第3期。

时的考量因素，环境利益的私人有用性逐渐显现，对人们收益的影响日益增强，[14]民法作为保护民众私人权益之基础性法律必然需要回应这种现实状况的改变。因此，"绿色原则"不仅是民法的"一般性原则"，也应成为民法的具体规则，这一规则应具有司法授权功能，必要时充当裁判依据，[15]用以有效调整个人、社会与生态环境等多种利益之间的关系，实现社会福利的增加。

绿色原则的以上功能特点可以在租赁合同相关立法中得以证明。《民法典》第715条第2款规定："承租人未经出租人同意，对租赁物进行改善或者增设他物的，出租人可以请求承租人恢复原状或者赔偿损失。"该条的设置可以保护出租人对租赁物的所有权，但是当承租人未经出租人同意，对租赁物进行了大幅改善或者花费巨大投入增加设施，确为租赁物增加了市场价值，而出租方是否可以财产所有权人身份要求"恢复原状"，对这一问题的规范在原有的民法规则中却付之阙如，比如，即使租赁物上添附物具有可分性，按照最高人民法院《关于审理城镇房屋租赁合同纠纷案件具体应用法律若干问题的解释》（以下简称《房屋租赁司法解释》）第9条和第10条的规定，添附物应归承租人所有，此时若承租人因拆除添附物给租赁房屋造成损毁，出租人可以请求赔偿损失。但如果在以上条件下，承租人拆除添附物的成本较高，构成对资源的巨大浪费或者可能会引起严重的环境污染，是否仍应按照此条款规定赋予承租方自由拆除的权利，而出租方只能请求补偿？或者当承租人无意拆除添附物，而出租人主张拆除，并要求承租人补偿，是否合理？这些问题难以在传统民法规则体系中找到答案，而"绿色原则"的确立可为这些问题提供合适的制度供给，即在此类纠纷的法律裁判中，法官可在对添附物拆除行为的成本效益进行综合评价的基础上，适当限制出租方对租赁物的处分权能，如此则可一方面引导出租方在处置房屋及其添附物过程中作出符合"节约资源、环境保护"基本要求的决策，另一方面也能平衡合同双方、社会与自然资源、环境多方利益，避免出现因维护私人利益而严重损害社会公共利益的情况。

综合以上的分析，在不动产租赁合同纠纷处置中，绿色原则应具备三个

---

〔14〕 参见徐祥民、朱雯：《环境利益的本质特征》，载《法学论坛》2014年第6期。

〔15〕 参见陶凯元：《以习近平生态文明思想为指引切实贯彻实施〈民法典〉绿色条款》，载《法律适用》2020年第23期。

方面的功能:第一,针对法律体系而言,可以统一法律适用,创造新型规则,以织密租赁合同规则网络;第二,可以通过原则的规范解释功能,提升规则体系的协调性与合法性;第三,针对社会生活而言,能够引导社会行为,实现利益衡平。

基于绿色原则规范功能的实现是规则适用的主要目标,针对绿色原则在规则适用方面存在之主要问题的探索自然可从其制度功能的实现过程进行观察而实现。因此,笔者结合本文搜集的相关案例样本,拟从绿色原则以上三个方面的功能类型切入,探索在我国不动产租赁合同纠纷司法裁判过程中绿色原则适用的基本问题与调适策略。

三、不动产租赁合同纠纷中绿色原则适用的问题

(一)绿色原则的统一适用缺乏判断标准

在后《民法典》时代,绿色原则的适用仍存在义务内容抽象模糊、适用情形含混不清、裁判规范属性不明、民事法律后果缺失等制度障碍,[16]这些因素共同导致相关规则的适用缺乏明确的判断标准,影响了绿色制度的实现。根据案例基本样态的分析,笔者发现依据绿色原则提出应对租赁物上相关设施进行移除的判例,基本满足一个规律,那就是绿色原则都是由法官提出,而承租人提出适用绿色原则的主张,法院均没有采纳。这一规律的发现其实也不足为奇,因为法官提出适用绿色原则自然是为表明裁判结果具有有力的法律依据。但是,需要注意的是,在承租人提出的适用绿色原则的案件中,法官不仅未采纳相关诉请,而且在裁判结论中也未对不适用绿色原则的原因进行必要回应与解释,而大部分判例只是以“依据合同约定”为由直接驳回了对承租人保留房屋内设施或给予相应补偿的请求。如在案例4中,上诉人主张原审判决“生效之日起15日内拆除在原告刘军垂租赁场地内增建的钢结构大棚等增建物”[17],既违反了当事人双方的口头约定,亦违反了《民法典》第6条公平原则及第9条绿色原则,增建房屋的拆除,会对上诉人造成重大的经济损失,房屋拆除后也变为建筑垃圾,没有再利用价值,二审法院判决仅以存在合同约定为由,直接认定原审法院作出的“拆

---

[16] 参见冯汝:《〈民法典〉绿色条款的体系化解读——以公民环境义务为分析视角》,载《华中科技大学学报(社会科学版)》2021年第4期。

[17] 陕西省宝鸡市中级人民法院民事判决书,(2021)陕03民终449号。

除相关设施、设备,且不予赔偿相关损失”[18]合理合法,但并没有说明是否应考量基于绿色原则而对相关设施、设备予以保留及其原因,以回应上诉人的诉请。这一判决表明法官在裁判过程中并未确立绿色原则的适用条件,且没有说明何谓绿色原则以及如何在案件裁判中准确适用。因此,法官对绿色原则的适用显然缺乏一定的判断标准,而仅以自身对案件事实的理解与裁判需求的主观判断作为应否采纳该原则的依据。

(二)绿色原则的适用突破了具体民事规则

绿色原则是一个争议中的新民法原则,而且在既有民法体系中欠缺系统的贯通性,裁判者在一定程度上对原则与规则功能定位的认识不足,[19]从而造成法官在法律适用过程中随意突破现有规则而作出有违立法目的的判决的情况。从样本案例来看,无论是法官主动提出还是当事人在诉请中主张,绿色原则的适用主要是为了解决不动产租赁合同期满或解除后的一个关键问题——租赁物是否需要恢复原状?对这一问题的处置,《民法典》第733条存在相应的规定:“租赁期限届满,承租人应当返还租赁物。返还的租赁物应当符合按照约定或者根据租赁物的性质使用后的状态。”依据该条款,如果合同双方就租赁物上添附物的归属进行明确,自然按照协议处理,如果未明确,则应根据租赁物的性质使用后的状态处理,即在缺乏合同双方合意的情况下,添附物作为正常的“租赁物性质改变后的状态”应归属出租方所有,换言之,至少从法律字面意义上来看,租赁物在返还时是需要恢复原状的,或者至多可以容忍租赁物在使用过程中产生的自然耗损。但根据相关案例,在现实的租赁合同纠纷中,存在一个比较常见的现象,那就是承租方为了提升租赁物的使用功能而增加设施,这种设施与租赁物经常紧密结合,但又可以拆除,拆卸下来的残余物往往不具备任何价值,对这些设施如严格按照法律要求予以“恢复原状”,确实会产生明显的“资源浪费”的问题。从样本案例看,几乎所有的案例适用“绿色原则”规则之目的均是承租人为“不拆卸租赁物上添附物并获取相应补偿”的主张提供法律支持。如在案例5中,虽然租赁协议已有约定“租赁期满,甲方收回租赁给乙方的场地及地宫,乙方投资资产归由乙方自行处理”,但对具体处理方式并未明

[18] 陕西省宝鸡市中级人民法院民事判决书,(2021)陕03民终449号。

[19] 参见陈洪磊:《民法典视野下绿色原则的司法适用》,载《法律适用》2020年第23期。

确,法院最终认为"涉案房屋地处繁华地段,实际价值较大,除了拆除涉案建筑之外还有多种处理方式可以兼顾实际操作中的可行性及经济效益、社会效益,更有利于王城公园已享有的债权的实现,避免了社会资源的严重浪费,同时也保护了双方当事人的合法权益。因此,不宜判决承租人拆除涉案房屋"[20]。这一判决实际上已经突破了《民法典》第322条"因加工、附合、混合而产生的物的归属,有约定的,按照约定"的规定,以绿色原则取代了租赁双方的合意规则,具备了规则适用"向一般原则逃逸"[21]的基本特征,换言之,在目前的司法审判实践中,即使在有约定的情况下,合同双方处置添附物的权利亦受到"绿色原则"的限制。

(三)绿色原则与其他基本原则之间存在某些功能性冲突

绿色原则作为一项民法基本原则,是民事立法领域的一项创新规则,[22]这一规则既具有其独立的规范价值,又同时需要与其他规则,特别是与其地位相当的公平、自愿等民法基本原则协调配合,才能发挥应有的作用。从样本案例分析,绿色原则作为承租人的抗辩理由常与公平原则结合使用,如在案例6中,承租人认为在自身对租赁物设施进行大量投入的情况下,"根据公平原则、绿色原则和《民法典》第723条的规定,要求降低租金是合情合理合法的"[23]。案例8中,在土地租赁合同期满后,承租人(上诉人)提出应"从保护上诉人的合法财产权益考虑,从有利于林业生产考虑,基于公平原则及绿色原则,给予上诉人处理案涉土地上附着物(林木)的合理时间,待处理完毕后才将林地交还给被上诉人"[24]。承租人之所以同时适用绿色原则与公平原则,从某种程度上体现了这两个规则具有某种制度功能的相似性,绿色原则的设置实际上体现出立法者对维护环境公平的努力,在租赁合同纠纷中,争议一般都是围绕出租人是否就承租人对租赁物进行投入的补偿展开,补偿的依据是出租人获得增值收益,而承租人的投入却没有得到足够回报,所以可依据公平原则对合同双方进行适当的利益调整,但是,如果基于公平原则给予承租人适当补偿,很可能又会产生一个新的问

---

〔20〕 河南省洛阳市中级人民法院民事判决书,(2021)豫03民终75号。

〔21〕 梁迎修:《法律原则的适用——基于方法论视角的分析》,载《华中师范大学学报(人文社会科学版)》2007年第6期。

〔22〕 参见杨立新:《我国民法典对类法典化立法的规则创新》,载《中外法学》2020年第4期。

〔23〕 四川省攀枝花市中级人民法院民事判决书,(2021)川04民终368号。

〔24〕 广西壮族自治区来宾市中级人民法院民事判决书,(2021)桂13民终537号。

题，那就是出租人因拒绝承担补偿而要求承租人拆除相关设施，就会造成资源浪费，而这一结果显然有违“绿色原则”的制度功能。此外，在案例8中，法官认为土地承租人栽种尾叶桉不符合合同期限约定和土地有效利用最大化要求，致使第二批林木在合同到期时未到采伐树龄，承租人存在“故意造成适用合同第四条约定的情形以达到延长合同期限目的”〔25〕，有违诚实信用原则，并以此驳回了承租人适用“绿色原则”以延长租赁期的诉讼请求。该判决说明法官已经敏锐地捕捉到承租人恶意规避履约责任的潜在目的，坚定地以“诚实信用原则”否定了“绿色原则”的适用，堪为民法基本原则之间产生功能性冲突的一典型例证。

四、不动产租赁合同纠纷中绿色原则适用规则

（一）在司法裁判中确立绿色原则的统一适用规则

针对在租赁合同纠纷司法裁判中出现的“绿色原则”适用缺乏判断标准的问题，笔者认为应在司法解释层面明确该原则在案件裁判中的适用规则。根据前文梳理的相关案例，我国租赁合同纠纷中涉及“绿色原则”适用的主要案件类型集中于租赁物返还过程中的添附物拆卸以及赔偿问题。对此问题，应建立以下规则：首先，依照《民法典》第733条第2句“返还的租赁物应当符合按照约定或者根据租赁物的性质使用后的状态”的规定，如果租赁物属于使用过程中的自然损耗或增值部分，添附物归出租方所有，当然不存在拆卸与补偿问题。其次，如果租赁物上添附物并非自然产生，而为人造，则适用《民法典》第715条与《民法典》第322条之规定，即承租人经出租人同意，可以对租赁物进行改善或者增设他物，对于增设物的归属，有约定的，从其约定，没有约定或约定不明的，依照法律规定，法律没有规定的，按照充分发挥物的效用以及保护无过错当事人的原则确定。此处需要注意的是，对于没有约定或约定不明适用的法律一般指《房屋租赁司法解释》第9~12条的规定，特别是针对添附物拆除问题的裁判规则主要应适用该解释第10条的规定，即“承租人经出租人同意装饰装修，租赁期间届满或者合同解除时，除当事人另有约定外，未形成附合的装修物，可由承租人拆除。因拆除造成房屋毁损的，承租人应当恢复原状”，不过，在这一条的

〔25〕 广西壮族自治区来宾市中级人民法院民事判决书，(2021)桂13民终537号。

适用过程中,司法解释明确的是“可由承租人拆除”,即对于租赁物上未构成附合的装饰装修物法律明确的是“授权性规则”,这就为法官在具体案件裁判过程中在没有约定或约定不明的情况下直接适用绿色原则提供了空间,即在添附物不构成附合的情况下,法官应引入“绿色原则”,综合考量作出是否拆除的裁判,如此,则既满足了法律的具体规定,也符合“绿色原则”的基本要求。以上适用规则的确立不仅可以为法官提供审判指引,亦可有力证明绿色原则作为一项民法独立规则存在的价值。当然,通过上述将“基本原则”与“具体规则”进行“规范双引”的方式进行裁判只有在两个规则相互协调下方能完成,如存在规则之间冲突的情况(比如案例8中涉及的绿色原则与诚信原则的冲突),则可能需要进行规范解释。

(二)绿色原则与其他具体规则相冲突时应进行规范解释

绿色原则与其他规则的冲突分为两个层面,一是原则层面的冲突,二是原则与规则的冲突。林来梵教授等曾将法律原则司法适用的类型归纳为“原则与规则一致情形下,原则作为规则的基础和指引”“规则缺位的情形下,适用原则以作漏洞补充”“原则与规则相冲突的情形下,适用原则创制规则”“原则之间相互冲突情形下的特别复杂的适用”四种。〔26〕竺效教授提出绿色原则规范解释适用的正确技术规则应至少包括四个主要步骤,即民事规范识别、冲突价值权衡、解释方法探求和比例原则考量。依照以上法学理论原理来解决绿色原则与其他规则冲突问题总体可行,但仅通过以上步骤,可能仍然不能解决不动产租赁中的部分问题,比如按照狭义的比例原则要求,“就裁判拟采用的具体限制措施或规范解释方案,须先行预测或评估,对民事规范及其背后支撑的原则所采取之限制的增加,应以绿色原则价值实现的同步增加为正当性前提,一旦出现或存在随着限制的增加反而出现绿色原则价值停止增加或减少的情况,就应不采取该措施或方案,或者应使具体措施或方案的限制程度止步于绿色原则价值不再增加或降低的那个点位”〔27〕。比如在案例9中,在租赁合同被判无效的情况下,承租人上诉称:“一审要求园林苗木应及时搬走或出售是荒谬的,园林苗木至少需要三五年时间的销售才可逐渐回收……一审判决致使承租人不仅得不到应有的

---

〔26〕 参见林来梵、张卓明:《论法律原则的司法适用——从规范性法学方法论角度的一个分析》,载《中国法学》2006年第2期。

〔27〕 竺效:《论绿色原则的规范解释司法适用》,载《中国法学》2021年第4期。

经济弥补，还要承受巨大的经济损失，而且违背了保护生态环境的绿色原则。”[28]而法官认为，承租人承包土地本来就是通过培植园木、出售苗木等方式获取商业利益，故一审判决认定苗木属于可移植或出售的苗木符合客观事实。既然通过延长承租期限从而限制出租人所有权处分权能并不能提升绿色原则的价值，法官当然可不采用绿色原则去处理本案。但就是否只要存在绿色价值增加或者降低的可能，法官就应在一定程度上限制其他民事规范或原则的适用？以上学理解释并未给我们提供充分的答案。在案例8中，承租人因不按照合同期限约定栽种而导致租期届满而大量尾叶桉未到采伐树龄，若按比例原则的要求，只要法官在裁判中限制出租人土地所有权，允许承租人延长租期即可提升绿色原则的价值，但二审法院认为“上诉人存在故意延长合同期限的目的，有违诚实信用原则”[29]，而直接判令承租人移除地上树木，以维护诚信原则的价值。笔者认为，法官作出以上判决并不意味着在价值位阶上“诚信”要高于“绿色”，而是在比例原则之上，还存在一个潜在的规范解释工具，这就是裁判过程中蕴含的对多元利益的综合考量与平衡。

（三）基于多方利益衡量的结果进行裁判

所谓利益衡量，是指法官审理案件，在案情事实查清后，不急于去翻阅法规大全和审判工作手册寻找本案应适用的法律规则，而是综合把握本案的实质，结合社会环境、经济状况、价值观念等，对双方当事人的利害关系作比较衡量，作出本案当事人哪一方应当受保护的判断。[30] 笔者对9个案例的说理部分进行了分析，发现法官针对不动产租赁合同纠纷的审判存在一个共同特点，即裁判结论不是基于某一具体规则直接作出的，而更多的是基于多方利益衡平的结果，当然包括资源与环境的考虑。比如案例2为一般房屋租赁合同纠纷，双方签订了租赁合同，并明确约定合同期满后需要恢复原状，但在租赁期间，承租人在房屋内铺设了木地板，并将房门重新进行了安装，根据合同，承租人应按照“恢复原状”的约定返还房屋，但审理法院认为：通过对比房屋现状与房屋出租前照片，对房屋恢复原状会贬损房屋价值且造成资源浪费，不符合绿色原则，同时，出租方也未举证证明恢复原状具

---

〔28〕 福建省泉州市中级人民法院民事判决书，(2021)闽05民终768号。

〔29〕 广西壮族自治区来宾市中级人民法院民事判决书，(2021)桂13民终537号。

〔30〕 参见梁慧星：《裁判的方法》(第3版)，法律出版社2017年版，第291页。

有必要性,本案中对于其提出的恢复原状请求不予支持。考虑到本案客观情况,一审虽认定支付暖气片损失不当,但酌情判决毛某元向陈某彬支付500元得当,本院对于一审判决予以维持。[31] 在这一段判决理由中,可以看出法官在作出审判结论之前做了三次微妙与复杂的利益权衡:第一次,虽然合同有约定可以恢复原状,但是基于恢复原状会带来资源浪费,判令可不拆卸增设房屋设施,这是对当事人,特别是出租方财产处分利益的限制,以实现出租人所有权利益与资源节约的社会利益之间的平衡;第二次,法官在进行第一次利益权衡后加了一句表述,即"出租方也未举证证明恢复原状具有必要性"[32],这一句话表明法官在作出是否需要恢复原状结论之前实际上有过一次利益权衡的思考过程,即如果出租方能够举证证明恢复原状存在必要性,该房屋可能存在较不恢复原状更大的利用价值,法官将根据利益衡量的结果作出判断;第三次,二审法官在这一段的结尾提出"考虑到本案客观情况,一审虽认定支付暖气片损失不当,但酌情判决承租方向出租方支付500元得当"[33],这一段话一方面否定了一审法院的裁决依据,另一方面又试图兼顾受损失方利益,酌情作出给予500元补偿,这是法官应用利益平衡方法进行司法裁判的可行尝试。

笔者通过总结9个案例的共同特征发现了法官通过利益衡平工具进行裁判,即在所有司法裁判中,只要附加物被移除后不具有独立价值的,法官均适用了"绿色原则",而若具有独立价值,法官则均未适用,这亦充分说明"添附物被移除后的独立价值"是法官针对类似案件进行裁量的重要利益考量因素。基于以上分析,笔者可以对案例8中法官将诚信原则优先于绿色原则进行适用提供一个可行的解释,那就是基于利益衡量的实质判断,如果法官根据绿色原则延长租期,则可能造成一种对承租人恶意拖延种植行为的鼓励,进而可能会给整个种植行业甚至农业带来沉重打击,因为每一个承租人都可能利用绿色原则去改变合同约定的符合科学规律的种植期,从而造成土地资源的严重浪费与社会利益的重大损失。而在这一层面上,诚信原则与绿色原则最终又实现了一种功能上的协调。

---

[31]　宁夏回族自治区中卫市中级人民法院民事判决书,(2021)宁05民终115号。
[32]　宁夏回族自治区中卫市中级人民法院民事判决书,(2021)宁05民终115号。
[33]　宁夏回族自治区中卫市中级人民法院民事判决书,(2021)宁05民终115号。

《环境资源法论丛》
第14卷,第19~34页

论绿色原则在合同纠纷裁判中的限制性影响*

汤　敏**　孔慧媛***

摘　要　原《民法总则》第9条与《民法典》第9条规定的绿色原则,贯彻了生态文明之理念。绿色原则作为民法的基本原则,不仅具有宣示功能,而且也发挥着独立的裁判准则功能。其裁判准则功能重点体现为限制性,即以生态环境利益限制民事主体的权利行使。司法实践中,《民法典》第9条在合同纠纷中直接适用的情形较多,且集中于合同解除与违约责任。绿色原则对合同解除的限制主要体现在三个方面:一是对合同能否解除的限制;二是对合同解除时间的限制;三是对合同解除后果的限制。绿色原则对违约责任的限制性影响主要体现在两个方面:一是违约方是否需要承担违约责任;二是对违约责任承担方式的限制。

关键词　绿色原则　裁判功能　合同解除　违约责任

一、绿色原则在民事法律规则适用中的裁判准则功能

为坚持节约资源和保护环境的基本国策、贯彻社会主义生态文明、建设

---

* 本文系南京理工大学2022年本科生科研训练“百千万”计划省级项目(项目编号:S202210288032)、南京理工大学2022年自主科研专项计划项目(项目编号:30922011212)的阶段性成果。

** 汤敏,法学博士,南京理工大学知识产权学院讲师。

*** 孔慧媛,南京理工大学知识产权学院2020级本科生。

美丽中国,原《民法总则》第9条规定了绿色原则并在《民法典》中得到保留。该原则“不仅将调整范围从人与人之间延伸至人与自然之间,而且实现了绿色发展从理念到制度的飞跃”[1],实现了绿色发展理念在民事法律制度中落地生根,为节约资源和保护环境提供了民事法律保障,意义重大、影响深远。绿色原则的法律内涵有二,一为有效率地利用资源,二为保护环境和生态。[2] 具体而言,绿色原则一方面要求民事主体从事民事活动尽量节约资源,使有限的资源在一定范围内得到更充分的利用,达到利益最大化。这又要求民事主体充分做到物尽其用,防止资源被滥用;[3]并且尽可能减少成本,节约资源。[4] 另一方面,绿色原则还要求民事主体的民事活动必须保护生态环境,避免环境污染与生态破坏。这要求民事主体在对资源进行开发和利用的过程中,要注意绿色使用,避免其开发利用活动对环境造成损害,透支生态系统的自我修复能力。

“绿色原则具有创新性、开拓性、中国社会主义特色和普遍引导作用”[5],但关于绿色原则的“普遍引导作用”的适用范围,并未达成共识。有观点认为,其引导作用的范围主要是立法指引与行为指引。因为绿色原则条款本质上是一条倡导性的原则规定,[6]承担着引导的作用,一般不作为裁判规范。[7] 就立法指引功能而言,绿色原则作为民法的基本原则,对民事立法活动的过程具有重要的指导意义,为节能环保的法律法规和政策之制定,以及《民法典》分编,尤其是物权编、合同编、侵权责任编的制定提供价值和方向上的指导。[8] 例如,《民法典》第346条、第509条第3款、第

---

[1] 侯国跃、刘玖林:《民法典绿色原则:何以可能以及如何展开》,载《求是学刊》2019年第1期。

[2] 参见王利明主编:《中国民法典释评·总则编》,中国人民大学出版社2020年版,第32页。

[3] 参见杨立新主编:《中华人民共和国民法典释义与案例评注·总则编》,中国法制出版社2020年版,第22页。

[4] 参见刘召成主编:《民法典总则编释论:条文缕析、法条关联与案例评议》,中国法制出版社2020年版,第29页。

[5] 蔡守秋、张毅:《绿色原则之文义解释与体系解读》,载《甘肃政法学院学报》2018年第5期。

[6] 参见张新宝:《〈中华人民共和国民法典·总则〉释义》,中国人民大学出版社2020年版,第17页。

[7] 参见陈甦主编:《民法总则评注》(上册),法律出版社2017年版,第69页。

[8] 参见张新宝:《〈中华人民共和国民法典·总则〉释义》,中国人民大学出版社2020年版,第17页。

558条、第619条、第625条等条款即是在绿色原则的指引下而制定。就行为指引功能而言，绿色原则为民事主体从事民事活动提供广泛性的指引，“为民事主体行使民事权利、履行民事义务和承担民事责任等民事活动各领域起到引导和规范作用”〔9〕。也有观点认为，绿色原则的功能不仅体现为立法价值指引与民事主体行为指引，而且还体现为司法裁判指引。总体而言，“司法机关在审判民事案件，适用民事法律规定时，要加强对节约资源、保护生态环境的民事法律行为的保护”〔10〕。在民事案件审判的过程中，法官应当权衡绿色原则的分量和强度，将其适用于相关节约资源、保护环境的案件中。具体而言，“绿色原则为司法实践中进行法律适用、法律解释、法律漏洞填补以及在利益冲突时的价值判断和选择，提供了法律适用指引”〔11〕。在规则缺失、模糊或冲突的情形下，法官以绿色原则直接作为裁判依据，解决争议纠纷，为司法裁判之困局找到较为理想的出路。可见，关于绿色原则的法律功能，争议的焦点在于其是否具有裁判准则功能。

笔者赞成绿色原则不仅具有宣示功能，是立法机关的立法准则；〔12〕而且还具有裁判准则功能，可以成为司法机关的判决依据。一项民法基本原则裁判准则功能之适用主要体现在三个方面：解释具体法律规则的价值基准、弥补既有法律规则之漏洞、限制既有法律规则之适用。

首先，依一般法理，就法律适用角度而言，法律规则优先于法律原则适用，当有法律规则时，法官应当依据规则裁判，不能径行适用法律原则，即法律原则不直接适用是常态；只有当穷尽法律规则或者规则出现漏洞，为了实现个案正义时，法官才可以在更强说理的限制下援引法律原则进行裁判。《民法典》各分编已经根据绿色原则之价值要求，规定了一些具体规则，当行为人的行为与这些规则发生抵牾之时，法官可以依据具体法律规则裁判。亦即在得以适用具体规则的案件中，绿色原则不宜直接作为裁判依据，适用于案件裁判。

〔9〕 中国审判理论研究会民事审判理论专业委员会编著：《民法典总则编条文理解与司法适用》，法律出版社2020年版，第33页。

〔10〕 黄薇主编：《中华人民共和国民法典释义》，法律出版社2020年版，第28页。

〔11〕 最高人民法院民法典贯彻实施工作领导小组主编：《中华人民共和国民法典总则编理解与适用》（上），人民法院出版社2020年版，第82页。

〔12〕 参见刘长兴：《论“绿色原则”在民法典合同编的实现》，载《法律科学（西北政法大学学报）》2018年第6期。

其次,绿色原则可以作为解释具体法律规则的价值基准。绿色原则作为一种法律原则,体现着基本的立法精神,从而能在司法实践中帮助法官全面认识法律的客观目的,确定法律规则的具体含义。若当事人对法律规范的内涵与适用要件的理解发生歧义,人民法院可以基于绿色原则之价值对具体法律规则进行解释,以妥当化解当事人之间的纠纷。例如,当事人双方对《民法典》第558条规定的旧物回收义务之理解存在歧义时,人民法院可以基于绿色原则确定该义务的具体内涵。将绿色原则作为解释法律或者强化说理的依据,可以为法律规则的正确适用提供价值指导。

再次,绿色原则具有弥补法律规范漏洞之功能。当法律对于当事人之间的冲突没有规定时,人民法院可以基于绿色原则确定裁判规范。例如,在原告曾海山与被告广东省华侨物业发展有限公司厦门分公司物业服务合同纠纷一案中,[13]法院认为,在停车位上能否安装充电桩,法律并无明确规定。当法律出现空白时,人民法院可以根据法律原则进行漏洞填补。根据绿色原则,国家大力发展电动汽车,对保障能源安全、促进节能减排、防治大气污染等具有重要意义,从绿色原则出发,安装充电桩系电动汽车实现使用目的不可或缺的设备,曾海山有权在其使用的车位上安装与其汽车配套的充电桩。社会和科技生活是不断发展的,法律具有滞后性,往往会存在与社会生活变化不相适应的情形。因此立法漏洞是不可避免的,绿色原则所具有的弥补法律漏洞的功能是其裁判功能的一个重要方面。

最后,关于绿色原则是否具有限制具体法律规则适用的功能,学界的看法与司法实践并不一致。理论界有一种观点认为,绿色原则的裁判功能主要体现为弥补法律漏洞,[14]并且仅仅是在"法律规则缺失时指导规范创制"[15]。实务界也有观点认为,"只有在确保穷尽所有规范,确实无民法规则适用的前提下,才能直接适用绿色原则作出裁判"[16]。由此可见,在肯定绿色原则裁判功能的观点中,无论是理论界还是实务界都认可,绿色原则的裁判功能聚焦于漏洞补充,亦即当法律没有规定之时,人民法院可以基于

---

〔13〕 福建省厦门市湖里区人民法院民事判决书,(2020)闽0206民初5844号。

〔14〕 参见朱慧军:《绿色原则在民事裁判文书中的说理运用——92份民事裁判文书为分析样本》,载《法律适用》2020年第23期。

〔15〕 巩固:《〈民法典〉绿色原则司法适用初探》,载《法律适用》2020年第23期。

〔16〕 马密、黄荣、常国慧:《〈民法典〉绿色原则的司法适用:实践样态与优化路径——以〈民法总则〉第9条的司法适用为基点》,载《法律适用》2020年第23期。

绿色原则填补法律规定的空白,创设性地在个案中形成某个具体裁判规则。

然而,据笔者所查,在适用绿色原则进行裁判的纠纷中,以绿色原则填补漏洞的案件实属稀少。大多数案件中,法院援引绿色原则以限制当事人行使权利。可见,在司法实践中,绿色原则的裁判功能包括限制具体法律规则适用的功能。当具体的法律规则不合目的时,应发挥绿色原则的修正功能。[17] 在具体案件裁判中,若直接适用具体的法律规则会造成资源浪费或生态环境破坏,或者不符合节约资源与保护环境的要求时,则法院可以适用绿色原则对具体法律规则进行适用限制。

由此可见,绿色原则是一项限制性原则,[18]其限制性体现为以生态环境利益限制民事主体的权利行使。绿色原则的存在正是为了解决生态环境利益与民事主体私权利之间的利益冲突问题。[19] 在合同领域,为落实绿色原则,《民法典》"对某些合同行为进行了必要的干预,这种国家干预可以称之为'绿色干预'",即基于节约资源和保护环境的需要,对合同主体的自由进行一定的限制。[20] 如《民法典》第509条第3款规定了合同履行过程中的绿色履行规则,赋予了当事人"避免浪费资源、污染环境和破坏生态"的合同履行义务,"对绿色履行规则的解释扩容,强化民事主体契约活动的绿色约束"[21]。具体到合同领域的绿色原则,应此而生的问题就是,绿色原则在合同领域的适用"存在绿色干预与尊重意思自治相对冲突的难题"。在司法实践中,绿色原则的适用在很多情况下都体现了对意思自治原则的限制,如何权衡这种干预和限制的程度是司法机关面临的一个重要问题。对于该问题的回答,司法实践应当秉持审慎之态度,"以必要性和适度性为准则,认真审慎地考量具体案件事实"[22],确保绿色原则适用的正当性;应当严格限制适用绿色原则,"只能在'宜其所宜'的狭窄空间内谨慎地发挥

---

[17] 参见陈洪磊:《民法典视野下绿色原则的司法适用》,载《法律适用》2020年第23期。

[18] 参见吕忠梅课题组:《"绿色原则"在民法典中的贯彻论纲》,载《中国法学》2018年第1期。

[19] 参见陶凯元:《以习近平生态文明思想为指引切实贯彻实施〈民法典〉绿色条款》,载《法律适用》2020年第23期。

[20] 参见王旭光:《〈民法典〉绿色条款的规则构建与理解适用》,载《法律适用》2020年第23期。

[21] 黄锡生:《民法典时代环境权的解释路径——兼论绿色原则的民法功能》,载《现代法学》2020年第4期。

[22] 秦鹏、冯林玉:《民法典"绿色原则"的建构逻辑与适用出路》,载《大连理工大学学报(社会科学版)》2018年第3期。

作用”[23],正确地以绿色价值限制民事主体的私权利,避免滥用绿色原则对民事主体的合法权益造成不合理的损害。

二、绿色原则在司法实践中适用的整体情况

(一)绿色原则在民事裁判中适用的数量统计

当前的理论研究或者从价值层面宣扬绿色原则的理念与精神,或者从立法论的角度建议民法典各分编以及其他法律全面贯彻绿色原则的价值追求,或者从统计学角度简单统计绿色原则在司法实践中适用的整体情况,缺少对司法实践中绿色原则在具体纠纷中的适用情况进行更为细微的研究。对此问题,今后理论研究应当重点检视司法实践中绿色原则的具体适用情形,归纳绿色原则在具体纠纷中适用的功能、类型、效果,以辨析绿色原则司法适用的正当性,为今后关涉资源节约、环境保护纠纷之裁判提供前例参考。

因《民法典》施行不久,案例还未涌现,所以本文的案例研究以援引了原《民法总则》第 9 条的裁判文书为样本。截至 2021 年 1 月 22 日,笔者以“《中华人民共和国民法总则》第九条”为法律依据共检索出 922 篇法律文书,其中民事案由的法律文书 887 篇。在民事纠纷中,有 157 则物权纠纷,656 则合同、无因管理、不当得利纠纷,44 则侵权责任纠纷,以及 30 则其他纠纷。经仔细辨别,物权纠纷、侵权责任纠纷以及其他纠纷中,能够算得上以绿色原则独立裁判的纠纷少之又少,难以形成全面、体系的研究。

在笔者收集的案例中,有些案件中,法院错误援引绿色原则条文,将原《民法总则》第 9 条错放在其他条文之前。有些案件则无需援引绿色原则条文,[24] 这类案件主要包括两类情形。一类是法院在对案件事实进行认定后,依据具体的法律规则和其他民法的基本原则对案件作出判决,但为了起到锦上添花的作用,而在裁判文书中援引法律依据的部分,对绿色原则一笔带过。例如,在某渔业合同纠纷中,法院根据公序良俗原则和合同法的具体规定,以“发生违背公共利益的情势变更,双方继续履行合同的基础已经丧失”和“在公共利益与私人利益发生矛盾时,应优先考虑公共利益的实现”为由认定被告提前终止合同不构成违约,却在文书中援引了绿色原则作为

---

[23] 巩固:《〈民法典〉绿色原则司法适用初探》,载《法律适用》2020 年第 23 期。

[24] 参见贺剑:《绿色原则与法经济学》,载《中国法学》2019 年第 2 期。

裁判依据之一。〔25〕在这种情形中,法院适用绿色原则仅仅是为了用法而用法,在具体的说理中并没有与绿色原则有关的部分,若去掉绿色原则对案件判决也毫无影响。另一类则属于法院同时援引绿色原则和其他具体规则进行裁判的情形。这类案件的判决结果往往会对资源、环境造成一定的影响。尽管法院已经依据具体规则形成对案件的裁判,仍在说理部分援引了绿色原则,此时绿色原则作为一种附属性条款,对案件判决并无实质性影响,而对环境教育的作用更大。但该类案件的裁判依据主要是具体法律规则,而非法律原则,所以不能体现出绿色原则独立的裁判功能。这就如同每一条具体的法律规则均体现了民法的公平原则,但法官裁判时却无需援引公平原则条款,仅需援引具体法律规则一般。例如,侵权责任纠纷中,有些纠纷属于污染环境责任,法院在援引原《侵权责任法》裁判的同时,也援引了绿色原则条款,似乎出现环境、资源、生态这样的纠纷,就一定需要援引绿色原则,然而这些案例与绿色原则难以形成有效的联系。这种情形下,绿色原则作为裁判依据实属无关大雅、形同鸡肋。

因绿色原则适用的案件中,合同纠纷以其压倒性的占比引起了学术研究的必要性和迫切性。所以,本文以合同纠纷作为研究对象,研究绿色原则在合同纠纷中的适用问题,并希望通过合同纠纷中绿色原则的适用情况窥探绿色原则在整个民事纠纷中的总体情况。虽然研究样本存在一定的不足,真正援引绿色原则裁判的案件并不算多,但这些案例仍足以支撑本文的实证研究。需要说明的是,本文并非要做统计学意义上的定量研究,而是仅以实践中绿色原则作为独立裁判依据的案例为研究样本进行定性研究。

(二)绿色原则在合同纠纷中适用的主要情形

总体而言,《民法典》合同编基于绿色原则之价值作出了若干具体规定,“为合同领域植入绿色要素,对经济交易活动提出了绿色要求,对生态文明的时代需求作出了制度性回应”〔26〕。这有利于减少合同纠纷中绿色原则与具体规则适用上的重叠,当具体的法律规则足够发挥环境教育的功能时,则无需再适用绿色原则。但是,《民法典》之规定也存在一定的遗憾,其“直接反映绿色原则的条文仍然偏少,而且限于合同履行的附随义务、后

〔25〕 福建省武夷山市人民法院民事判决书,(2017)闽0782民初1169号。

〔26〕 吕忠梅:《实施〈民法典〉绿色条款的几点思考》,载《法律适用》2020年第23期。

合同义务以及适当包装方式的选择规则等合同法的边缘性制度,并未触及合同效力、合同解除等更为核心的制度"〔27〕。由此可见,已经制定的相关法律条文不仅覆盖范围较窄,而且欠缺一定的深度,仅根据现有的基于绿色原则而创设的若干法律规则来解决相关法律适用问题可能远远不够。对此缺憾,司法实践进行了必要补充。据笔者观察,实践中涉及以绿色原则进行裁判的合同纠纷中的焦点问题主要涉及合同解除与违约责任。进一步而言,绿色原则对合同纠纷裁判的影响是限制性的,主要体现在:合同能否解除、合同解除的后果如何、当事人是否需要承担违约责任、当事人承担何种违约责任等问题。

具体而言,实践中,绿色原则在合同纠纷中适用的主要情况包括:第一,租赁合同中,一方当事人具有解除权时,法院依据绿色原则限制当事人行使解除权。第二,关于租赁合同被解除之后的处理措施,考虑到一方当事人在租赁物上的投入,法院基于绿色原则往往会以赔偿损失的方式代替恢复原状,判决当事人之间适当分担这种损失。第三,商品房买卖合同中法院以绿色原则作为是否承担违约责任的判断依据,即是否认可绿色原则作为违约责任之承担的抗辩事由。第四,装饰装修合同中,在一方当事人确实违约的情形下,关于是否支持非违约方重做的诉讼请求,法院基于绿色原则对违约责任的承担方式进行了限制,甚至在个别土地承包合同纠纷中,法院基于绿色原则的考量,作出当事人续签承包合同的判决,实质上这在一定程度上突破了合同成立中当事人之间协商一致、达成合意之要求。例如,在原告朝阳县羊山镇大四家子村村民委员会与被告刘某新、于某丰、于某祥、武某贺、姚某权农村土地承包合同纠纷系列案件中,〔28〕法院认为,"虽然双方未能续签合同,但被告有继续养殖意愿,原告主张将养殖小区拆除,势必造成各承包户财产损失,不利于节约资源,也不符合当前国家农业产业政策。故原告要求被告拆除鸡舍和其他设施,腾出土地恢复原状的诉讼请求,本院不能支持。原、被告可以通过平等协商或者续签合同等方式进行处理,原告亦可向被告请求给付超期占用土地承包费用"。

---

〔27〕　刘长兴:《〈民法典〉合同编绿色条款解析》,载《法学杂志》2020年第10期。

〔28〕　辽宁省朝阳县人民法院民事判决书,(2017)辽1321民初1773号、(2017)辽1321民初1769号、(2017)辽1321民初1764号、(2017)辽1321民初1766号、(2017)辽1321民初1771号。

三、绿色原则对合同解除的限制性影响

司法实践中，绿色原则对合同解除的限制主要体现在三个方面：一是绿色原则对合同能否解除的限制；二是绿色原则对合同解除时间的限制；三是绿色原则对合同解除后果的限制。

（一）绿色原则对合同能否解除的限制

《民法典》第562条和第563条规定了合同解除规则。按照解除权发生的原因分类，合同解除包括法定解除和约定解除，约定解除包括双方协商一致解除和约定单方解除权；按照解除权行使主体分类，合同的解除包括双方解除和单方解除，单方解除包括约定单方解除事由和法定单方解除。约定解除是当事人意思自治的体现，法律尊重当事人自由意志，只要约定解除不损害国家或者他人合法权益，原则上约定解除有效。法定解除的事由主要包括：不可抗力致使合同目的不能实现、预期违约、迟延履行经催告后仍未履行、迟延履行或者其他违约行为致使合同目的不能实现。当发生法律规定的解除事由时，一方当事人可以解除合同。有观点认为，绿色原则对合同解除的影响主要体现在，通过绿色原则赋予当事人解除权。“从合同立法上明确赋予当事人根据环境资源条件变化、继续履行合同可能产生重大的环境不利后果时主张变更或者解除合同的权利，防止合同的履行突破环境资源约束而造成无可挽回的环境后果。”[29]然而，司法实践中，绿色原则对合同解除的影响并不在于赋予当事人解除权，而是限制当事人行使解除权。

具体而言，虽然当事人享有法定或者约定解除权，但人民法院基于绿色原则考量，限制当事人行使解除权，使合同维持存续状态。司法实践中存在的具体情形包括：(1)因为双方签订租赁合同的期限为10年，被告为此投入了大量的资金对承租的房屋进行装修和改造改善设施设备，如果解除合同，则被告在装修和改造改善设施设备方面的投入将不可避免被浪费，不利于节约资源。[30] (2)“从民事活动的经济便利及节约资源等原则考虑，综

---

[29] 刘长兴：《论“绿色原则”在民法典合同编的实现》，载《法律科学（西北政法大学学报）》2018年第6期。

[30] 在原告洞口县商务局与被告肖硕文租赁合同纠纷一案中，根据租赁合同内容，被告应按照合同约定合理使用承租房屋并按时支付房屋租金。被告迟延履行经催告后仍未履行，原告享有法定单方解除权。参见湖南省洞口县人民法院民事判决书，(2018)湘0525民初2171号。

合衡量社会公共利益、国防通讯利益和原、被告的一己利益，本院认为即便被告方已构成履行合同违约，但尚未达到解除涉案租赁合同的程度，经合议庭合议一致认为涉案租赁合同不宜轻易解除。"〔31〕(3)"涉案土地上已经有上诉人种植并进入成熟期的果树、桂花树和药用植物等经济作物，解除合同并要求上诉人归还涉案土地、铲除上述植物，不利于实现节约资源、保护生态环境。因此，涉案合同不应予以解除。"〔32〕(4)被告作为开发商，保护生态环境是其基本民事义务。2017年11月15日至2018年12月30日，新郑市薛店镇的所有在建工程实际停工达140日以上，即涉案小区在建工程因政策性原因停工，由此导致原告购买的涉案房屋未在合同第8条约定的2018年12月15日前办理完毕"商品房验收合格"，出现上述情况责任不在被告，应不予解除原告与被告奥星公司之间的《商品房买卖合同》为宜。〔33〕

从上述案例中可以发现，法院在审理有关合同解除的合同纠纷时，虽然认可一方当事人违反了法定或约定的事由，享有法定解除权或者约定解除权，即肯定了此时合同解除具有正当性。但基于绿色原则的考量，避免合同主体为了履行合同已经投入的资源被浪费，以实现保护生态环境的目的，人民法院限制了当事人解除权的行使，而以司法权维持了合同的存续。由此可见，司法实践中绿色原则对合同能否解除的影响主要体现在限制当事人解除合同，以绿色原则为根据判决合同继续有效。这种限制实质上是对合同当事人订立及维持合同存续的自愿的限制，即构成了对意思自治原则的限制。因此，法院在案件判决中应当审慎适用，充分论证适用该原则的必要性。

〔31〕在原告江苏金卫机械设备有限公司诉被告中国铁塔股份有限公司淮安市分公司租赁合同纠纷一案中，被告作为承租方未能按照约定履行租金给付义务，被告应履行租金给付义务而未能及时履行，构成违约，原告方享有基于合同约定或者法律规定的单方解除权。参见江苏省金湖县人民法院民事判决书，(2017)苏0831民初2002号。

〔32〕在上诉人梁永华与被上诉人广西国营凤凰华侨农场土地租赁合同纠纷一案中，梁永华没有按照合同约定履行交纳承包费的义务，已构成违约，广西国营凤凰华侨农场基于当事人之间的事前约定享有约定的单方解除权。参见来宾市兴宾区人民法院民事判决书，(2019)桂1302民初30号；广西壮族自治区来宾市中级人民法院民事判决书，(2019)桂13民终611号。

〔33〕在原告孔林娜、史淑敏、吴芳、姚永霞诉被告郑州奥星实业有限公司等商品房预售合同纠纷系列案件中，被告未在合同第8条约定的2018年12月15日前办理完毕"商品房验收合格"，原告方基于合同约定享有约定的单方解除权。参见河南省新郑市人民法院民事判决书，(2019)豫0184民初11884号、(2019)豫0184民初12285号、(2019)豫0184民初10248号、(2019)豫0184民初11883号。

（二）绿色原则对合同解除时间的限制

《民法典》第565条规定了合同解除权的行使规则。根据该条规定，合同解除的方式有二：一是通知解除，二是诉讼解除（包括仲裁）。关于通知解除，原则上“合同自通知到达对方时解除”，但若一方对合同解除载明了一定的期限，则“合同自通知载明的期限届满时解除”。但在一些案例中，法院基于绿色原则限制了恢复原状的时间。例如，解除的时间是合同自起诉状副本或者仲裁书副本送达对方时。原则上合同解除之后，当事人应当即时恢复原状。在原告郭玉霞与被告魏秀作委托合同纠纷一案中，原告郭玉霞要求解除种植管理协议的诉求，符合法律规定，原告享有法定单方解除权，可以解除合同。但法院认为：“郭玉霞虽可随时解除委托管理协议，但要求返还涉案土地，理应在土地上农作物成熟前的合理时间内通知魏秀作，现涉案土地已被魏秀作耕种上小麦，小麦尚未成熟，如果此时要求魏秀作返还涉案土地，不利于节约资源，综合本案的实际情况，应在小麦收割完毕后予以返还，考虑小麦的收割时间及夏季耕种时间，魏秀作于2018年6月20日前将涉案土地承包经营权返还郭玉霞较为适宜。”〔34〕本案中，合同解除之后，按照合同解除效果之规定，已经履行的，应当即时恢复原状。然而，本案法院出于耕种收割的考虑适用绿色原则，以节约资源为由限制了原告即时恢复原状的诉讼请求，判决待小麦收割完毕后返还涉案土地。可见，绿色原则对于合同解除时间的限制，主要是考虑到解除合同后即时恢复原状会造成资源浪费，从而根据案件的具体情况限定一个合理的恢复期间，尽量把资源损耗成本降到最低。无论是从价值判断角度，还是从对当事人权利的限制程度角度，绿色原则对合同解除时间的限制均存在一定的合理性。

（三）绿色原则对合同解除后果的限制

根据《民法典》第566条第1款之规定，“合同解除后，尚未履行的，终止履行；已经履行的，根据履行情况和合同性质，当事人可以请求恢复原状或者采取其他补救措施，并有权请求赔偿损失”。然而，人民法院可以根据实际情况改变法定的合同解除后果。绿色原则对合同解除后果的限制主要体现在法院不支持恢复原状，而是判决双方分担损失。具体而言，实践中限制合同解除后果的情形主要包括：（1）“室内装饰的残存价值较高，其成新

〔34〕 山东省单县人民法院民事判决书，（2017）鲁1722民初4794号。

率也尚有八成,贸然将涉案商铺恢复原状必然会造成不必要的人力、物力和财力损失,并不符合资源节约的理念,故对武汉顺要求恢复原状的诉讼请求,本院不予支持。关于装修损失,鉴于双方未就合同解除的后果达成一致,本院酌情确定本案装修损失由双方共同分担。"[35] (2)涉案房屋为住宅,赵林、王艳秋依据评估结论主张新荣基公司退还涉案房屋装修款42,276元,其主张更符合民事主体从事民事活动应当遵循的绿色原则。故法院对新荣基公司主张赵林、王艳秋将涉案房屋恢复原状的诉讼请求不予支持,对赵林、王艳秋主张新荣基公司退还装修款42,276元的反诉请求予以支持。"[36] (3)原告承租被告的房屋后在原有平房基础上进行加层,将场地改造为水泥地坪并加盖钢结构操作棚以及烘灶等其他设施,原告的行为属于扩建,且扩建部分已经与原房屋形成一个整体,之后的承租人也对上述扩建设施进行利用。本着有利于生产生活和节约资源的原则,承租人与出租人租赁合同解除后,对于扩建部分应妥善处理,结合本案实际应采用折价方式解决。[37] (4)若解除合同恢复原状,则被告需要大面积毁林,此种行为违反绿色原则之要求,不应支持,为保护生态环境,法院判决不支持恢复原状;涉案场地尚存苗木应作原地保留处理为宜,由绿之恋合作社将苗木作为土地附着物一并交还原告,对于被告的苗木,原告应当给予一定的折价补偿。[38]

在上述案例中,法院均以恢复原状不利于节约资源和保护环境、违反绿色原则的要求为由,驳回了当事人一方恢复原状的诉讼请求,而是以赔偿损失的方式代替了恢复原状。针对相关利益分配,或者由受利益方向受损失方折价补偿,或者酌情由双方共同分担。绿色原则对于合同解除后果的限制主要体现在基于绿色原则的考量而对当事人所请求的合同解除后补救措

---

〔35〕 在原告武汉顺与被告代庚租赁合同纠纷一案中,双方已于2020年6月15日就合同解除达成合意。然而对于合同解除后果,双方当事人并未达成一致意见。参见山东省日照市岚山区人民法院民事判决书,(2020)鲁1103民初2016号。

〔36〕 在原告(反诉被告)满洲里新荣基房地产开发有限公司诉被告赵林(反诉原告)、王艳秋(反诉原告)房屋买卖合同纠纷一案中,新荣基公司与赵林、王艳秋一致同意解除房屋买卖合同,法院予以确认。参见内蒙古自治区呼伦贝尔市海拉尔区人民法院民事判决书,(2018)内0702民初1343号。

〔37〕 原告匡火彬与被告溧阳市天目湖镇(区)田家山村村民委员会房屋租赁合同纠纷一案,参见江苏省溧阳市人民法院民事判决书,(2020)苏0481民初932号。

〔38〕 原告(反诉被告)中国人民解放军某部队与被告(反诉原告)无锡市马山绿之恋苗木专业合作社土地租赁合同纠纷一案,参见江苏省无锡市滨湖区人民法院民事判决书,(2017)苏0211民初6406号。

施的变更。这种限制更有利于生产生活、节约资源和保护环境，但是法院需要注意在确定双方分担损失时做到合理公平。

四、绿色原则对违约责任的限制性影响

司法实践中，绿色原则对违约责任的限制性影响主要体现在两个方面：一是违约方是否承担违约责任，二是对违约责任承担方式的限制。

（一）绿色原则对是否承担违约责任的限制

绿色原则对违约责任的影响首先表现在绿色原则对是否承担违约责任的影响。根据《民法典》第577条之规定，当事人一方不履行合同义务或者履行合同义务不符合约定，构成违约行为，应当承担违约责任。违约责任承担的免责事由主要是不可抗力，根据《民法典》第590条之规定，因不可抗力而违约的，可以减轻或者免除违约责任，亦即当不存在不可抗力之时，一般不减轻或免除当事人的违约责任。然而，司法实践中，虽然一方当事人的行为构成了“履行合同义务不符合约定”，即构成承担违约责任的要件，但人民法院基于绿色原则否定了当事人承担违约责任。例如，(1)“被告江泰公司由于大气管控等原因多次停工，造成延误交房，但其已在合理期限内交房，对于由于防治大气污染而造成的延期交房过于苛责不利于环境保护的要求。故对原告要求被告江泰公司支付延期交房违约金的诉请，本院不予支持”[39]。(2)“为了改善空气质量，维护公众利益，被告作为施工单位根据政府及相关部门的指令停工或限产属于工期合理顺延情形。原、被告双方商品房买卖合同自合同签订之日至2018年7月30日，因政府进行环境治理要求被告停工天数共计419天，上述期间合理顺延后，被告并未构成逾期交房。故原告主张被告逾期交房不成立，对原告提出的要求被告承担违约责任，支付逾期交房违约金的诉讼请求，本院不予支持。”[40](3)“民事主体从事民事活动，应当有利于节约资源、保护生态环境。《天津市2017—2018年秋冬季大气污染综合治理攻坚行动方案》《市建委2017—2018年秋

---

[39] 在原告包建南与被告郑州江泰置业有限公司等房屋买卖合同纠纷一案，法院认为，原告依约交纳了购房款，被告未按约定时间将涉案房屋交付原告，已构成违约。近几年，国家加大治理大气污染力度，采取了一系列管控措施，对建筑工地土石方等作业产生了一定的影响。参见河南省郑州市二七区人民法院民事判决书，(2020)豫0103民初9006号。

[40] 原告艾武等与被告廊坊怡祥房地产开发有限公司商品房销售合同纠纷系列案件，参见河北省廊坊经济技术开发区人民法院民事判决书，(2018)冀1091民初1101号。

冬季建设工程现场扬尘治理攻坚行动方案》《关于加强2017—2018秋冬停工工程项目安全管理的通知》,均是基于保护生态环境的目的,出于公共利益的考量。无论原告、被告公司,抑或政府市政公用基础配套工程的建设,均受之约束。民事主体均应当为公共利益作出自己的利益让渡。被告公司并不存在逾期交付商品房的违约情节,就原告所诉要求被告承担违约责任的主张,本院不予支持。"〔41〕

在上述这些案例中,法院均认为一方当事人的行为构成履行合同义务不符合合同约定,即存在违约行为。因违约责任原则上属于无过错责任,不考虑违约方的违约行为是否存在过错,所以一旦认定一方当事人违约,应承担违约责任。但是,法院认为当事人违约事出有因,是出于防治大气环境污染、维护生态环境利益的目的,主观上不具有过错,客观上其积极落实政府及相关部门有关环境治理的政策和通知,切实履行了企业从事生产经营活动应当有利于节约资源、保护环境的义务,因此根据绿色原则的要求,当事人不应当承担违约责任。这种裁判的逻辑是:首先认定当事人存在违约行为,其次认定当事人不存在不可抗力免责事由,再次通过绿色原则确认当事人不存在过错行为,最后依据绿色原则免除当事人的违约责任。从价值判断角度而言,这种裁判结果是值得赞成的。但是以绿色原则限制违约责任制度的适用既与现行法律体系存在一定的冲突,也限制了当事人的意思自治。所以,人民法院在援引绿色原则裁判时应当强化说理、严密论证,从而真正做到定分止争。

(二)绿色原则对违约责任承担方式的限制

根据《民法典》第577条之规定,违约责任的承担方式主要有继续履行、采取补救措施、赔偿损失。非违约方可以选择违约责任的承担方式,特别是根据《民法典》第582条之规定,受损害方可以选择请求对方承担重作等违约责任。但在一些合同纠纷中,虽然法院认为被告方违约,并且原告向法院的诉讼请求是要求被告承担重作的违约责任,但是法院根据绿色原则之要求,基于重作这一方式的非经济性、非绿色性考虑,认定被告无需重作,而是以赔偿损失代替,作为其向原告承担违约责任的方式。

---

〔41〕　原告杨丹凤等与被告天津滨海房地产经营有限公司房屋买卖合同纠纷系列案件,参见天津市滨海新区人民法院民事判决书,(2018)津0116民初3449号。

实践中,具体裁判中的事由包括:(1)争议的农家乐名称牌确未按签证单要求采用菠萝格材质,向头村委会、向头经合社依约可以要求精典公司承担返工、赔偿损失等责任。但从本案实际情况来看,涉案工程在2015年12月完工后,向头村委会、向头经合社就将涉案工程实际投入使用至今,且向头村委会、向头经合社在2018年还根据使用需要对农家乐名称牌等进行了重新油漆。涉案工程农家乐名称牌虽未按签证单要求采用菠萝格材质施工,但向头村委会、向头经合社已经实际上接受了该事实并长时间实际使用精典公司交付的施工成果,也能够说明现有施工成果基本能满足向头村委会、向头经合社农家乐标牌设计时的需求,并基本实现涉案承包合同的合同目的。在此情形下要求精典公司就该部分施工内容全部重新返工重做,不符合经济效益的原则,且双方争议的农家乐名称牌价款超过整个施工工程价款的50%,如果全部返工重做,原有的用银叶树制作的标牌将全部浪费,造成林木资源的极大浪费,也不符合绿色原则,故向头村委会、向头经合社要求精典公司按签证单要求采用菠萝格重新施工的诉请,法院不予支持。〔42〕 (2)涉案房屋工程规划已经验收合格,也就是说作为建筑节能措施中的房屋外墙保温工程规划是符合国家和地方建筑节能标准的,且涉案房屋工程及消防工程均经竣工验收合格,涉案房屋整体具备合格的使用功能,原告签订商品房买卖合同的根本目的已实现;若强制对涉案房屋的外墙保温材料进行更换重做,不但造成资源的大量浪费,有违民法总则中关于民事活动应当利于节约资源、保护生态环境的基本精神,也可能导致墙面开裂、渗水等影响居住安全问题的产生。故原告要求被告对涉案房屋外墙保温材料进行更换重做的主张,法院不予支持。〔43〕 (3)二被告的行为虽然构成违约,但原告承认工程有部分已经投入使用当中,即证明虽然被告未按合同要求进行安装,但其安装的门窗具有使用价值,而进行重做、更换会造成浪费,

---

〔42〕 原告(反诉被告)磐安县精典装潢工程有限公司诉被告(反诉原告)磐安县玉山镇向头村民委员会、被告(反诉原告)磐安县玉山镇向头股份经济合作社建设工程施工合同纠纷一案,参见浙江省磐安县人民法院民事判决书,(2019)浙0727民初322号。

〔43〕 在原告顾群力、金梅亚、顾春晖与被告常熟市华鑫房地产开发有限公司商品房销售合同纠纷一案中,法院认为,根据商品房买卖合同约定,涉案房屋建筑节能中的外墙保温材料为真金防火保温板,但实际施工中,被告采用的外墙保温材料系保温腻子,有违商品房买卖合同的约定。参见江苏省常熟市人民法院民事判决书,(2017)苏0581民初8882号。相似的案例还有"原告陆喜锋、张敏芝与被告常熟市华鑫房地产开发有限公司商品房销售合同纠纷一案",参见江苏省常熟市人民法院民事判决书,(2017)苏0581民初8881号。

违反了民法总则确定的绿色原则。[44] (4)法院认为,关于书房衣柜全部用亚度板材重做的问题,原、被告双方一致确认,书房衣柜仅一块板材使用的是"兔宝宝"的板材,同时经法院向被告确认,被告表示该"兔宝宝"板材可以更换为"亚度"板材,且不会对其他柜体造成损坏,也不会影响整个柜体的美观。从节约资源和绿色环保的角度考虑,整个柜体进行重做没有必要,故依法酌情仅支持由被告将上述"兔宝宝"板材更换为"亚度"板材。[45] (5)法院认为,"在原告已对该窗口改造、施工装修成推拉门的前提下,如令被告重新安装至交房标准,不仅履行费用过高,而且造成物料上的浪费,不符合'绿色原则'。因此,被告以赔偿损失的方式承担未安装封闭玻璃窗的违约责任,更为合适"[46]。

在上述案例中,法院均认为一方当事人的行为构成违约,但驳回了原告方要求重作的诉讼请求。法院的裁判和说理依据均为重作这一方式违反了绿色原则的要求,从而根据此原则判决被告承担赔偿损失的违约责任,即以绿色原则限制了合同纠纷中违约责任的承担方式。此种裁判的逻辑是:首先,确认被告存在违约行为,需要承担违约责任;其次,对于违约责任的承担方式,尽管原告请求重作,但是法院认为重作有违绿色原则,不利于节约资源、保护环境;最后,法院限制了原告方违约责任请求权的选择权,不支持重作的诉讼请求,判决被告对原告的损失进行赔偿。就价值判断角度而言,这些裁判结果均具有其正当性。

---

[44] 在原告常辉锋、薛存荣与被告郭有清、赵振鹏承揽合同纠纷一案中,法院认为,二被告在合同履行过程中,未按合同所确定的材料规格进行安装施工,是工程存在不符合约定的主要原因,二被告的行为已经构成违约。参见陕西省定边县人民法院民事判决书,(2020)陕0825民初6535号。

[45] 原告周海峰诉被告湖北亚度装饰设计有限公司装饰装修合同纠纷一案,参见湖北省荆州市沙市区人民法院民事判决书,(2020)鄂1002民初980号。

[46] 原告闫忠峰与被告临沂市泰宏置业有限公司等商品房销售合同纠纷一案,参见山东省临沂市河东区人民法院民事判决书,(2020)鲁1312民初213号。

《环境资源法论丛》
第14卷,第35~47页

“绿色”合同利益的范围界定与司法保护

——以《民法典》第509条第3款为分析对象

孙宝光*

摘　要　在民事审判实践中,因“绿色”理念的介入而增加了人民法院在民事案件审理过程中就既有合同条款的效力认定、权利义务配置和义务性质归属等方面进行认定的难度系数。随着合同利益的“扩展”,在司法审判实践中无疑会遇到对合同条款进行“绿色干预”的标准不明确、“绿色”公共利益保护造成的权责失衡、合同义务与附随义务的界限模糊等现实问题。这就需要在正确理解《民法典》合同编“绿色”条款的基础上,适时引入“绿色”公法权利概念,并在司法操作中构建“绿色”公法权利审查的规则、适当使用比例原则并明晰“绿色”利益与成本之间的转化关系,才能保证“绿色”合同利益保护的全面、精准与公平。

关键词　绿色条款　合同案件　“绿色”合同利益　“绿色”公法权利

在法律体系中,平等主体所享有的民事权利通常以“私法”权利的状态予以呈现。但在《民法典》颁行生效后,绿色发展原则与合同编绿色专属条款的出现,使基于个体利益的转移而涉及公共环保利益的稳定与安全纳入

---

* 孙宝光,黑龙江省齐齐哈尔市龙沙区人民法院法官。

民事法律规范的调整范围。宏观层面上,《民法典》绿色条款的出现已经让交易行为的实质性“代际正义”体现于立法的文本之中。就民事审判微观角度而论,如何将“绿色”理念转化为现实的司法操作,是对合同的效力认定与利益保护中必须考虑的问题。

一、绿色条款在民事审判适用中的“逻辑悖论”

在民事审判实践中,因“绿色”理念的介入而增加了人民法院在民事案件审理过程中就既有合同条款的效力认定、权利义务配置和义务性质归属等方面进行认定的难度系数。同时,以司法审判的形式维护合同约定之外的公私环保利益,也在一定程度上“突破”了尊重当事人意思自治、表意自由的裁判共识。

(一)合同利益的“扩张”

《民法典》第509条第3款规定,“当事人在履行合同过程中,应当避免浪费资源、污染环境和破坏生态”。民事交易活动是当事人以追逐特定利益为目的而在共同约定的范围内实施的一定行为。但基于市场关联性,履行行为不单对当事人的利益发生影响,甚至会“波及”他人“绿色”权利或社会公共环保利益。因此,当事人履行合同义务的全面性,也体现为兼顾应然性合同利益与“绿色”类社会公益的谨慎态度。

1. 权利主体的相对性突破

合同相对性,是民事案件审理过程中“配置”权利义务的重要原则。但在合同关系中存在“绿色”因素时,资源成本或环保状态是当事人与其他非合同相对人共同享有完整状态的“绿色”法益。这就使通过司法裁判所调整的权利义务的承载主体超出了合同相对人的范围。

2. 权利范围的存续性延展

对于“绿色”合同利益的构成,《民法典》将之规范为资源利益、环境利益和生态利益。但从立法逻辑层面而言,该“绿色”条款是在第509条整体要求全面履行合同义务的规范体系之下。而全面履行合同的义务要求对应的是合同权利的立体保护。这就意味着,民事司法裁判不仅以确认法律责任的方式调整当事人所享有的对资源、环境、生态等方面的既有利益,同时出于维护环保公共利益的考量,将涉及资源、环境、生态的期待权利也应纳入保护范围。这就明显超出了当事人在订立合同时对权利义务关系所具有的明确认知和真实表意的理解范畴。

3. 权利位阶的优先性保护

民事审判所调整的合同关系,涉及当事人财产利益的方方面面。但因"绿色"合同利益包含公共利益,根据《民法典》第509条第3款的规定,在与"绿色"合同利益发生冲突时,当事人的其他合同利益当然需要让渡。这就在一定程度上排除了当事人的选择权利,有悖于契约自由的价值取向。

(二)理论困境的分析

在法学与经济学的交叉领域,实施一定法律行为对他人利益的影响被定义为外部性。[1] 任何合同关系都不能孤立存在,其履行行为及目的实现必然会对其所在或具有关联关系的环境资源领域的利益配置造成影响。按照"总投入=总产出"的平衡理论,成本是由合同关系相对人的个人投入与消耗公共"绿色"资源所共同构成;而合同利益又可分解为个人收益和社会效益。合同关系中社会成本投入低于合同目的实现后所产生的社会收益,是为正外部性。当合同关系相对人单纯为追求个人收益,在"节省"个人投入成本的同时扩大环境资源的消耗,所获得的社会效益无法"填补"公共环境资源的投入损失,此时便可称为负外部性。

合同关系呈现正外部性时,会对相对人的合法权益造成"降解",致使合同目的达成时所获得的效应低于其所作出的投入成本,出现目的效果低于预期效果的状况,不利于市场经济活力的开发;在负外部性状态下,为追逐个人利益的最大化而侵害公共环境利益,将脱离经济运行的客观规律,无疑也违反绿色发展和诚实信用等民事活动的价值取向。

(三)审判理念的挑战

我国司法裁判的依据是生效成文法。任何一项"新"法律条款的出现,都需要对既有裁判认知和审判逻辑作出相应的调整与适应。这就要求人民法院在审理合同纠纷案件时,依据既有民事法律规定调整审判理念,明确公共环境利益在合同关系中的性质与地位,在诉的有限性和司法保护全面性之间掌握裁判尺度。

[1] 参见[美]罗伯特·考特、[美]托马斯·尤伦:《法和经济学》,张军等译,上海三联书店、上海人民出版社1994年版,第231页。外部性是指一人或多人的自愿行为在未经第三方同意的情况下强加于或给予他们的成本或收益。

1. 对合同条款进行“绿色干预”的标准不明确

“《民法典》合同编绿色条款的设置,是民法在固守私权自治和自由价值的制度弹性范围内,在对主客体关系绝对化予以反思与矫正的基础上,对生态环境公益的适度兼顾与自由的适度限制。”〔2〕但在审判实践中,在当事人约定条款涉及“绿色”因素时,对约定内容的效力认定尚缺乏细化评价标准。

以权益损害结果进行合同条款效力的价值判断,往往会涉及侵权责任纠纷乃至刑事审查的相关内容,则超出了合同纠纷的审理范畴;以行政机关出台的相应国家环保标准进行评价,因引用标准不属于合同的约定范围,无法作为排除合同条款约定效力的依据。〔3〕

此外,“手段符合目的是立法者政策制定应遵守的原则之一,也是比例原则的核心要求。基于个人利益与公共利益的衡量,政策制定过程中存在一定的倾向性。立法与司法事务中的矛盾冲突,就体现出立法者在政策制定中对公共政策的权衡”〔4〕。《民法典》合同编第509条第3款中涉及对公共利益保护的规范,均以“应当”“避免”等强制性作为或不作为规范表述,其注重的也是义务的施加而非权利的授予。这便无疑从立法层面排除了当事人个人意志在合同缔结或履行阶段的参与空间。民事审判的主要价值在于当事人合法权益的保护,自由意志在交易活动中的参与与发挥正是合法权益的组成部分。

2. “绿色”公共利益保护造成的权责失衡

公平是民事活动的基本价值取向,也是《民法典》的原则之一。该原则注重的是程序公平和结果公平。当事人的诉讼请求与反诉请求范围,是合同纠纷争议方对自己所享有的权利的处分选择。但因各个经济领域之间具有资源共享性、信息互通性和利益交叉性,在案件审理过程中,如单纯就某一领域内当事人起诉的纠纷进行处理,而不综合考量公共利益因素的“动发牵身”效应,则容易走向思维固化,为结案而结案,仅就事而论事,虽然裁

〔2〕 陶凯元:《以习近平生态文明思想为指引切实贯彻实施〈民法典〉绿色条款》,载《法律适用》2020年第23期。

〔3〕 参见内蒙古自治区鄂尔多斯市中级人民法院民事判决书,(2020)内06民终432号。

〔4〕 杨红妆等:《“通知—删除”规则的修正与重构——基于比例原则的考察》,载胡云腾主编:《法院改革与民商事审判问题研究——全国法院第29届学术讨论会获奖论文集》(下),人民法院出版社2018年版,第1159页。

判结果合法，但使部分当事人或特定领域的利益遭受“合法”侵蚀，这无疑有悖于实质公平。

人民法院在审理类案过程中，虽秉持统筹兼顾、维护各方合法利益的理念与初衷，但基于“不告不理”原则，如审理超过当事人起诉或反诉的请求范围，则属于侵犯当事人对自己所享有的民事利益和诉讼利益的处分权。故人民法院只能依据当事人提出的诉讼请求与事实理由进行审查，不得扩张审理内容，判项亦无法超过当事人的主张范围，否则就是对程序公平的“背叛”。这就使裁判陷入程序正义与实体正义相冲突的技术“瓶颈”，无法在法律事实与客观事实之间找到近似的平衡点。

让“绿色”公共利益“权重”参与合同关系中的利益“配平”，就相当于为维护“绿色”公共利益而赋予合同关系相对方合同文本内“均衡”权利义务体系外的“单纯”义务，而“绿色”公共利益享有人无对等义务的负担。同理，在“忽视”合同类“绿色”公共利益的情况下，无疑会给当事人权利的完整状体造成损失，也等同于因合同关系的存在而使合同权利人负担了“额外”的义务或责任，而相对人却处于权利完整状体或义务欠缺状体。

3. 合同义务与附随义务的界限模糊

“附随义务是以诚实信用为基本原则，并非自始确定，而是随着债的关系的进展，依事态情况而发生。”〔5〕附随义务在合同文本中并无相关约定，而是基于主给付义务而产生但有别于主给付义务的义务。如此理解，“绿色”公共利益所对应的义务应当属于附随义务。

但合同类“绿色”公共利益是以当事人依据合同关系而享有的私法权利为依托，二者是合同权利的一体两面，具有同一性。因此，“绿色”公共利益所对应的义务也应当是合同关系中的主给付义务。如此，因合同类“绿色”公共利益所对应义务的性质同时符合附随义务和主给付义务的要求，在民事审判中很难正确评价合同类“绿色”公共利益所对应义务的性质并给予相对人公正的责任“配置”。

二、“绿色”公法权利概念在民事审判中的必要“填充”

在民事审判工作中，当事人所享有的合同“私”权利和其与他人或社会

〔5〕 王泽鉴：《民法学说与判例研究》（第4册），中国政法大学出版社2005年版，第86页。

公众所占有的"公"权利是不具有明显界限的。在合同的订立阶段，当事人让渡自己的权利而寻求与相对人的意思表示一致的行为在司法评价方面本"无可厚非"，但因当事人所让渡的自己所享有的权利同时具有私权利和公权利两种属性时，让渡行为对公共利益的牺牲则不仅涉及当事人个人的利益得失，还会对公共利益的完整性构成威胁或损害，并且该威胁或损害因与合同关系具有关联性而无法通过侵权责任的追究得到合理补偿。"《民法典》是直接落实宪法权利保护条款的基本法律，在民事领域具有准宪法或民事宪法的功能和价值，在权利保护上的地位是优越的。"[6]故《民法典》第509条第3款一改传统"私法"的保护局限，对公民、法人或其他主体所享有和与他人所共同享有的"绿色"权利同样纳入调整与保护的范围。

（一）民事审判引用"绿色"公法权利概念的理论基础

所谓公法权利，是指公共生活关系中的权利，以公法为依据，大体包括自由权、受益权、荣誉权、参与权、生存权等。格奥尔格·耶里内克将公法权利定义为，"由法律规范所确认和保护的，以特定的利益为目的的人的意志力，其中，意志力被视为公法权利的形式，而利益才是公法权利的实体因素"[7]。将公法权利纳入民事审判的保护范畴，并非民事司法的受案"扩张"，而是基于《民法典》的"私法公法化"明确规范。

《民法典》总则编第3条作出概括性规定，"民事主体的人身权利、财产权利以及其他合法权益受法律保护，任何组织或者个人不得侵犯"；进而又以平等原则、公平原则、诚信原则、公序良俗原则、绿色发展原则明确了民事行为活动的基本价值；再加上物权编、合同编、侵权责任编对"绿色"权利与义务的完整规范，已经超出了"私"权利的单一范畴。

奥托马·比勒尔在《公法权利及其在德国行政裁判上之保护》一文中提出，"公法权利指人民基于法律行为或以保障其个人利益为目的而制定之强行性法规，得援引该法规向国家为某种请求或为某种行为之法律地位"[8]。按此描述，"当公共利益和个体利益相一致并被国家确认时，国家

[6] 孔祥俊：《挖掘民法典的公法价值　推进国家治理体系和治理能力现代化》，载《光明日报》2020年11月13日，第11版。

[7] 徐以祥：《耶里内克的公法权利思想》，载《比较法研究》2009年第6期。

[8] Ottmar Blihler, *Die subjektiven offentlichen Rechte and ihr Schutz in der deutschen Verwaltungsrechtsprechung*, Berlin: Kohlhammer 1914, S. 224. 转引自徐以祥：《耶里内克的公法权利思想》，载《比较法研究》2009年第6期。

就赋予了公民个体对其特定行为的请求权并提供法律手段给个体适用来实现这种请求权”〔9〕。据此,公法权利具有依据民法的规范内容通过司法审判得以保护的可能性和必要性。

而在民事法律体系中,公法权利的义务对象并不局限于国家的公权力主体。因为在民事活动中,是平等主体间的意思联络和效力施加,已排除了公权力的因素介入,即便公权力主体参与到民事活动中来,也是以平等的“私”身份予以呈现。

(二)“绿色”公法权利的限定标准

在现有理论发展和立法实践阶段,尚没有对“绿色”公法权利作出详尽的表述和明确的规范。但按照一般性的法学认知,可将公法权利等同于人权权利,即人在可持续的生态环境中生存和发展的权利。虽然私法权利也是规范的生存与发展权利,但“绿色”公法权利是在私法权利即单一个体或特定个体所享有的生态生存与环境发展权利的基础上,将个体利益寓于群体环保利益甚至整体“绿色”利益之中。如个体利益受到威胁或损害则会对群体或整体的“绿色”公共利益造成威胁或损害,这种为个体所有又对群体或整体“绿色”公共利益造成影响且为国家法律予以强制性调整并可经国家公权力予以保护的权利,就是“绿色”公法权利。按此表述,《民法典》合同编所涉及的可由民事审判进行调整的“绿色”公法权利应当符合以下标准。

1.“绿色”公法权利归属于合同相对人

当事人在合同关系中所享有的“绿色”公法权利,是公民、法人或其他主体依据《民法典》的规定所具有的一种“绿色”权利状态,其存在与保护应当恪守合同相对性。与公法权力不同,其归属的主体是平等的民事主体。即便通常含义中具有国家公法权力的国家机关享有一定的“绿色”公法权利,也是其以平等的民事主体身份参与到合同关系之中而享有的,依据的相关法律是《民法典》合同编的具体规定,而非刑法、行政法等其他公法。

同时,合同关系外的第三人所享有的“绿色”利益即便因当事人缔结合同或履行合同而造成资源或环保损失,因其与合同关系无关,无法以《民法典》合同编的相应规定为依据,故不属于合同类“绿色”公法权利。第三人可依据《民法典》侵权责任编或其他法律寻求救济。

〔9〕 徐以祥:《耶里内克的公法权利思想》,载《比较法研究》2009年第6期。

2. “绿色”公法权利与公法权力具有关联性

日本学者美浓部达吉曾将私法公法化界定为，“依据国家权力而行的经济生活之调整，不单为调整个人相互间的法律关系之秩序，且直接使该项法律的关系成为个人与国家间的关系的场合；换言之，即不单使违反限制之个人相互间的法律关系归为无效，且进一步以国家的权力科违反者以公法上的制裁，而依这种制裁的手段去强制其遵守的场合，私法便发生了公法化”〔10〕。

公权力对《民法典》第509条第3款规范的“绿色”公法权利的作用，不但指司法权力对公法权利的“事后”保护，也包含行政权力对“绿色”公法权利的“事前”影响和“事中”干预。例如，与该条款相对应的第494条第1款规定，“国家根据抢险救灾、疫情防控或者其他需要下达国家订货任务、指令性任务的，有关民事主体之间应当依照有关法律、行政法规规定的权利和义务订立合同”。按照此款规定订立合同而产生的“绿色”公法权利，是因行政指令行为的作用而发生的，同时该行政指令行为也作为合同项下“绿色”公法权利的保障力量。第534条规定的“当事人利用合同实施危害国家利益、社会公共利益行为的，市场监督管理和其他有关行政主管部门依照法律、行政法规的规定负责监督处理”，则直接指明公法权力对合同关系的参与力度和对合同类“绿色”公法权利的保障功能。

3. “绿色”公法权利同时具有私法权利属性

《民法典》的立法价值在于保护民事主体的合法权益，是纯正意义上的私法。合同编的相关规范也是为充分保护合同关系项下的私法权利而进行设定的。其之所以出现“公法化”现象是基于市场调节的自发性、盲目性和滞后性。但作为合同关系项下的权利，缔约任何一方都不具有公法权力，无权就“绿色”公法权利作出让渡或交易，因此合同文本中所约定的权利均具有私法权利的属性。而当事人约定的权利事项为《民法典》合同编第509条第3款具有公法性质的条款所约束，使部分合同关系中的私法权利兼具了公法权利的性质。所以，“绿色”公法权利与私法权利是合同权利的“一体两面”，在合同关系中私法权利可以单独存在，但“绿色”公法权利必须“寄托”于私法权利而存在。

（三）“绿色”义务性质的“私法”回归

因“绿色”合同利益具有公法权利的性质，所以民事审判要将“绿色”公

〔10〕［日］美浓部达吉：《公法与私法》，黄冯明译，中国政法大学出版社2003年版，第99页。

益作为合同关系中权利义务评价的考量因素。但《民法典》合同编对合同义务及违约责任的规范形式又具有"纯正"私法性,未将行政、刑事等公法责任形式纳入其中。故人民法院在审理涉"绿色"因素合同纠纷案件时,应充分考量当事人的履行行为对"绿色"合同利益所造成的影响或损失,并将该利益减损"转化"为私法层面上的违约责任来予以评价。如此,才能既兼顾"绿色"权益,又能稳定市场交易的正常秩序。

三、"绿色"合同利益在民事纠纷案件审理中的保护

在民事司法中引入"绿色"公法权利的相关价值判断和适用标准来实现合同关系外部性的平衡,无疑是对现有审判"惯性"的重要挑战。强调"绿色"公法权利在合同关系中的存在,并非以司法手段"挤压"私法权利的存在与受保护的空间,而是全面贯彻《民法典》总则编所规范的绿色发展原则的必然选择。审判职能的功能发挥,应打破所谓"国进民退"的思维束缚。人民法院在充分尊重和保护当事人私法权利的同时,如何把"绿色"公法权利保护在合同纠纷案件司法裁判中由"空置"走向"实质",是《民法典》适用初期在司法裁判中的现实课题。

(一)"绿色"公法权利审查的规则构建

"在司法实践中,利益正当性检测是关于利益是否值得受保护的最核心要件,其成立与否将会直接决定利益的保护必要性的成立与否,……属于对利益的可诉性的实质性判断。"〔11〕

1. 合同关系中"绿色"公法利益投入的关联性认定

在合同纠纷案件审理中,对于当事人提出的涉及"绿色"公法权利的主张,应以"绿色"公法利益投入关联性为确认前提,即当事人在合同缔结阶段或履行阶段对"绿色"公法利益的处分应具有主观上的认知,且对该"绿色"公法权利作出处分属于实现合同目的的必要条件。如"绿色"公共利益的让渡与合同目的的实现之间不具有关联关系,则该利益不属于合同关系内部合同权利的构成部分,便不属于合同类"绿色"公法权利。

〔11〕 张建文、梁桂平:《以"合法利益"为基础的新兴权利司法保护模式之构建》,载胡云腾主编:《法院改革与民商事审判问题研究——全国法院第29届学术讨论会获奖论文集》(下),人民法院出版社2018年版,第821页。

2. 合同关系中“绿色”公法权利与私法权利的效力层级

根据合同权利性质与效力的梯度关系,由强至弱可划分为法定权利、约定权利和附随权利。法定权利属于法律具有明确规定且不以当事人意志为转移的合同权利。当事人缔结或履行合同的目的是实现法定性的权利——基本私法权利;但依照公平正义、公序良俗和绿色发展等原则,与合同关系具有直接关联的“绿色”公共利益亦应属于法定的必要“绿色”公法权利。约定权利的效力低于法定权利,属于当事人对自己权益的损益,并受该处分行为约束而使对方享有的权利。附随权利的效力则低于约定权利,按性质类型可分为衍生私法权利和辅助公法权利。(见表1和图1)

表1　“绿色”私法权利与公法权利的效力分级

合同权利	私法权利	“绿色”公法权利
法定权利	基本私法权利	必要“绿色”公法权利
约定权利	约定私法权利	约定“绿色”公法权利
附随权利	衍生私法权利	辅助“绿色”公法权利

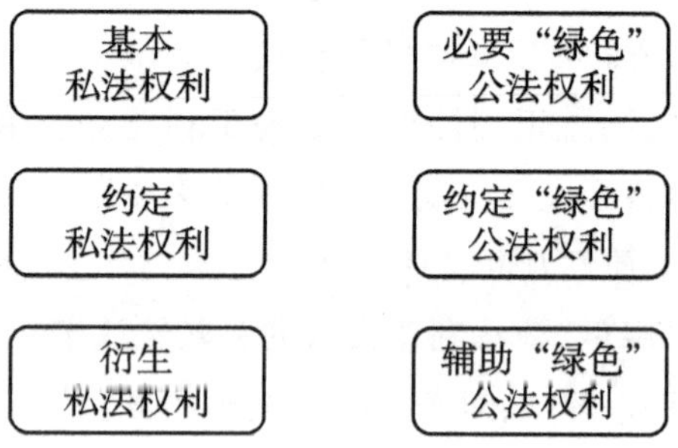

图1　“绿色”公法权利与私法权利的效力关系

3. 规范当事人的证明责任与法院的审查要点

在个案审理中,当事人对公法权利的提出与初步证明义务如表2所示。

表2　“绿色”公法权利的证明责任明细

公法权利的证明	“绿色”公法权利类型	初步证明义务
不需要证明的公法权利	必要“绿色”公法权利	有民法原则或具体规范作为依据
	辅助“绿色”公法权利	遵循民事法律原则

续表

公法权利的证明	“绿色”公法权利类型	初步证明义务
需要证明的公法权利	约定“绿色”公法权利	证明公法权利约定内容
	辅助“绿色”公法权利	证明权利关联性

在人民法院对“绿色”公法权利作出认定时，亦应当就如下要点（见表3）进行审查。

表3 “绿色”公法权利的审查内容

“绿色”公法权利的审查	审查要点	审查内容
主观方面	合法性	不违反法律的强制性规定
	认知性	合同关系当事人对“绿色”公共利益的影响具有明知或应知状态
客观方面	同一性	“绿色”公法权利与合同内容一致
	失衡性	“绿色”公法权利的“减损”系因私法权利的“扩张”所致

（二）比例原则在民事审判中的适当引用

“‘公法优越’无法在不损害交易秩序的前提下完成风险控制任务，片面强调‘私法自治’亦不能解决市场失序的流弊，不同规制形式的混合往往才是功效最优的规制方案。”[12]在审判实践中，如将任何涉及“绿色因素的”合同利益均冠以“绿色”公法权利之名则会造成权利的滥用，过度对当事人“科以”义务，但“放任”民事关系的自我“演化”，又会“纵容”民事权利的“野蛮生长”，损害相对人及社会公众的“绿色”合法权益。因此，适当引入比例原则便显得恰逢其时。

比例原则本是行政法领域内的价值取向和裁判方法。基于《民法典》公法性条款的规定，在结合民事法律原则要求的基础上，将行政类公法原则“移植”到民事裁判领域，便可实现合同类“绿色”公法权利保护科学化的审

〔12〕 吴林波等：《契约自由何以确立：“私法合同”行政义务的限定——以网络服务平台审查监管责任为视角》，载胡云腾主编：《法院改革与民商事审判问题研究——全国法院第29届学术讨论会获奖论文集》（下），人民法院出版社2018年版，第959页。

判技术“突围”。在民事审判中比例原则的适用,应当理解为,兼顾“绿色”公法权益保护目标的实现可能对合同相对人的权益造成不利影响的,这种不利影响应被限制在尽可能小的范围和限度内,二者之间有适当的比例。[13]

1. 正当性审查

在案件审理中,对于当事人提出的自己所享有的“绿色”公法权利请求,人民法院应进行正当性审查。对于私法主体而言,“法无禁止即可为”。“绿色”公法权利的保护不应成为当事人滥用诉权的“借口”。对于无相关依据的权利主张,人民法院不应当予以支持。在对方当事人提出因“绿色”公法权利的“滥用”而造成损失的,人民法院可依据实际受损情况及请求,追究滥用“绿色”公法权利当事人的违约责任。

2. 适当性审查

在合同纠纷案件审理中,“绿色”公法权利的保护并不仅从结果角度进行考量。以司法权力保护“绿色”公法权利,首先应当明确“绿色”公法法益保护目的。该目的不仅在于维护当事人的合法“绿色”合同利益,也具有保护社会公共环保利益的“双重价值”。当事人的约定内容或履行行为对社会公共环保利益所构成的威胁或损害未触及法律作出的强制性规定且不具有相关评判价值的,法院不应以要求合同当事人承担违约责任的形式造成当事人“固有”合同利益的损失。

3. 必要性审查

民事审判依据“绿色”公法权利保护而追究对方相对人的合同责任,应在解除合同、继续履行、采取补救措施、损害赔偿等违约责任形式中选择赋予当事人“最小”负担的方式进行确认。人民法院应当在民事审判中尽可能少地否定当事人在合同关系中的自治选择或科以公法义务的负担。

(三)明晰利益与成本之间的转化关系

“以强制规范为准绳评判合同是否有效,构成公权力对私主体契约自由的干涉。”[14]在合同纠纷中,争议焦点往往为权利与义务的配置问题,而

---

〔13〕 参见黄成:《民法典背景下环境资源合同案件中合同效力认定规则之完善——基于80份裁判文书的实证分析》,载《法律适用》2020年第23期。

〔14〕 黄成:《民法典背景下环境资源合同案件中合同效力认定规则之完善——基于80份裁判文书的实证分析》,载《法律适用》2020年第23期。

成本与收益便是权利与义务配置的关键所在。但在合同纠纷案件的审理过程中,如将"绿色"公法利益的投入简单套用为成本的增加,便会出现合同缔约方的义务加重或权利削减的情形。因此,"绿色"公法利益消耗必要性是配置存在合同关系的当事人之间权利义务的核心。

1. 限缩"绿色"权利的认定范畴

在合同关系中所涉及"绿色"权利,应当严格限缩在当事人所享有且与合同关系存在关联性的原生利益范畴。对期待权利或附加利益的影响,不属于对社会公共环保利益的固有现状构成威胁和损害,因此不应纳入"绿色"公法权利的保护范围。

2. 限定"绿色"权利的损害标准

在合同关系中,成本当然包含利益的让渡与交换。在纠纷案件处理中,必要的消耗且可以通过交易行为予以补偿的"绿色"利益应当被视为在缔约时各方基于共同的意思表示而确认的合同义务,任何一方当事人不应据此要求对方当事人负担违约责任。

只有一方当事人在履约过程中违背诚实信用原则、故意或放任自然资源的损耗超出实现合同目的的必要限度且加重对方当事人的成本负担时,才能认定合同相对人的履约行为存在"瑕疵",并据此追究其相应的合同责任。

3. 限制"绿色"违约的责任认定

在《民法典》的体系中,一方违反合同义务或损害对方的合同权利,其负担法律责任的形式是违约责任,具体表现为继续履行、采取补救措施和赔偿损失。但出于对公共资源的节约层面的考量,继续履行与采取补救措施中如会造成公共资源的再度消耗则有违《民法典》公法条款的设置初衷。故涉及违反"绿色"合同义务而需要负担违约责任时,应以赔偿损失为主,谨慎使用继续履行或采取补救措施的责任认定形式。

《环境资源法论丛》
第14卷,第48~58页

合同纠纷案件中绿色条款裁判规则的检视及完善

——以中国裁判文书网137个案件为样本

李　征*

摘　要　绿色原则的含义为节约资源和保护生态环境。实现物尽其用,达到最优效率状态,也是绿色原则的内在要求。绿色原则在合同纠纷中有广阔的运用空间,但目前司法实践对绿色原则的运用还存在由具体法律规则向一般法律原则逃逸、裁判尺度不一、说理不充分等问题。其原因在于"资源"和"生态环境"概念不明、法律强制力不足以及适用范围有限。法院在司法实践中需要探索完善绿色裁判规则,准确界定"生态环境""资源"概念,从审查合同效力、确定当事人权利义务、判断合同是否解除及确定合同终止的后果等方面,将绿色原则贯穿案件始终加以考量。公益诉讼制度的引入亦有助于绿色原则的贯彻。

关键词　合同制度　绿色原则　绿色条款　合同裁判规则

绿色原则最先为原《民法总则》第9条所确定,后该条规定为《民法典》

---

* 李征,最高人民法院刑二庭法官助理。

所沿用,并在物权、合同、侵权各编规定了体现绿色原则的具体制度。本文试图通过分析绿色原则的含义,结合司法实践,探讨完善合同类案件中贯彻绿色原则的裁判规则。为方便论述,本文将《民法典》涉及绿色原则的第9条,以及各编中涉及环境保护相关内容的条款,统一述称为“绿色条款”。

一、前提:绿色条款的内涵辨析

绿色条款的基本内容包括两方面:一为节约资源;二为保护生态环境。其主要内涵即为回应环境问题的挑战,贯彻绿色发展的理念,构建生态文明制度体系。解决资源消耗、环境污染的问题,主要是公法调整范围。而对每一个民事主体来说,在建设美丽中国的当下,进行民事活动时注意节约资源、保护生态环境,也是尽到公民责任的应有之义。《民法典》作出此规定,既是贯彻《宪法》关于保护生态环境的要求,也是生态文明建设的要求。[1]

除环境保护外,绿色条款另一延伸内涵也值得注意,即节约包括当事人及整个社会所有相关财产或资源,实现物尽其用,达到“社会成本最小化或社会财富最大化”的状态。[2] 此种意义上的绿色条款,实际就是经济学上的效率,即通过“资源配置使得社会所有成员得到的总剩余最大化”[3]。

按照经济学理论,作为经济人的个体通过追求自身效用最大化,与他人进行自由交换,进而实现整个社会的效用最大化。但由于进行某一项交易,可能会产生额外的社会成本,而交易双方都不负担社会成本,则可能导致交易的负外部性,[4]此时公权力需要介入进行管制,避免“公地悲剧”。因此,从法经济学的角度分析,《民法典》对民事主体的行为进行规范,以实现节约资源和保护生态环境的目的,也是完全合理正当的。

总体而言,《民法典》中的绿色原则及各编的绿色条款主要是对整体环境公共利益的维护,以环境公共利益为对象。其并非民法的内生性和本源

---

[1] 参见最高人民法院民法典贯彻实施工作领导小组主编:《中华人民共和国民法典总则编理解与适用(上)》,人民法院出版社2020年版,第79页。

[2] 参见贺剑:《绿色原则与法经济学》,载《中国法学》2019年第2期。

[3] [美]曼昆:《经济学原理》,梁小民译,北京大学出版社1999年版,第152页。

[4] 参见金晓燕:《负外部性、企业行为与最优环境税机制研究》,载《技术经济与管理研究》2016年第3期。

性法律原则,而是我国民法典对民众现实需求的回应。〔5〕所考量因素主要为当事人之外他人或社会利益,与意思自治、公平、诚信等以当事人利益为考量因素的民法原则不同。

因绿色条款涵盖内容广泛,本文仅以合同纠纷中绿色条款的适用作为切入点,探讨其在司法实践中的运行状况,以期能够有所发现。

二、管窥:合同纠纷案件中绿色条款适用现状透视

法律的生命不在于逻辑,而在于经验。过多的逻辑思辨不能够解决现实问题,只有通过对实践的考察,才能一窥全貌,揭示真相。

(一)合同纠纷中绿色条款引用情形

笔者在2021年8月15日通过中国裁判文书网进行检索,以"节约资源""环境保护"为关键词检索,总计获取样本550件,去除刑事、行政案件,民事案件共计503件,其中涉及"合同"纠纷案件338件。在对绿色条款引用的案件中,合同类纠纷毫无意外地占据多数。因为合同类案件较多,且在串案中如果涉及此部分内容,则数量更为可观。

经筛选,共得到137件涉及合同纠纷的有效样本,作为本文的实证分析对象。绿色条款在合同纠纷案件中适用的情形主要为:(1)合同无效事由;(2)合同解除事由;(3)合同继续履行请求权之否定依据;(4)合同违约责任的依据;(5)作为合同解除阻却事由;(6)作为合同解除后返还等后果的依据;(7)作为合同履行期限之解释依据。具体见表1。

表1　涉及合同纠纷绿色条款适用方式数据统计

法律效果	合同无效事由	合同解除事由	合同继续履行请求权之否定依据	合同违约责任的依据	合同解除阻却事由	合同解除后返还等后果的依据	合同履行期限之解释依据
数量/件	37	41	22	11	13	8	5
占比/%	27.0	29.9	16.1	8.0	9.5	5.8	3.6

(二)合同纠纷中绿色条款引用方式

通过对合同纠纷中绿色条款的引用方式进行分析,发现对绿色条款的

〔5〕参见黄锡生:《民法典时代环境权的解释路径——兼论绿色原则的民法功能》,载《现代法学》2020年第4期。

援引大体有三种:一是单独作为裁判依据。比如,吴某诉闫某房屋租赁合同纠纷一案,合同确认无效后,根据节约资源、保护生态环境的角度,已完成的房屋装饰装修不宜拆除,因此判决装饰装修由吴某继续使用,并支付对方折价款。[6] 二是与其他理由并列,共同作为裁判依据。比如,黄某、杨某、桐梓县太白大酒店诉贵州荣兴房地产开发有限公司、何某、令某、第三人罗某房屋租赁合同纠纷一案,法院将节约资源与诚实守信共同作为裁判依据,认定双方同意锁门后未积极协商、妥善处理,房屋因本案纠纷未能有效利用,由此产生的损失,双方均有过错。[7] 三是用来论述其他裁判依据正当性,加强说服力,二者属于递进关系。比如,史某诉郑州奥星实业有限公司、第三人中国银行股份有限公司郑州文化支行商品房预售合同纠纷一案,一审法院通过援引绿色条款,阐释了开发商因政策停工的正当性,认为迟延交房不构成违约,驳回了原告要求解除合同的诉讼请求。[8]

(三)合同纠纷中绿色条款适用存在的问题

通过对检索案例进行分析,笔者认为目前司法实践中绿色条款的适用存在以下问题:

1. 由具体法律规则向一般法律原则逃逸

在137件样本中,引用绿色原则(《民法典》第9条)的样本为34件,引用数据如表2所示。

表2　涉及合同纠纷绿色原则引用方式数据统计

绿色原则引用方式	直接引用	并列引用	加强论证
数量/件	20	8	6
比例/%	58.8	23.5	17.6

在穷尽法律规则时方能适用法律原则,非实现个案正义,不得直接适用法律原则而舍弃法律规则。[9] 很多裁判文书在法律有明确规则,且以此作为裁判依据并不违背常理的情况下,仍然仅引用绿色原则(《民法典》第9条),有违法律原则适用规则。比如,在某农村土地承包合同纠纷中,一审

[6] 北京市昌平区人民法院民事判决书,(2020)京0114民初363号。
[7] 最高人民法院民事裁定书,(2019)最高法民申4177号。
[8] 河南省郑州市中级人民法院民事判决书,(2020)豫01民终3899号。
[9] 参见舒国滢主编:《法理学导论》,北京大学出版社2006年版,第117页。

法院将绿色原则和保障合同稳定性作为驳回原告要求解除合同诉讼请求的依据。而该案完全可以根据合同法中有关合同解除的规定进行裁判。二审法院认定本案合同不具备法定或约定解除条件,裁判结果与一审法院相同。[10] 直接引用绿色原则,造成了由规则适用向原则适用的逃逸,有权力恣意之嫌。

2. 同案不同判致司法公信力受损

法律原则相较规则而言,更加抽象和模糊,由于绿色条款所蕴含的绿色原则的内涵丰富,外延宽泛,这就给了法官解释条款的空间,但是"充裕"的解释空间易造成裁判的混乱。比如,2018年和2019年河南某地和河北某地分别有一批房屋买卖合同纠纷串案,均为购房者起诉开发商逾期交房,开发商均主张因政府环境治理政策停工,两家法院均引用了绿色条款,得出的结论却不一致。河南某地的系列案件中,一审法院认为停工政策属于经营风险,根据绿色条款,企业应当关注地域季节气候规律与开发施工状态关系,合理安排开发进度、理性确定日期,开发商逾期交房构成违约。二审法院认为污染治理暂时停工超出公司可控制范围,非因自身原因造成,进行了部分改判。[11] 河北某地的系列案件中,一审法院认为施工单位根据政府相关环保要求停工或限产,有助于改善环境及空气质量,根据绿色条款认定工期顺延合理,且二审予以维持。[12] 从终审结果看,法院审理思路一致,但在一审时适用绿色条款却得出相反结论,该种情形值得引起重视。

3. 论证不充分致裁判说服力不足

绿色条款的含义,在法律条文中只有"有利于节约资源、保护生态环境"的表述,在裁判文书中具体适用需要法官自己论证。由于法官对条文的理解差异,以及自身理论水平和知识面的不同,最终呈现的说理论证过程存在差距。部分裁判文书论证过程过于简略,难以令当事人信服。比如,关玉祥与王福春返还原物纠纷案中,法院根据绿色条款,判决被告3年后返还林地,但对于为何是3年没有具体论述。[13] 而且,承包合同明确约定期限,被告自行栽种为何能构成迟延返还的正当理由,法院对此亦缺乏详细说理。

---

〔10〕 青海省西宁市中级人民法院民事判决书,(2020)青01民终1166号。

〔11〕 河南省郑州市中级人民法院民事判决书,(2018)豫01民终14478号。

〔12〕 河北省廊坊市中级人民法院民事判决书,(2019)冀10民终904号。

〔13〕 辽宁省桓仁满族自治县人民法院民事判决书,(2020)辽0522民初709号。

样本中共有 20 起案件直接引用绿色原则(《民法典》第 9 条),论述情况如表 3 所示。

表 3　直接引用绿色原则论证情况

论证情况	未论证	论证
数量/件	13	7
比例/%	65	35

法官未在案件事实与裁判结果之间建立起合乎逻辑与经验的桥梁,不仅过于追求"自由心证",也无法令当事人信服。

三、剥茧:绿色条款司法适用困境的成因

将绿色条款入法是立法上的一大进步,具有极强的理论和实践意义,但是从纸面的法律落到实处,难免出现异化情况,绿色条款的适用同样面临此种问题。

(一)"资源"和"生态环境"概念不明

绿色条款中"资源"的概念仍不明确。其一,自然资源种类丰富,分布广泛,如果将资源理解为自然资源,那么自然资源尚无明确的界定。其二,资源是否仅指狭义上的自然资源,广义上的资源是否属于绿色原则所涵盖的内容,比如人力资源、社会资源等。如按照广义的理解,那么减轻当事人的诉累也是属于节约资源的一种表现形式。[14] 另外,我们还需要明确,有时候恢复原状并不是最好的选择,节约资源还需要从多方面、多角度去衡量。如原告邯郸市邯山区马庄乡北街社区居委会与被告邯郸市复兴区四通管道安装队建设工程合同纠纷案中,[15]安装的管道基本符合当事人的要求并已投入使用,如仅为了保护原告的权利而拆除,实质上是损害了公共利益,不符合绿色环保的本意。绿色条款应追求当事人权利与公共利益之间的均衡。

对"生态环境"的理解也不相同——是将生态与环境分开理解,即保护

---

〔14〕 参见刘庆国:《重复诉讼的识别与规制——以〈民事诉讼法司法解释〉第 247 条为视角》,载《山东法官培训学院学报》2018 年第 2 期。

〔15〕 河北省邯郸市邯山区人民法院民事判决书,(2017)冀 0402 民初 324 号。

生态和保护环境并存,还是生态是用来缩小环境的范围的,即保护生态环境? 比如我们生活的环境如果按第一种方式进行理解,则可以用绿色条款来规范,但用第二种方式来理解,则不属于绿色条款规范的范围。

对于概念的不同理解在学术界较为常见,例如对于公序良俗的理解,就存在一般利益说和公共利益说两种看法。如何理解“资源”和“生态环境”的概念,只有以绿色环保作为核心观点,并从体系解释的角度出发,考虑个案的差异,才能真正将绿色原则融入其中,而不是泛泛而谈,否则根本无需引用。

(二)法律强制力不足

绿色条款能否在实践中体现价值,发挥重要功能,其本身具备的惩戒效果十分重要。刑法在我国部门法中惩戒力度最强,违反刑法的行为,会受到法律的否定评价,多数是直接对人身自由的限制,故刑法在人们的生活中起到的规范性最强。绿色原则属于民法的原则之一,是私法领域,必不可能有刑法那般强制力,但在私法领域,不同原则之间所具有的法律强制力也不相同。如诚实信用原则,虽然同绿色原则一样属于民法的原则之一,且未规定相关的法律后果。但是经过漫长的发展,已经与其他法律规则形成了一套完整的“要件—后果”法律规范,成为民法中的“帝王条款”。相比较而言,绿色原则适用的历史不长,范围狭窄,案例也难言丰富,甚至多数案例还存在争议,故绿色原则所具备的法律强制力相对不足。另外,绿色条款对当事人的限制不多,在实践中更多类似于补充说明或者价值观的指导,多为论证说明时使用,发挥的更多是旗帜性的功效,由此限制了绿色条款功能的发挥。

(三)适用范围有限

绿色条款制定的初衷似乎发生了偏移。原则刚出台时,多数人认为绿色条款主要解决环境、资源方面的问题,但出人意料的是,搜集到的案例中涉及环境问题的较少,仅仅是一些小型环境污染等问题,对于一些大型环境问题,绿色条款尚未给出回应。一方面,由于条款出台时间较短,大型环境问题普遍案情复杂,证据较多,审理时间长;另一方面,部分法官对于绿色条款的适用仍持观望态度。

四、破冰:合同案件审理的绿色考量与规则完善

法院在审理合同纠纷时不应局限于法律载明的合同义务,而是应当根

据绿色条款的内涵审查合同履行的全过程，以保障绿色条款在合同中的贯彻落实，结合合同案件审理的流程，在各节点都可以加入绿色条款的因素进行审查。

（一）“生态环境”“资源”概念的绿色考量

首先，“生态环境”并非严格受限于“生态”二字，生活环境亦是题中应有之义。《民法典》侵权责任编新增加了生态破坏责任，构成《民法典》第七编第七章，与环境污染责任并列。立法者并未将“生态”与“环境”画上等号。《民法典》体现了民生福祉的人文关怀，生活环境直接关系到公民生存的品质，应当纳入绿色原则的涵摄范围。其次，“资源”不应仅限定于环境资源，而应包含民事活动中涉及的一切资源。《民法典》第9条绿色原则的规定，未将节约资源限定在“自然”框架下，因而此处的资源根据文义解释，亦不能仅限于自然资源，民事交易、人与人交往产生的社会成本亦应当包括在“资源”释义之内。

（二）合同效力审查中的绿色考量

根据我国现行法律的规定，一般认为，合同无效情况包括：（1）行为人欠缺民事行为能力；（2）虚假的意思表示；（3）违反效力性强制性规定；（4）违背公序良俗；（5）恶意串通。合同撤销的情形为：（1）重大误解；（2）欺诈；（3）胁迫；（4）显失公平。以上情况分别对应着自愿、公平、诚信、合法性、公序良俗等民法中的基本原则。如果违反绿色原则，合同效力却不受影响，这与绿色原则同其他原则的并列地位不相匹配，不能实现将绿色原则编入民法基本原则的立法初衷。

笔者认为，《民法典》第153条关于违反强制性规定无效或违反公序良俗无效的规定，并未排除绿色原则发挥的空间。首先，如果合同内容本身违法，可以确认合同无效。比如，《环境保护法》第46条规定，“任何单位和个人不得生产、销售或者转移、使用严重污染环境的工艺、设备和产品。禁止引进不符合我国环境保护规定的技术、设备、材料和产品”。该条规定即属于强制性规定，违反该条规定，严重损害社会公共利益，应认定为无效合同。其次，公序良俗包括公共秩序与善良风俗两方面，维护经济社会管理秩序是公序良俗的重要内容。[16] 环境及资源问题涉及公共利益,如有侵害,不符合绿色原则的要求,进而损害公序良俗。对没有法律明确规定,但合同主要内容违反绿色条款的,比如,双方合同约定的主要义务为浪费水、电等资源,可认定违背公序良俗,从而确认合同无效。

(三)当事人权利义务的绿色考量

合同从订立到终止,可以划分为合同订立、合同履行、合同终止三个阶段。除给付义务外,在三个阶段还分别涉及先合同义务、附随义务、后合同义务。根据主流理论,一方违反附随义务,另一方的救济途径为请求损害赔偿。绿色义务与附随义务有相似之处,均为法定义务而非约定义务,但其产生基础不同。绿色条款是基于绿色原则,一般附随义务是基于诚信原则。

根据法律规定,如当事人违反后合同义务的,可以向法院主张要求赔偿损失、继续履行或者采取补救措施。因此,一方违反绿色条款,另一方可根据情况主张多种承担责任的方式。具体情形处理规则如下:

1. 合同一方未履行《民法典》第619条规定的绿色包装义务

如果包装符合保护标的物等条件,只是不符合绿色条款,从节约资源的角度考虑,另一方不应拒绝接收,或要求重新包装。另一方可主张在应支付的对价中,扣除过度包装部分的费用。如果双方本身就过度包装存在合意,可以考虑审查该部分合同的效力,或者明确该行为由有关部门进行处理。[17]

2. 合同一方未履行《民法典》第655条规定的节约用电义务

通常情况下,电力资源计量收费,未节约用电不大可能造成供电人损失。用电人可通过告示通知等方式进行提醒,按照相关规定试行阶梯电价收费。

3. 其他不符合《民法典》第509条第3款绿色条款规定的行为

对不属于上述条文所列举的绿色义务,但当事人一方(甲)履行合同过程中,行为违反了避免浪费资源、污染环境和破坏生态的原则,另一方(乙)可以要求甲按照符合绿色条款的方式履行,甲拒绝按照符合绿色条款的方

---

[16] 参见最高人民法院民法典贯彻实施工作领导小组主编:《中华人民共和国民法典总则编理解与适用(下)》,人民法院出版社2020年版,第762-763页。

[17] 比如,浙江省市场监督管理局于2020年9月17日发布《关于规范月饼生产经营行为的公告》,其中规定包装最多三层、成本不超售价两成。

式履行的,乙有权拒绝接收。对需要配合完成履行的,若一方要求配合履行的行为有违绿色条款,则另一方有权拒绝配合。给付标的不符合绿色要求的,如果标的可分,则将符合要求的部分进行接收,对不符合要求部分,按照有利于节约资源、保护生态环境的原则进行处理。

4. 利用绿色条款影响合同正常履行的行为

实践中,可能会出现当事人以绿色条款为借口,行违约之实的行为。此种行为违反诚信原则,不履行合同缺乏正当理由,可构成违约,按照违约责任条款进行处理。

(四)合同终止阶段的绿色考量

在合同终止阶段,从合同是否应当解除,到合同终止后如何处理,都有贯彻适用绿色条款的空间。

1. 解除原因中的绿色考量

合同的解除包括法定解除和约定解除。实践中,可能涉及当事人以合同违反绿色条款,要求解除合同。此类情形应当分为两种:一种是当事人签订合同时对合同不符合绿色条款均明知或应当知道。法院基于绿色原则考虑,应当判决解除合同,但双方对此均有过错,应当按照各自的责任承担相应的损失。另一种是《民法典》第533条所规定的情势变更,即双方当事人签订合同后基础条件发生重大变化,此时仲裁机构或者人民法院应当根据案件具体情况,依据公平原则对合同予以解除。

2. 终止后果中的绿色考量

《民法典》第558条、第625条对合同终止后的旧物回收义务作出了规定。如一方未按规定或约定履行义务,另一方可要求履行,并有权就此单独提起诉讼。回收应当符合绿色条款,按照约定或交易习惯进行。在合同终止或解除后,相关事务的处理也应当符合绿色条款,尽量有利于物尽其用,避免浪费资源或破坏生态环境。例如,房屋装修物在房屋租赁到期后如何处理,相关司法解释的规定即体现出绿色原则的考量。[18] 在上饶市新闻传媒有限公司与上饶市饶报文化传媒有限公司合同纠纷案中,法院根据绿色

---

〔18〕 参见《最高人民法院关于审理城镇房屋租赁合同纠纷案件具体应用法律若干问题的解释》(法释〔2020〕17号)第9条第1项规定,因出租人违约导致合同解除,已形成附合的装饰装修物归出租人,但出租人应当赔偿承租人剩余租赁期内装饰装修残值损失。

条款等因素,判决被告安装承包的频媒归原告所有,由原告支付价款。[19]

3. 违约责任中的绿色考量

在合同关系中,原则上由守约方来选择违约责任的承担方式更为合理,具体而言,守约方可以要求违约方赔偿损失、支付违约金、继续履行或者采取补救措施等,但守约方权利的行使也应当遵守绿色条款。《民法典》第580条规定,一方违约,如履行费用过高,法院一般不支持另一方继续履行的请求。本条规定即体现出对节约资源方面的考量。当然,本条规定与绿色条款的含义并不完全一致。此处的"履行费用"指"为克服障碍而需额外支出的不可预期的费用"。[20] 在绿色条款框架中,双方合同本身所约定的方式或成本是否经济自然也在考量范围内。

(五)探索引入公益诉讼制度的绿色考量

实践中,当事人出于利益考量,就绿色条款问题进行诉讼的动力欠缺,甚至双方就违反绿色条款的内容可能存在合意。基于此,引入第三方对绿色条款在合同履行中的适用情况进行监督存在合理性。可以依据《民事诉讼法》第58条引入相关机构进行公益诉讼,对一些较为普遍的在合同履行中不符合绿色条款的行为进行监督和起诉,比如,某些商家生产或出售过度包装的产品,可以由公益组织提起诉讼要求变更包装。

五、结语

《民法典》合同编绿色条款为法院审理工作提供了裁判依据,但其中所规定的具体义务还较少,其规定更趋近于法律原则。法院在审理合同案件过程中,不应仅限于《民法典》所列明的绿色义务,应从审查合同效力、确定当事人权利义务、判断合同是否解除及确定合同终止的后果等方面,将绿色原则贯穿案件始终加以考量,从而完善绿色裁判规则。法院在今后司法实践中,需要继续探索绿色原则的适用规律,深刻理解绿色原则的内涵,提高文书的说理性,实现当事人信服判决结果、接受判决书所传达绿色理念的效果,引导全社会按照绿色原则从事民事活动。

---

〔19〕 江西省上饶市信州区人民法院民事判决书,(2019)赣1102民初3906号。

〔20〕 参见最高人民法院民法典贯彻实施工作领导小组主编:《中华人民共和国民法典合同编理解与适用(二)》,人民法院出版社2020年版,第744页。

《环境资源法论丛》
第14卷,第59~75页

《民法典》合同制度绿色规范的适用路径

——"绿色原则"裁判解释四步法探索

钟剑鸣*

摘　要　《民法典》合同制度绿色规范由"绿色原则"与"绿色规则"构成,形成了以"绿色原则"为指导、以"绿色规则"为具体要求的绿色规范体系。然而绿色规则在合同制度核心领域缺位,导致其落地适用有限,为绿色原则的司法适用留出较大的能动空间。在实践中绿色原则表现出宣示型适用与解释型适用两大形态。由于缺乏绿色原则的裁判解释规则,绿色原则直接介入合同意思自治面临着法益失衡的风险,表现为适用绿色原则的识别标准模糊、裁判解释的路径选择不明、法律解释边界不清、漏洞补充空间较大、限制合同意思自治的裁判尺度难以把握。本文提出构建绿色原则的裁判解释四步法,第一步识别,分辨个案中是否有追求"绿色效果"的需要;第二步找法,确定绿色原则在个案中的定位与运用;第三步涵摄,解释绿色原则在合同纠纷中的法律意义;第四步平衡,缓解环境公益与合同利益之间的价值冲突。同时,提出构建四步法的相关配套机制,促进法律的统一适用。

关键词　绿色原则　民法典　合同制度　裁判解释方法

---

* 钟剑鸣,四川省成都高新区人民法院法官助理。

引　言

《民法典》承担着新时代生态文明建设的担当与使命,以习近平生态文明思想为指引,将"绿色原则"确立为民法基本原则,在私法领域回应了公法关注的环境保护问题。合同法作为最具私法色彩的民法制度,在绿色原则施行中必然面临公共环境利益保护带来的对"当事人意思自治"的限制。因此,绿色原则在《民法典》合同编的司法适用要处理好以下两对关系:一是环境公益与合同私益的价值平衡;二是"绿色原则"与"意思自治"的司法尺度。面临新的要求与挑战,亟需构建合同法中绿色规范的法律适用路径。本文通过探讨绿色原则的裁判解释方法,旨在坚持合同制度意思自治根基不动摇的前提下,寻求公法保障与私权自治的绿色边界,落实节约资源保护生态环境的立法使命,促进绿色原则适用的客观与公正,统一司法裁判尺度,发挥司法裁判对公民意思自治的规范、引导和教育作用。

一、现状考察:绿色规范在合同制度的司法适用现状

(一)规则缺位:绿色规则落地适用范围有限

1. 新增绿色规则位于合同制度"边缘地带"

本文考察的《民法典》合同制度的绿色规范由"绿色原则"与"绿色规则"构成,形成以"绿色原则"为指导,以"绿色规则"为具体要求的绿色规范体系。《民法典》在合同编新增的5项绿色条款[1]属于强制性规范,分别规定了合同履行的绿色义务、回收义务、包装义务、物业合同义务。新增的合同制度绿色规则主要扩展了合同履行的后合同义务与合同附随义务。(见表1)从内容上看,这五条绿色规则位于合同制度的"边缘地带"。在合同制度的"核心区域",绿色规则缺位于合同效力、合同变更与解除、合同解释等核心争议区,因此为绿色原则的司法适用预留了较大的司法能动空间。

---

〔1〕　参见中国生态文明编辑部:《民法典,绿色条款有哪些?——民法典关于自然资源和生态环境保护的30个条款》,载《中国生态文明》2020年第3期。

表 1　绿色原则及合同编新增绿色义务性规则

具体条款	具体内容	规范类型	条文解读
第 9 条	民事主体从事民事活动,应当有利于节约资源、保护生态环境	法律原则	学界观点: 倡导性原则 限制性原则
第 509 条 第 3 款	当事人在履行合同过程中,应当避免浪费资源、污染环境和破坏生态	义务性规范 强制性规范	合同履行的附随义务
第 558 条	债权债务终止后,当事人应当遵循诚信等原则,根据交易习惯履行通知、协助、保密、旧物回收等义务	义务性规范 强制性规范	回收义务 后合同义务
第 619 条	……没有通用方式的,应当采取足以保护标的物且有利于节约资源、保护生态环境的包装方式	义务性规范 强制性规范	合同附随义务中的包装义务
第 625 条	依照法律、行政法规的规定或者按照当事人的约定,标的物在有效使用年限届满后应予回收的,出卖人负有自行或者委托第三人对标的物予以回收的义务	义务性规范 强制性规范	回收义务 后合同义务
第 942 条 第 1 款	物业服务人应当按照约定和物业的使用性质,妥善维修、养护、清洁、绿化和经营管理物业服务区域内的业主共有部分,维护物业服务区域内的基本秩序,采取合理措施保护业主的人身、财产安全	义务性规范 强制性规范	物业服务合同中的绿色义务

2. 规则缺位为绿色原则的司法适用提供条件

绿色原则是法律原则。在规则模糊、冲突、悖反、空白的情形下,[2]才能适用法律原则以弥补"规则漏洞",即"穷尽法律规则,方得适用法律原则"[3]。目前实践中直接适用新增的 5 条绿色规则的案例较少,合同纠纷中绿色原则的法律适用频率高于绿色规则。新增的绿色规则在合同核心制度中的缺位,为绿色原则的适用提供了时机,对合同案件中环境义务及责任的认定需要通过对"绿色原则"进行裁判解释。

---

〔2〕 参见林菲菲:《中国法律原则的司法适用问题研究》,吉林大学 2014 年博士学位论文,第 20-21 页。

〔3〕 舒国滢:《法律原则适用中的难题何在》,载《苏州大学学报》2004 年第 6 期。

(二)适用分歧:绿色原则存在不同的适用形态

1. 倡导性原则与限制性原则的理论之争

《民法典》第9条确立了绿色原则,该规定属于一般条款。目前对其性质与作用存在不同的观点。第一种观点认为绿色原则是倡导性原则,对民事主体的行为起到鼓励、引导的作用,因其缺乏对民法核心问题如何处理以及后果的回应,故一般不发生裁判上的效力。[4] 第二种观点认为绿色原则为限制性原则,其在司法实践中应当作为法律适用、法律解释、法律漏洞填补以及在利益冲突时的价值判断的标准与方法。[5] 在实践中,基于这两类不同的认识形成以下几类适用形态:宣示型适用、复合型适用、解释型适用、漏洞补充型适用。(见图1)

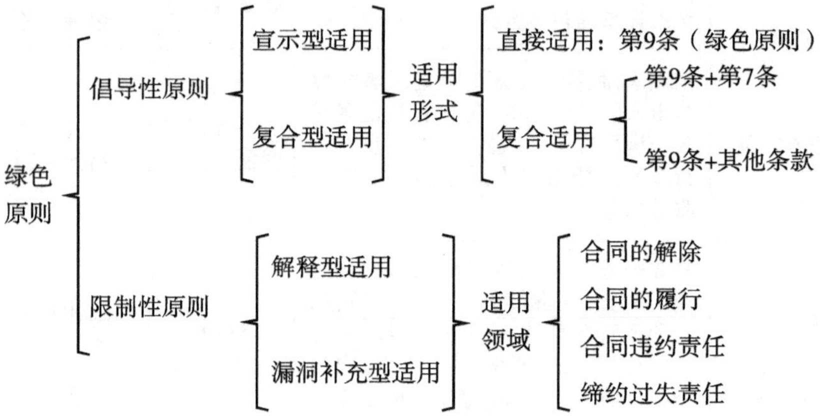

图1　绿色原则实践中的适用形态

2. 采取宣示型、复合型适用——重价值宣示轻论证说理

绿色原则的宣示型适用、复合型适用表现为将"绿色原则"置于论证说理中进行价值宣示,或作为法律依据进行引用。对其简单直接地引用易造成"博热点""蹭热度"现象,但说理论证不够。因此,其适用不当会使绿色原则面临向一般条款逃逸的风险。绿色原则宣示型适用在裁判文书中的呈现如表2所示。

---

〔4〕参见李永军主编:《中华人民共和国民法总则精释与适用》,中国民主法制出版社2017年版,第23页。

〔5〕参见杜万华主编:《中华人民共和国民法总则实务指南》,中国法制出版社2017年版,第46页。

表 2　绿色原则宣示型适用裁判文书样本

案号	判决日期	案件名称	裁判内容
(2021)川 0183 民初 1541 号	2021 年 6 月 8 日	乐文祥、李本蓉等与邛崃市孔明乡瑞鸿茶叶加工厂租赁合同纠纷	本院认为:……按照 2017 年成都市淘汰落后产能工作协调小组办公室的文件要求,现成都全市范围内将不得再次启用燃煤锅炉……如果继续履行该合同,会导致环境的污染。违反《中华人民共和国民法典》确定的绿色原则……依照《中华人民共和国民法典》第五百零二条第一款、第五百零九条、第五百六十二条……
(2021)新 3201 民初 417 号	2021 年 3 月 5 日	张福良与贾文涛、孙斌合同纠纷	本院认为:……又依据《中华人民共和国民法典》第九条,绿色原则,建设生态文明、实现可持续发展理念,坚持“谁破坏、谁复垦”的原则,该复垦义务是实际采矿人应当承担的法定义务……依照《中华人民共和国民法典》第九条、第四百六十五条、第五百零九条,《最高人民法院关于适用〈中华人民共和国民事诉讼法〉的解释》第九十条规定,判决如下……
(2020)浙 0591 民初 2209 号	2021 年 1 月 20 日	王开强与安吉县递铺街道长乐社区居民委员会农业承包合同纠纷	本院认为:……《中华人民共和国民法典》第九条“民事主体从事民事活动,应当有利于节约资源、保护生态环境”,绿色原则的内涵包括节约资源和保护生态环境两项。从法经济学角度讲,合理且有效率地利用所有相关财产或资源,将因此产生的一切成本和收益纳入考量,实现社会成本最小化或社会财富最大化。综上,依照《最高人民法院关于适用〈中华人民共和国民法典〉时间效力的若干规定》第二条,《中华人民共和国民法典》第九条、第九百七十九条、第九百八十条之规定,判决如下……

3. 采取解释型、漏洞补充型适用——面临较大的司法能动空间

绿色原则的解释型适用、漏洞补充型适用需要法官通过文义解释、扩大解释、目的解释等手段对法律概念进行解释,通过漏洞补充、价值补充等方式弥补规则漏洞实现创造性司法,给予法官较大的自由裁量空间。如果发生绿色原则的误用与滥用,将损害合同意思自治的根基。绿色原则解释型、漏洞补充型适用在裁判文书中呈现如表 3 所示。

表 3 绿色原则解释型、漏洞补充型适用裁判文书样本

案号	判决日期	案件名称	裁判内容
(2020)京 0102 民初 20680 号	2021 年 4 月 23 日	鲁能集团有限公司与北京觅食森林商业经营管理有限公司房屋租赁合同	本院认为:民事主体从事民事活动,应当有利于节约资源、保护生态环境。因承租人违约导致合同解除,承租人请求出租人赔偿剩余租赁期内装饰装修残值损失的,不予支持。……综上,依照《中华人民共和国民法典》第九条、第五百零九条,《中华人民共和国民事诉讼法》第六十四条……判决如下……
(2020)京 0102 民初 17376 号	2020 年 12 月 22 日	北京市诚至物业管理有限责任公司与北京市程锦宾馆房屋租赁合同纠纷	本院认为:……从绿色原则及经济因素考量,程锦宾馆因在涉案房屋经营宾馆住宿等业务,进行了大量资金投入,且经营场所对于品牌经营具有重要影响,如程锦宾馆无法通过行使优先承租权承租涉案场地,势必造成较大的经济损失以及无形商业利益损失,程锦宾馆继续使用涉案房屋则可充分利用原有设施设备,一定程度上避免不必要的浪费……综上所述,依照《中华人民共和国民法总则》第九条、第一百一十九条,《中华人民共和国合同法》第八条、第六十条……

续表

案号	判决日期	案件名称	裁判内容
(2021)豫 1621 民初 1106 号	2021 年 2 月 20 日	扶沟县柴岗乡人民政府与周口绿源花卉有限公司土地租赁合同纠纷	本案中,周口绿源花卉公司在租赁土地上种植的为绿化树木,考虑到本地绿化树木移栽时间要求,现在已过了移栽树木的时间,柴岗乡政府要求解除合同,不利于节约资源、保护生态环境,故对柴岗乡政府要求解除合同的诉请,本院不予支持…… 综上,依照《中华人民共和国民法典》第九条、第七百零三条、第七百二十二条,《中华人民共和国民事诉讼法》第六十四条之规定,判决如下……

(三)适用失衡:绿色原则介入合同意思自治面临挑战

1.绿色原则介入合同的履行问题

这类情况目前争议最多的是房屋租赁合同的承租权问题。某房屋租赁合同纠纷一案[6]中,双方就合同到期后被告的有限承租权产生争议。法院从绿色原则及经济因素考量,认为被告继续承租可充分利用原有设施设备,避免浪费、节约资源。原告上诉认为一审判决未考量其真实意思表示,直接适用绿色原则,过度介入当事人意思自治领域,限制了合同自由,不符合民商法基本原则。同时,原告在上诉中对绿色原则提出不同的认识,认为其与案外人新签订的租赁合同中改造自然景观植入绿色植被符合绿色原则。这类案例目前争议较大,由于绿色原则的适用条件、适用标的约定更统一的裁判认识,实践中利用绿色原则规避合同履行风险的情况。

2.绿色原则介入合同的解除问题

绿色原则在合同解除中的运用表现为,一是衡量合同是否解除,例如某土地租赁合同纠纷案[7]中,原告请求解除土地租赁及植树造林合同。法院认为由于判决时树木已经过了移栽时间,解除合同不利于节约资源与保护

[6] 北京市诚至物业管理有限责任公司与北京市程锦宾馆房屋租赁合同纠纷案,北京市第二中级人民法院(2021)京 02 民终 2444 号民事判决书。

[7] 扶沟县柴岗乡人民政府与周口绿源花卉有限公司土地租赁合同纠纷案,河南省扶沟县人民法院(2021)豫 1621 民初 1106 号民事判决书。

生态,故不予支持。二是合同解除后的附随义务,某租赁合同纠纷案[8]中,租期届满后原告请求被告清除土地上的建筑物并平整土地。法院认为案涉建筑物体量大,经济价值高,拆除将造成建筑材料和人力资源的巨大浪费,与绿色原则相悖,不予支持。这两则案例中法院面临较大的自由裁量权行使风险,第一则案例中,法院可以判决解除合同并要求被告在树木移栽时间进行移植就更有利于实现价值平衡;第二则案例中,建筑物的拆除、土地的平整也体现出巨大的经济社会效益,法院在处理这类案件中如何平衡环境公益与经济利益面临较大的压力。

3. 绿色原则介入合同违约责任的承担

合同制度中违约责任的承担方式有继续履行、采取补救措施、赔偿损失。绿色原则介入违约责任的承担时,法院基于对案件事实与环境因素的衡量,在判决中行使自由裁量权认定对环境资源损害性最小的违约责任承担方式。例如,某建设工程合同纠纷案[9]中,原告以被告"偷换"高档外墙砖"以次充好"构成违约为由,要求重做更换。法院通过适用绿色原则进行价值权衡,认为大面积更换重做会造成更大的经济资源浪费,故判决维持原状并赔偿损失。这例案件体现出法院平衡环境公益与合同利益的价值取向,干预了对违约责任承担方式的选择,在判决中须进行充分的论证说理,以提高判决的说服力。

二、困境根源:绿色原则的裁判解释规则缺失

(一)适用绿色原则的识别与认定标准模糊

1. 绿色原则的适用情形识别困难

法官在案件审理中需要考虑哪些案件应当适用绿色原则。环境资源类案件适用绿色原则毋庸置疑。环境资源审判庭设立后,"与生态环境保护和自然资源开发利用直接相关的合同纠纷"[10]交由环境资源集中管辖法

---

[8] 洛阳市王城公园与洛阳市王城保龄球娱乐有限公司租赁合同纠纷案,河南省洛阳市西工区人民法院(2020)豫0303民初5676号民事判决书。

[9] 中国人民武装警察部队水电某总队与中国华西企业股份有限公司、四川华西集团有限公司建设工程合同纠纷案,四川省成都市温江区人民法院(2020)川0115民初1916号民事判决书。

[10] 四川省高级人民法院《关于规范管理环境资源类案件的实施办法(试行)》(川高法发〔2021〕6号)。

院审理。但对于非集中管辖法院审理的合同纠纷,类型多样事实复杂,容易与经济价值领域的节约概念混淆,例如建筑装饰物的重做更换,生产资料、人力资源、司法资源的大量浪费是否违背绿色原则存在争议。因此,对其适用情形识别不准,将导致绿色原则的误用与滥用。

2. 绿色原则的专业认定标准模糊

法官在案件审理中对于案件事实是否违背绿色原则需要进行事实认定,因此在部分事实认定困难的个案中,需要通过鉴定、评估、参考意见甚至行业标准、行业习惯等专业技术手段、行业惯例进行查明。例如,某商品房预售合同纠纷案〔11〕中,关于卧室开关设为单控还是双控更利于节约资源的问题,涉及行业习惯以及专业的评估,但在行业本身没有具体认定标准的情况下,绿色原则的事实认定标准容易产生争议。

(二)对绿色原则裁判解释的路径选择困惑

1. 一般法律思想与概括条款的属性之争

各地法院对绿色原则的实践反映出宣示型适用与裁判性适用两类适用模式。本文认为其根本原因在于对绿色原则的性质存在两种认识。一部分法官认为绿色原则系一般法律思想,如同公平、自由等思想观念,应当作为倡导性原则体现宣示教育功能。另一部分法官认为绿色原则系概括条款,与诚实信用、公序良俗原则一样可以作为限制性原则直接裁判适用。“作为限制性基本原则的绿色原则,既具有民法基本原则的一般功能——指导立法和为司法提供解释空间,也有更为重要的协调环境保护利益诉求与民事权利之关系、平衡个人利益与公共利益的功能。”〔12〕

2. 绿色原则与其他原则之间的关系不明确

绿色原则确立为法律原则后,作为禁止性原则还是任意性原则没有一致的观点。在理论上,禁止性原则包括公序良俗原则、诚实信用原则,法律明确规定不能违反,否则导致行为无效。任意性原则包括平等原则、公平原则、意思自治原则,对这类原则可以排除性适用,其违反不绝对导致行为无效。若绿色原则系禁止性原则,则可以独立适用于审理裁决,并且对合同效

〔11〕 徐某与宿迁碧桂园房地产开发有限公司商品房预售合同纠纷案,江苏省宿迁市中级人民法院(2021)苏13民终263号民事判决书。

〔12〕 吕忠梅:《“绿色原则”与民法分则编纂》,载吕忠梅主编:《环境资源法论丛》第11卷,法律出版社2019年版,第2页。

力的认定、合同的履行与解除等具有裁判效力。若属于任意性原则,则不能直接适用于裁判,需要与其他民法原则或法律规则进行复合适用。

(三)法律解释边界不清,漏洞补充空间较大

1. 绿色原则扩张解释的边界不清

绿色原则中"环境"和"资源"这两对概念属于内涵不确定、外延开放的法律概念,因此容易产生不同的解读。实践中存在将"环境"从"自然环境"扩大到"公共环境"等情形,包括公众场所、居住小区环境。例如,在某农业承包合同纠纷案[13]中,将案涉承租的公共水域解释为公共环境。也存在将"资源"从自然资源扩大到"社会资源",包括日常生产生活资料,建筑资料例如房屋装饰物、已建成的小区景观、房屋、已存在的煤气管道、地板水泥等,甚至有法官将其进一步延展到人力资源、司法资源等社会经济资源。

2. 绿色规则的解释补充空间较大

绿色原则作为一般法律条款,缺少法律后果要件,即违背绿色原则将导致何种法律后果没有明确。绿色规则在合同核心制度中的缺位,留下了较大的解释补充空间。例如,对仅违背绿色原则但没有违反强制性规定与公序良俗的民事法律行为,能否对其合同效力和合同履行进行绿色干预,其是否属于待撤销的合同行为?对于自然环境变化导致后续合同履行将不利于生态环境的合同行为,能否直接依据绿色原则认定为情势变更或缔约过失?

(四)绿色原则限制合同意思自治的裁判尺度不明

1. 绿色原则与意思自治的适用位阶不明

在案件的审理裁判中,绿色原则与意思自治原则孰为前提与基础不明确,导致合同实践与裁判中均面临价值取向的困惑。绿色原则的确立反映了民法社会化的趋势。"民法社会化实质上并非对私法自治的否定,而是以私法自治为前提与基础,是在私法自治的框架内完成对绝对自由观念的超越。完成对意思自治的价值超越,落实绿色原则以实现环境保护目标,是民法典合同编制定的必然选择。"[14]

---

〔13〕　淮安市淮阴区新渡口街道办事处淮涟村村民委员会与李某文农业承包合同纠纷案,江苏省淮安市中级人民法院(2021)苏 08 民终 1160 号民事判决书。

〔14〕　吕忠梅:《"绿色原则"与民法分则编纂》,载吕忠梅主编:《环境资源法论丛》第 11 卷,法律出版社 2019 年版,第 2 页。

2. 环境公益与合同私益的价值冲突缺乏平衡机制

绿色原则司法适用的核心是平衡绿色原则的环境保护与合同的意思自治私益。绿色原则与意思自治原则的价值位阶不明确导致裁判尺度不明，需要在个案中权衡绿色原则代表的环境利益与意思自治代表的合同利益。其本质是通过司法活动对两种利益进行平衡、评估与取舍，其结果是可能导致绿色原则对意思自治产生限制，合同意思自治的边界被突破。因此，由于缺乏平衡机制，绿色原则的公法目的与意思自治的私益手段面临适用失衡，导致绿色原则适用失范，侵犯当事人的自由意志。

三、路径探索：构建绿色原则的裁判解释四步法

“法律原则不能在个案中直接适用，需要借助法律或司法裁判的具体化”[15]。目前，在实践中绿色原则的宣示型适用、解释型适用、漏洞补充型适用均有利于绿色原则的推广适用，有利于习近平生态文明思想的落地实践，因此在案件审理中对绿色原则的定位与功能进行精准识别，对其法律意义合理解释，对其价值冲突有效平衡，才能使绿色原则得到正确适用。对此，本文提出构建绿色原则裁判解释四步法——识别、找法、涵摄、平衡（见图2），并在此基础上提出构建相关配套机制的可行方案。

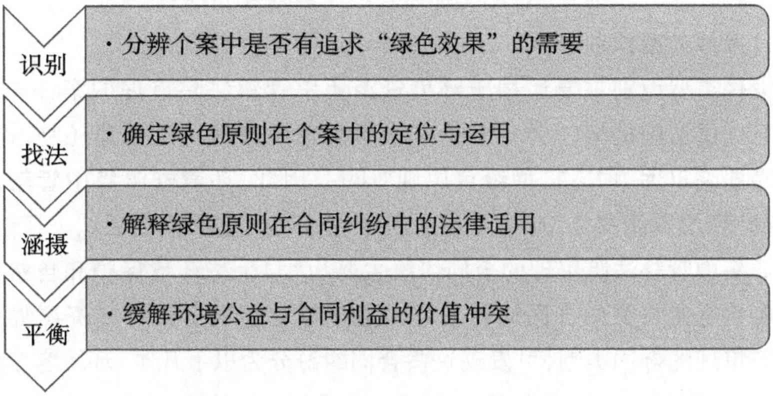

图2　绿色原则的裁判解释四步法

〔15〕［德］卡尔·拉伦茨：《法学方法论》，陈爱娥译，商务印书馆2003年版，第353页。

(一)识别——分辨个案中是否有追求“绿色效果”的需要

绿色原则在合同纠纷中的适用基础是民事合同行为中存在环境公益保护的需求。因此,合同纠纷审理的第一步应当对是否需要适用绿色原则进行识别,本文根据实践现状提出“案件类型识别”、“案件要素识别”与“综合效果评估”三种方法。(如图3所示)

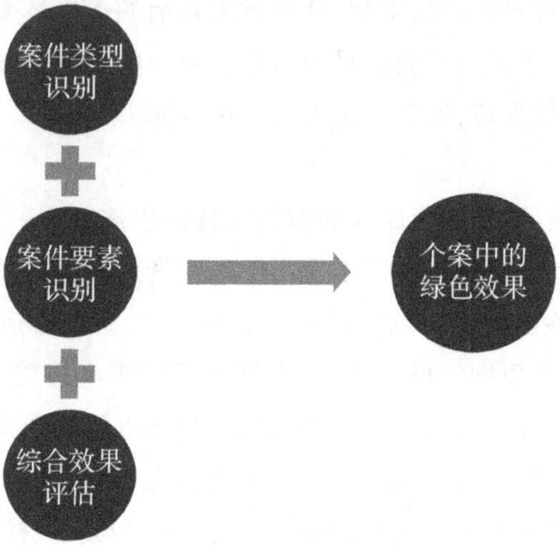

图3　个案中“绿色效果”识别的三种方式

1. 案件类型识别

案件类型识别主要运用于环境资源集中管辖法院审理的案件。2021年最高人民法院提出,“无论是由环境资源集中管辖法院审理还是由非集中管辖法院审理,均应贯彻绿色原则”〔16〕。因此,环境资源集中管辖法院审理的“环境资源案件”应当作为适用绿色原则的重点审判领域。目前,环境资源集中管辖法院审理的合同纠纷主要为“与生态环境保护和自然资源开发利用直接相关的合同纠纷”〔17〕。通过搜集整理全国环境资源集中管辖法院审理的合同类型,可发现这些合同纠纷分为以下几类:环境容量使用权类合同、资源利用权型合同、环境服务类合同、生态环境损害赔偿类合同。

---

〔16〕 2021年1月4日最高人民法院《关于印发〈环境资源案件类型与统计规范(试行)〉的通知》(法〔2021〕9号)中明确指出:“无论是由环境资源集中管辖法院审理还是由非集中管辖法院审理,均应贯彻绿色原则,体现生态环境保护优先和资源可持续利用的价值追求。”

〔17〕 四川省高级人民法院《关于规范管理环境资源类案件的实施办法(试行)》(川高法发〔2021〕6号)。

案件问题涉及合同的效力认定、合同的解除与履行、合同缔约过失责任、合同违约责任。

2. 案件要素识别

案件要素识别主要运用于非集中管辖法院审理的各类合同纠纷,涉及承包合同纠纷、租赁合同纠纷、服务合同纠纷、建设工程合同纠纷等,案件类型广泛,识别难度较大。在事实查明中需要检索案件是否存在与绿色原则适用紧密的“关联要素”。一是“关键词”,检索“环境、生态、资源、节能、浪费、消耗、环保、污染、新能源、循环”等切合绿色原则核心要义的高频词汇。二是合同主体、客体、标的物的检索,即合同的主体是否为与环境保护相关的企业、组织;合同标的物是否属于自然环境资源或相关节能环保产品等。

3. 综合效果评估

综合效果评估的识别目的在于提前评估案件问题在个案中追求的法律效果。合同纠纷中识别环境公益保护的需求的目的在于追求合同纠纷中的生态环境效果。因此,对于“绿色原则”命中率较大的合同纠纷做整体的“尽职调查”,从合同订立背景、履行情况、后续事宜等进行事实查明与环境风险评估。防止因合同履行、合同解除、合同违约责任承担等环节诱发新的绿色风险,以及评估合同整体行为中潜在的环境义务后合同风险、判后风险。

(二)找法——确定绿色原则在个案中的定位与运用

找法即确立请求权基础,判断当事人的主张有无法律上的根据。确立案件的请求权基础有助于识别绿色原则在个案适用中的定位与功能,把握绿色原则的裁判方向与尺度。

1. 绿色原则作为一般法律思想,进行宣示型适用

在各类法律规则能够直接适用的前提下,结合案件需要对绿色原则进行宣示型适用。此类适用需要把握绿色原则的适用条件——穷尽法律规则,防止向一般条款逃逸。同时,绿色原则作为“一般法律思想”时,不能独立使用,需要与其他法律规范或法律原则复合适用,如诚实信用原则、公序良俗原则等。适用方式为在裁判文书的说理论证中就绿色原则的概念与立法目的进行说理援引,也可以将其作为法律依据与其他法律规范同时引用。

2. 绿色原则作为概括条款,进行裁判性适用

在穷尽各类法律规则均无法在个案中实现合同的绿色效果时,需要发挥绿色原则干预合同行为的裁判作用。“民法上关于绿色原则具体制度的

建立应当从抽象的社会法的生态主义转向具体民法中私主体的具体的绿色责任承担。而只有当绿色原则具有裁判功能时,才能实现该转向。"[18]因此,此类适用方式发挥了绿色原则对合同自治的限制作用,体现了绿色原则的开放性,给予法官较大的裁量空间,成为绿色原则裁判解释四步法构建的重点。

(三)涵摄——解释绿色原则在合同纠纷中的法律适用

按照法律适用三段论的逻辑推演,绿色原则作为一般条款缺乏"构成要件+法律后果"的明确结构,故将其分解成"节约资源"与"保护环境"两项子原则,找到子原则可涵摄的法律规范作为大前提(T),通过法律解释找到相应法律规范在合同纠纷中的意义。(如图4、图5所示)

T→R(对T的每个事例均赋予法律效果R) S = T(S为T的一个事例) S→R(对于S应赋予法律效果R)

图4　三段论逻辑推演[19]

绿色原则→子原则(节约资源 or 保护环境)→案件类型(合同纠纷)→可涵摄的法条→解释与补充→涵摄

图5　绿色原则的涵摄方式[20]

1. 对于环境资源集中审理案件,降低绿色原则适用门槛

针对环境资源集中管辖法院审理的案件,适当降低绿色原则的适用门槛,促进绿色原则有效贯彻。在解释方法上,严格适用目的解释、鼓励扩大解释、保留类推解释、倡导体系解释。扩大"节约资源"与"保护生态环境"的适用标准和范围,从而有利于严格控制破坏与浪费生态环境与资源的行为。近年来各省指导性案例反映出环境资源集中管辖的合同纠纷主要围绕合同法律效力与合同履行问题,其裁判处理的结果直接与生态环境的保护紧密联系。因此这类案件普遍适用绿色原则,有益于彰显绿色原则在民法典时代"公法目的私益手段"的立法设置初衷,体现我国环境资源审理与民事制度

---

[18]　魏宏斌:《绿色原则的裁判功能、适用要求及法律效果》,载《河南财经政法大学学报》2020年第5期。

[19]　参见[德]卡尔·拉伦茨:《法学方法论》,陈爱娥译,商务印书馆2003年版,第150页。

[20]　参见[德]罗尔夫·旺克:《法律解释》,蒋毅、季红明译,北京大学出版社2020年版,第16页。

的绿色衔接。

2. 对于非集中管辖审理案件,适当提高绿色原则适用门槛

对于非集中管辖法院审理的合同纠纷,要适度提高绿色原则的适用门槛,保障合同“意思自治”的法律空间。解释法律规范的大前提,应当严格遵照法意解释〔21〕,倡导适用目的限缩型缩解释,推广平义解释,避免类推解释,适当进行价值补充。根据我国《环境保护法》的定义,可以将环境理解为影响人类生存与发展的各种天然的、人工改造自然因素的环境。但由于环境这一概念具有较高的外延开放性与内涵不确定性,因此对环境进行解释的任务交给了法官。实践中存在将“节约资源”子原则扩大到经济资源、社会资源甚至司法资源的范畴,其射程超出了立法目的,与经济资源中的节约原则产生混同。因此要严格遵循文义解释,适当进行目的限缩解释,防止滥用绿色原则。

其法律解释方法运用规则如图6所示。

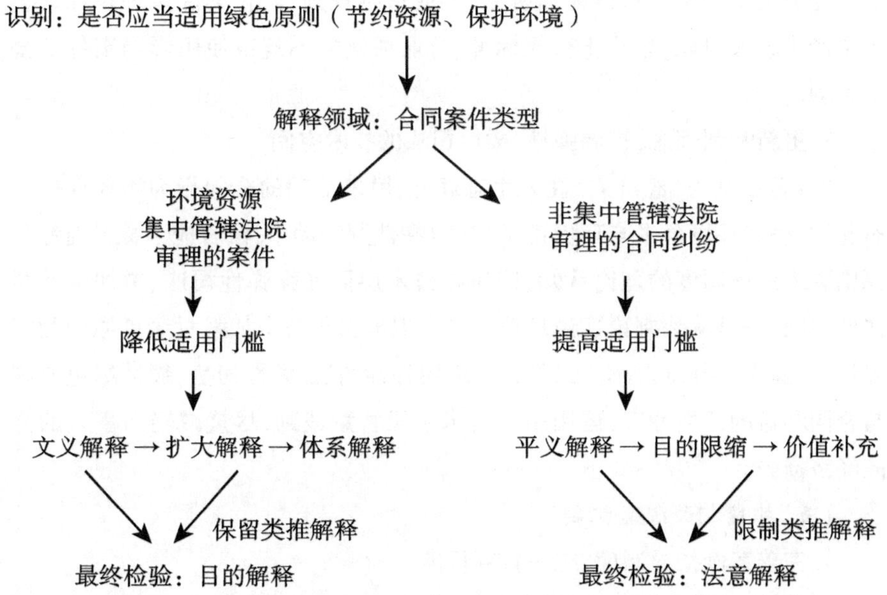

图6　绿色原则法律解释方法运用规则示意

---

〔21〕 法意解释指从立法资料及立法中探求各法律规定的立法意旨以阐释个别条文法律规范的意义。参见梁慧星:《民法解释学》,法律出版社2015年版,第234页。

(四)平衡——缓解环境公益与合同私益的价值冲突

1. 完善绿色原则在合同制度中的效力规则

目前,立法没有明确违反绿色原则是否导致合同无效。只有当绿色原则上升为禁止性原则,才能对效力进行直接裁定。目前民法中禁止性原则为公序良俗原则、诚实信用原则,针对这两项原则均有法律规定违反后导致的效力规则。建议在后续出台的司法解释中,将违背绿色原则导致合同无效的情形纳入《民法典》关于民事行为效力规则〔22〕的解释中;将合同订立后自然环境变化导致合同的履行将影响当地生态环境的情形纳入情势变更的解释范畴。

2. 构建严格科学的认定标准,防止损害合同意思自治

绿色原则在司法实践中涉及跨学科、跨专业的专家评估与专业鉴定,各个行业领域的环保标准复杂多样,如无标准也有行业习惯、国际惯例等限制,所以多种多样的认定标准、行业惯例也增强了审判工作的专业性。建议完善这类专业化审理中的绿色评估机制,形成审判规则,防止案件审理在评估鉴定中产生较大争议,亦防止行规标准、行业惯例的不规范使用影响案件的公平审理。

3. 更新裁判理念,扩展弹性、柔性司法的技术空间

"绿色原则为'经济人'注入生态理性,民事活动的合同行为需要保持生态理性,坚持环境公平与环境正义。"〔23〕在裁判活动中,法官应当提升对绿色原则融入民事制度的理论认知,同时在技术层面加强弹性司法、增加柔性司法的空间,一是从裁判论证说理部分有意识地引导公众加强对绿色原则的正确认识,提高服判息诉率。二是合理运用弹性司法、柔性司法,缓冲绿色原则与合同利益的正面冲突,运用多种技术手段智慧裁判,尽量减轻当事人的合同经济损失。

(五)构建相关配套机制

1. 完善案例指导制度,统一裁判尺度

对于集中审理的环境资源案件,由最高人民法院发布年度环境资源典型案例。各地方高级人民法院结合本地区的地域环境、自然资源开发利用的特

---

〔22〕《民法典》第143条规定"不违反法律、行政法规的强制性规定,不违背公序良俗"是民事法律行为有效的条件之一。

〔23〕吕忠梅:《实施〈民法典〉绿色条款的几点思考》,载《法律适用》2020年第23期。

点,发布具有地方性指导意义的典型案例,贯彻落实绿色原则的统一适用。对于非集中审理的普通民事案件,通过最高人民法院发布公报案例,出台司法政策、司法解释规范性文件形成裁判规则。同时,将适用绿色原则的案例纳入四类案件监管,如存在法律适用不一致的情形提交专业法官会讨论。

2. 构建绿色原则适用的案件类型谱

目前,大部分适用绿色原则的涉环境的合同案件属于无名合同,建议构建环境相关合同纠纷的类型谱,划分为环境容量使用权类合同、资源利用权型合同、环境服务类合同、生态环境损害赔偿类合同纠纷。将其适用类型划分为绿色原则的宣示型适用、扩大型适用、补充法律漏洞型适用、解决规则冲突型适用。通过对绿色原则适用中各个环节的类型归类管理,促进法律的统一适用,保障绿色原则适用的客观性和公正性。

3. 构建类案检索配套制度

通过构建并完善类案检索制度,对个案中存在追求“绿色效果”需要的案件,在进行审理时需要形成类案检索制度。根据案件类型谱将该案归入典型案件类型中确认类型归口,再进行有效的案例检索,形成类案分析报告,有利于促进裁判尺度的统一。

结 语

《民法典》绿色原则能否担负起生态文明建设的使命,关键在于司法审判活动中能否通过严格解释绿色原则实现创造性司法,落实环境公益私权保护的立法目的。本文提出构建绿色原则裁判解释的四步法以求正确识别绿色原则的适用条件,解释绿色原则的法律适用,平衡环境公益保护与合同意思自治的价值冲突,构建了相关配套机制。随着绿色《民法典》时代的到来,过往以追求经济效益为核心的合同契约行为需要保持生态理性,坚持环境公平与环境正义。本文旨在抛砖引玉,要实现绿色原则的司法使命,还需在理论和实践中继续探索。

《环境资源法论丛》
第 14 卷,第 76~89 页

旧物回收义务在合同案件中的司法检视与裁判构造

顾嘉旻* 罗 帆**

摘 要 《民法典》合同编首次规定旧物回收义务,为“绿色原则”赋予了更鲜活的生命力,但对旧物回收义务的研究,目前仍存在内容空洞、成果空缺、实务缺位的问题。本文欲立足于旧物回收义务之性质,围绕《民法典》第558条、第625条,按照旧物回收义务作为合同履行义务及后合同义务的不同情形,探索旧物回收义务的适用范围、违反旧物回收义务的行为认定及责任承担。本文认为“旧物”应为超过使用期限但未丧失使用价值的物,且债权人在请求债务人履行旧物回收义务前应当履行告知义务,若未履行则构成债权人迟延,可免除债务人责任,以平衡当事人间的义务负担与利益分配,据此构建科学合理、逻辑贯通的裁判规则。

关键词 绿色原则合同案件 旧物回收 后合同义务

《民法总则》首次将“绿色原则”确立为我国民法的基本原则,相较于平等、自愿、公平、诚信等传统民法原则,绿色原则带有鲜明的政策导向性、价值

---

* 顾嘉旻,上海市第二中级人民法院研究室(审管办)法官助理。

** 罗帆,上海社会科学院法学研究所硕士研究生。

引导性、现实依附性,可谓在世界范围内首开先河。[1] 将绿色原则写入民法曾受诸多质疑,其盖因绿色原则主要体现在环境法、生态法中,不应将其引入私法领域。但只有实行最严格的制度、最严密的法治,才能为生态文明建设提供可靠保障。[2] 《民法典》承继《民法总则》(已失效)绿色原则之规定,突破绿色原则仅具宣示意义的质疑,物权编、合同编和侵权责任编中均规定相应的绿色规则。旧物回收义务则是绿色原则在合同编中的集中体现,除可避免旧物污染而对当事人之人身产生损害之外,更可促进资源的循环再利用。旧物回收义务的确立既是创新也是挑战,《民法典》合同编通则及买卖合同一节中,第 558 条[3]、第 625 条[4]均规定了合同当事人的旧物回收义务,但该义务的性质及内容仍显抽象,对旧物回收义务的必要性和适用性质疑从未停止。有鉴于此,探究旧物回收义务之适用规则实有必要,本文以点带面,以期探寻绿色原则的现实价值。

一、挖掘:"旧物回收义务"的适用情形

(一)尊重自治:旧物回收义务之约定

若合同当事人约定旧物回收义务,自应按照合同内容履行之。旧物回收义务系指标的物在有效使用年限届满后予以收回的义务,故其权利主体通常为旧物的现实所有者,义务主体则通常为旧物的原所有权人,如生产者、销售者、原材料供应商等。总体而言,该义务所涉债权债务主体相对固定。如果与旧物原所有权人不存在关联关系的第三人和旧物所有者达成旧物处置协议,则不涉旧物回收义务。

(二)扩张探索:合同履行中的法定义务

1. 公法规制

《民法典》第 625 条规定,依照法律、行政法规的规定应对旧物予以回收的,出卖人应自行或者委托第三人对标的物予以回收。但在我国法律或者行

[1] 参见巩固:《民法典绿色原则的法理辩护与内容解析》,载《政治与法律》2021 年第 8 期。

[2] 参见习近平:《推动我国生态文明建设迈上新台阶》,载《求是》2019 年第 3 期。

[3] 《民法典》第 558 条规定:"债权债务终止后,当事人应当遵循诚信等原则,根据交易习惯履行通知、协助、保密、旧物回收等义务。"

[4] 《民法典》第 625 条规定:"依照法律、行政法规的规定或者按照当事人的约定,标的物在有效使用年限届满后应予回收的,出卖人负有自行或者委托第三人对标的物予以回收的义务。"

政法规中,实际仅有《民法典》出现“旧物”一词,在立法层面,使用更多的是“废物”概念。然“旧物”与“废物”不完全相同,“旧物”与“新物”相对应,依据第625条的文义表述,是指有效使用年限届满后的物。“废物”则更强调物的使用价值丧失,例如原环境保护部对固体废物的定义是在工业生产活动中产生的丧失原有利用价值或者虽未丧失利用价值但被抛弃或放弃的特定物。[5] “旧物”与“废物”实际是两个不同的概念,“旧物”的核心在于“使用时间”,“废物”的核心则在于“使用价值”。

《民法典》第625条在“使用年限”前设置“有效”之限制,似有意将“旧物”与“废物”相互区分。但最高人民法院认为,以“废物”为规范对象的《清洁生产促进法》《固体废物污染环境防治法》《废弃电器电子产品回收处理管理条例》等可成为旧物回收义务的裁判依据,[6]其盖因“废物”与“旧物”的剩余使用价值均较低,均需避免环境污染及促进资源的循环再利用,故两者的本质并无明显差异,旧物回收法定义务可参酌适用关于“废物”的法律及行政法规。

最早规定回收义务的法律是2003年颁行的《放射性污染防治法》,该法第32条规定了生产放射源单位对废旧放射源的回收义务以及使用放射源单位的配合义务。后续颁行的《清洁生产促进法》《土壤污染防治法》等法律(见表1)以及《农药管理条例》《报废机动车回收管理办法》等行政法规(见表2)亦均设有回收义务。前述规定中的回收对象虽不相同,但主要为可能对环境产生污染的废弃物或可以循环利用的资源,义务主体则多为生产者。

表1　规定回收义务的部分法律条文汇总

法律	条款	义务主体	回收对象
《固体废物污染环境防治法》	第65条第1款	产生单位、其他生产经营者	产生秸秆、废弃农用薄膜、农药包装废弃物等农业固体废物
	第66条	生产者	电器电子、铅蓄电池、车用动力电池等废旧产品
	第68条第3款	生产、销售、进口的企业	列入强制回收目录的产品和包装物

---

〔5〕 参见环境保护部办公厅(环境保护部现已撤销)《关于开展全国生产化学品环境情况调查的通知》(环办〔2012〕129号)。

〔6〕 参见最高人民法院民法典贯彻实施工作领导小组主编:《中华人民共和国民法典合同编理解与适用(二)》,人民法院出版社2020年版,第1008页。

续表

法律	条款	义务主体	回收对象
《循环经济促进法》	第15条	生产者	列入强制回收名录的产品或者包装物
《大气污染防治法》	第49条	生产者、经营者	工业生产、垃圾填埋或者其他活动产生的可燃性气体
《土壤污染防治法》	第30条	生产者、销售者、使用者	农药、肥料等农业投入品的包装废弃物和农用薄膜
《海洋环境保护法》	第51条	海洋石油钻井船、钻井平台和采油平台	残油、废油
《水污染防治法》	第59条	进入内河和港口的从事海洋航运的船舶	船舶的残油、废油
《清洁生产促进法》	第26条	生产者、经营者	生产和服务过程中产生的废物、余热等
《放射性污染防治法》	第32条	生产放射源的单位	废旧放射源

表2　规定回收义务的部分行政法规

行政法规	条款	义务主体	回收对象
《农药管理条例》	第37条	生产者、经营者	农药废弃物
《消耗臭氧层物质管理条例》	第20条第2、3款	经营者	消耗臭氧层物质
《报废机动车回收管理办法》	第5条	生产者	报废机动车
《废弃电器电子产品回收处理管理条例》	第11条	生产者	废弃电器电子产品

旧物回收义务源于生产者延伸责任（extended producer responsibility），最早由托马斯·林赫斯特提出，系指产品的生产者必须对产品在整个生命周期中对环境的影响负绝大部分的责任，特别是应对产品的回收、循环利用与最终处理承担责任，[7]此概念已获经济合作与发展组织（Organization for Economic Co-operation and Development）等国际组织承认。第625条体现《民法典》对生产者延伸责任的吸纳，且所涉公法规定实为环境保护规定，关系社会公共利益之保护，故合同当事人不得通过约定排除旧物回收法定

〔7〕　参见马洪：《生产者延伸责任的扩张性解释》，载《法学研究》2009年第1期。

义务,否则将因损害公共利益而被认定无效。需强调的是,第625条虽系买卖合同规定,然旧物回收法定义务之负担并不因合同类型而有差异,故第625条之内容可扩展适用于其他合同类型。例如,在赠与合同中,仍有必要确立旧物回收法定义务,以避免生态环境保护责任的相互推诿。

在当事人无特别约定的情形下,法律及行政法规的条款因《民法典》第625条的引致,已成为合同的组成部分,唯此时的旧物回收义务究系独立的给付义务抑或是附随义务却有争议。依最高人民法院之观点,第625条系属附随义务的细化,[8]亦有学者认为属于第558条后合同义务之具体化,[9]但也有认为其应为独立的法律义务,在违反该义务时,应当承担违约责任。[10] 通常而言,包括从给付在内的独立给付义务与附随义务的判断标准在于是否能够以独立之诉请求履行,若能独立以诉请求的,则为独立的给付义务,若不能独立以诉请求的,则为附随义务。[11] 而为贯彻法律及行政法规之强制性规定,则应赋予权利人可提起独立之诉的效力,第625条中的旧物回收义务非属附随义务。

2. 附随义务

附随义务系为辅助实现债权人的给付利益而产生的法定义务,狭义上的附随义务仅指合同关系存续及履行过程中的通知、协助、保密等义务,[12]其法律依据系《民法典》第509条。第509条源自《合同法》(已失效)第60条,但在原条文的基础上,新增第3款并规定当事人在履行合同中,应当避免资源浪费、污染环境和破坏生态,其可称为绿色附随义务。[13] 创设绿色附随义务,系为在契约交易过程中,不应以损害生态环境为代价,亦不应忽视对环境带来的负外部性。[14] 但旧物回收义务的标的物本系旧物,一方当事人实际已完成物之交付,另一方当事人已长久使用标的物,在

[8] 参见最高人民法院民法典贯彻实施工作领导小组主编:《中华人民共和国民法典合同编理解与适用(二)》,人民法院出版社2020年版,第1007页。

[9] 参见刘长兴:《〈民法典〉合同编绿色条款解析》,载《法学杂志》2020年第10期。

[10] 参见王利明:《民法典合同编(草案)中的十个重大疑难问题》,载搜狐网2018年10月31日,https://www.sohu.com/a/272500400_658337。

[11] 参见王泽鉴:《债法原理》,北京大学出版社2013年版,第83页。

[12] 参见韩世远:《合同法总论》(第3版),法律出版社2011年版,第246页。

[13] 参见刘长兴:《〈民法典〉合同编绿色条款解析》,载《法学杂志》2020年第10期。

[14] 参见侯国跃、刘玖林:《民法典绿色原则:何以可能以及如何展开》,载《求是学刊》2019年第1期。

债权债务履行过程中如无特别规定或者约定，难以出现旧物回收的行为，故原则上不存在旧物回收之附随义务。

（三）余波未平：债权债务终止后的义务履行

《民法典》第558条系原《合同法》第92条修改后的条文，在将合同债权债务终止后的义务“源头”由诚实信用原则扩大到所有民法原则后，首次规定当事人应依据交易习惯履行旧物回收义务。然该义务虽系绿色原则的具象体现，但却基于抽象的交易习惯而产生，在无法律特别规定以及当事人约定的情况下，其具体适用情形确有争议。

1. 性质界定：后合同义务

《民法典》第558条虽与第509条相似，均源于民法基本原则，然其所涉义务之负担，却限定于债权债务终止后之情形，故被认为属于后合同义务。后合同义务常指契约关系消灭后，当事人尚负有某种作为或不作为义务，以维护给付效果，或协助相对人处理契约终了的善后事务。〔15〕合同虽系当事人意思自治的集中体现，但后合同义务的负担却非源于当事人合意，其主要是依据交易习惯而应当承担的法定义务。〔16〕旧物回收之后合同义务亦常受与绿色原则相同的质疑，即有学者认为，将本应为公法上的义务，纳入合同规范，徒增交易成本及司法困扰，无助于实现保护生态环境的规范目的。〔17〕然公法仅生行政规制的效力，通过限定合同当事人之间的义务，更易敦促旧物回收义务的及时履行，并可填补私益的损害。

2. 基础构思：交易习惯

交易习惯是指不违反法律、行政法规强制性规定，在交易行为当地或者某一领域、某一行业通常采用并为交易双方订立合同时所知道或者应当知道的做法，或者当事人双方经常使用的习惯做法。交易习惯不包含成文法律规范，因自法律渊源言之，习惯仅具补充成文法的地位，故如有法律的明文规定，当事人自无主张习惯的必要。然交易习惯因其不成文性，且随着市场之变化而不断变化，故难以判断交易习惯的内容。

为主张后合同义务的存在，权利人应向法院提交证据证明交易习惯，一般而言，除非涉及第三人之利益，法院不得主动依职权调查交易习惯的存在

---

〔15〕 参见王泽鉴：《债法原理》，北京大学出版社2013年版，第87页。

〔16〕 参见胡康生主编：《中华人民共和国合同法释义》，法律出版社2013年版，第171页。

〔17〕 参见李宇：《后合同义务之检讨》，载《中外法学》2019年第5期。

和其具体内容。[18] 至于是否存在交易习惯,最高人民法院认为应当根据债权债务终止原因、法律法规要求、当事人约定、回收成本以及便利性等因素予以综合考虑。[19] 然不同来源的交易习惯,其习惯是否存在、习惯的内容为何等,仍需结合不同因素综合考虑之。

(1)在交易行为当地或者某一领域、某一行业的通常做法

旧物回收义务多涉市场交易规则及环境专业知识,故其专业程度较高,承办法官实难准确判断是否属于交易习惯。但如某一交易行为已成为通常做法,则自含鲜明的普及性和重复性。故在旧物回收之后合同义务中,承办法官应紧扣"充分"这一关键标尺,结合权利人提供的证据,判断是否有众多交易主体于合同债权债务终止后通常会实施旧物回收行为。为能证明前述情形,当事人多会选择提供数据支持或会选择申请专家辅助人。当提供数据时,应着重审查数据之真实来源,如未能提供证据证明其来源,则不应轻易认定为交易习惯。而专家辅助人系为专业问题提供意见的特殊主体,但其专业意见并非鉴定意见,承办法官仍需依据专家的资质、是否具有独立性,并结合其他证据等综合认定是否存在旧物回收之交易习惯。

(2)当事人之间的习惯做法

如合同当事人之间存在旧物回收之习惯做法,则说明在争议发生前当事人之间已经多次实施旧物回收行为,承办法官应着重审查当事人间旧物回收的频次、原因、标的物及履行情况等。如当事人之间就同一类标的物多次约定或实施旧物回收行为,则可认定存在交易习惯。

(3)回收成本

旧物回收本系促进资源之循环利用,保护生态环境,但如果回收成本明显过高,则不仅会导致资源的无端浪费,也会显著增加交易成本而与《民法典》的价值相悖,此时也意味着并不存在旧物回收的交易习惯。回收成本是否过高应以交易时标的物的市场价值为基准,不应参照交易价格,以杜绝在赠与或低价买卖中对旧物回收义务的规避。

3. 时间定位:合同终止后

《民法典》第558条将原《合同法》第92条中的"合同的权利义务终止"

---

[18] 参见宋阳:《论交易习惯的司法适用及其限制》,载《比较法研究》2017年第6期。

[19] 参见最高人民法院民法典贯彻实施工作领导小组主编:《中华人民共和国民法典合同编理解与适用(一)》,人民法院出版社2020年版,第610页。

修改为“债权债务终止”,从而与第557条相互对应,系为了区分单个债权债务的消灭以及合同整体权利义务关系的消灭。而依第557条,债权债务终止的情形包括履行、抵销、提存、免除、混同、解除等,其是否均会产生旧物回收之后合同义务,仍有必要分别检视之。

(1)合同债务履行

当合同约定义务全部履行完毕,自可产生后合同义务。但问题在于,当仅履行合同约定的一项义务,尚有多项合同义务仍未履行完毕,即整体合同关系仍未消灭,则是否产生后合同义务。有学者认为,《民法典》将“合同的权利义务终止”修改为“债权债务终止”,是将后合同义务变异为“后债义务”,是将合同总则与债法总则区分不清、体系混淆的产物,在单个债权债务消灭时,并不产生后续义务。[20] 事实上,一份合同通常是由多个合同债权债务共同组成,其可视为多份合同的合并,故自理论而言,不应待全部合同债务履行完毕后,方产生后合同义务。类似地,单一债权债务亦可细分成若干独立的债权债务,如约定交付十把椅子,实际可视为十个交付一把椅子的义务聚合,故在合同部分履行的情形,对于已履行部分,亦可产生后合同义务,无需待合同义务全部履行完成。抵销与提存本质上是合同履行的特殊形式,故前述内容适用之,不再赘述。

(2)免除和混同

免除与混同的对象系尚未履行的债务,然在旧物回收中,标的物的交付义务却已履行完毕,故在合同债务免除或混同后,难以产生旧物回收的后合同义务。值得注意的是,作为后合同义务的旧物回收义务,并无法律、行政法规之强制,故债权人可在合同债权债务终止后,约定免除债务人的旧物回收后合同义务。同理,在一方当事人交付标的物后,该标的物经转手再次“回到”该当事人,则将产生后合同义务之混同,旧物回收后合同义务亦将消灭。

(3)合同解除

后合同义务系为维护给付之效果,因此当合同解除的效力不溯及既往时,为保全已经得到履行的合同利益,有必要在合同权利义务关系因解除而终止后,使当事人承担后合同义务。但当旧物回收成为后合同义务时,其标

〔20〕 参见李宇:《后合同义务之检讨》,载《中外法学》2019年第5期。

的物的给付系一时性行为,合同解除时需返还标的物,故于合同解除情形,亦不产生后合同义务。

二、判别:违反"旧物回收义务"的行为认定

(一)内容特征:未回收旧物

1. 旧物范围的界定

第一,超过使用期限。不可否认的是,不同主体对同类物的使用频次、使用时间、使用计划均有不同,对物的折损也有不同,但在物的使用功能并未根本丧失的前提下,以固定的使用期限判断"旧物",对于司法裁判而言是较为合理的方法。某些物因易产生环境污染或产品陈旧后易生对人身及财产的危害,故有使用期限的特别规定。例如,《电子信息产品环保使用期限通则》对包括网络通讯设备、手机、打印设备等在内的通讯设备产品、计算机行业产品分别规定其环保使用期限;再如,《医疗器械分类规则》中亦对医疗器械的使用期限予以规定。唯争议在于,多数物并无特别规定的使用期限,则使用期限又当如何确定。于此情形,如从资产管理的角度,将固定资产折旧年限等同于使用期限似较为适合,具体可由物的所有权人根据物的使用计划自行决定或者采用市场主体习惯采用的会计估计方法,确定物的使用期限。

第二,未丧失使用价值。《民法典》似有意区分"旧物"与"废物"之概念,故当被认定成"旧物"时自应排除"废物"的特征属性,即在标的物成为"旧物"时,并未根本丧失其使用价值,或谓核心功能并未丧失。以智能手机为例,如在购置一年内即已无法开机,且不可修复,则说明已丧失核心功能,此时手机应属"废物",但如果在使用30年后,手机依然能正常通话且能联通移动数据网络,则应属"旧物"。值得注意的是,"旧物"与"废物"并无实质差异,依据《民法典》绿色原则,在承认旧物回收义务的同时亦应确立废物回收义务,第558条、第625条亦可成为废物回收义务的法律依据。

2. 回收行为的判定

"回收"即意味着重新取得物的所有权,所有权的回转是"回收"的主要特征。在行为形式层面,当旧物为动产时应有交付行为,而当旧物为不动产时则应有移转登记行为。如未有所有权移转之形式,而由物之所有者直接委托原所有权人处置旧物,则原所有权人之行为并非履行旧物回收义务。

在行为主体层面,所有权移转不影响旧物之占有使用方式,故无论旧物回收义务为约定义务还是法定义务(含后合同义务),原所有权人可自行或者委托他人实施具体的回收及处置行为。

(二)时间特征:未及时履行

当事人如就旧物回收约定明确的履行期限,则当期限届满仍未履行时自属违反旧物回收义务的行为。但当无特别约定时,又当如何确定旧物回收义务的履行期限。

1.合同履行义务

对于当事人约定或者法律、行政法规规定的旧物回收义务,其系属合同履行义务,故应按照《民法典》第510条、第511条补充当事人未予明确的内容。旧物回收义务的性质较为特殊,需待交付的标的物成为"旧物"后,方存在履行问题。在缺少使用期限特别规定或约定的情形下,回收义务人实际难以判断标的物是否已成为"旧物",债务人的履行及债权人的请求于此情形均会遇到障碍。因此,旧物回收义务的履行期限补充解释较为特殊。

第一,主要依赖所有权人。"旧物回收"的本质是回收剩余使用价值较低的物,但标的物剩余多少使用价值常因人而异,如对于同样一件衣服,不同民事主体对其可以使用多少年会生不同的观点。因此,某一物是否已成为旧物,主要由物的所有权人或谓旧物回收的债权人进行判断,债务人难以依据社会习惯准确界定之,旧物回收义务的履行对债权人的依赖程度较高。

第二,关于债权人的告知义务。因是否构成"旧物"仅可依靠物的所有权人进行判断,如所有权人不向债务人告知物的使用期限或者已形成"旧物"的情况,则债务人难以履行旧物回收义务,故在当事人对物的使用期限未予约定且缺乏国家规定的前提下,物的所有权人如欲使债务人履行旧物回收义务,则应主动向债务人告知旧物的情况,并在给予一定准备时间后方可请求履行。旧物回收中的告知义务实为债权人的不真正义务,债权人虽不承担违约责任,债务人亦不能据此解除合同,但债权人仍需承担未履行告知义务的不利后果。当债权人未告知债务人"旧物"的相关情况,而径直要求其履行旧物回收义务,其请求虽兼有告知的属性,但债权人要求债务人即时履行债务的请求难以得到支持。基于诚实信用原则,若在债权人请求履行前,债务人已明知标的物成为旧物,则债务人应于债权人请求时及时履行。

2. 后合同义务

后合同义务虽非属合同履行义务,且无条文规定后合同义务履行期限的确定规则,但旧物回收义务无论是作为合同履行义务抑或作为后合同义务,因其标的物较为特殊,在确定履行期限前,必须以债权人的告知为前置"程序",故当债权人告知债务人旧物的相关情况,并给予按照交易习惯确定的准备时间后,如果债务人仍未履行旧物回收义务,方产生债务不履行责任。

三、裁断:违反"旧物回收义务"的责任承担

(一)责任形式

1. 继续履行与排除妨碍

继续履行系属违约责任的典型责任形式,当旧物回收义务是合同履行义务时,若债务人不履行合同义务或者履行合同义务不符合约定,债权人可以要求其按照合同约定或者法律、行政法规规定履行旧物回收义务。需强调的是,继续履行规制的是合同履行义务,当旧物回收义务为后合同义务时,不得依据继续履行请求债务人履行旧物回收义务。当合同债权债务关系终止后,若债务人迟延履行旧物回收义务,此时"旧物"已构成使债权人不能正常行使人身、财产权益的持续性干涉,故可依排除妨碍请求债务人履行旧物回收之后合同义务。

2. 损害赔偿

如因长期未履行旧物回收义务,亦将对债权人造成损害,损害的主要表现形式为债权人保管旧物所生的费用,具体可参照同类物的市场保管费或仓储费计算之。如因未及时回收旧物致使债权人遭受人身或者其他财产损害,或产生生态环境损害,债务人亦当承担相应的损害赔偿责任。

(二)责任要件

1. 违约责任

如果当事人约定或者法律、行政法规规定一方当事人应当承担旧物回收义务,则因该义务的性质为合同义务,故在违反旧物回收义务时,仅需满足违约责任的一般要件,即可向债务人主张违约责任。

2. 后合同义务不履行责任

《民法典》虽首次规定后合同义务,但关于违反后合同义务的责任承

担，却并未予以明确。先合同义务、附随义务、后合同义务系合同当事人基于民法原则分别在合同的订立、履行、终止后阶段而产生的法定义务，但我国目前仅明确先合同义务以及附随义务的归责原则。违反先合同义务产生缔约过失责任，归责原则为过错责任原则，但当违反作为合同履行义务的附随义务时，归责原则却为严格责任原则，即不考虑违约方的过错。那么当旧物回收义务成为后合同义务时，其责任的承担是否应当考虑债务人的过错，则易生争议。

首先需要明确的是，因排除妨碍系属绝对权请求权，其不考虑行为人的主观过错，〔21〕故请求债务人履行旧物回收义务并不以债务人的过错为要件，真正具有争议的是后合同义务的损害赔偿责任是否应当考虑债务人的过错。《民法典》生效前，因《民法通则》（已失效）第 106 条第 2 款之存在，有认为违反后合同义务人的责任承担应以过错为要件，〔22〕《民法典》生效后，最高人民法院亦认为应当满足行为人主观上具有过错的条件，〔23〕但在适用第 558 条的过程中，目前的审判实践实际并未特别考虑行为人的过错。〔24〕 事实上，传统大陆法系对包括违约责任在内的债务不履行责任统一采过错责任原则，故不会存在因合同的不同阶段而产生不同归责原则的问题，但我国违约责任的归责原则却采英美法系及国际货物销售合同的严格责任原则，其盖因当事人系基于信赖订立合同，相较于侵权等其他法定责任，应承担更高的注意义务及履行风险，而缔约过失责任实际“脱胎”于侵权责任，本系属侵害他人财产权益的行为，故采过错责任原则。值得注意的是，后合同义务亦基于合同当事人之间的信赖，且缺乏典型的侵权责任属性，自此而言，似乎采严格责任原则更为适宜，但与先合同义务、附随义务相比，后合同义务的履行期间、履行内容均具有更强的不确定性，若在合同债权债务关系终止后仍对债务人施以较重的责任，则将明显扩大民事主体的

---

〔21〕 参见程啸：《侵权责任法》（第 2 版），法律出版社 2015 年版，第 658 页。

〔22〕 参见韩世远：《合同法总论》（第 3 版），法律出版社 2011 年版，第 502 页。

〔23〕 参见最高人民法院民法典贯彻实施工作领导小组主编：《中华人民共和国民法典合同编理解与适用（一）》，人民法院出版社 2020 年版，第 611 页。

〔24〕 如有法院认为原、被告债权债务终止后，被告既未明示将拆除后的检测线设备所有权交付本案原告，亦未明确表示将其予以抛弃，故拆除后的检测线设备所有权仍归本案被告所有，被告应承担债权债务终止后的旧物回收义务，但被告至今未履行将其检测设备予以回收的后合同义务，造成原告一定损失，应承担相应赔偿责任。参见河南省义马市人民法院民事判决书，（2021）豫 1281 民初 94 号。

合同风险,不利于鼓励民商事交易,故相较于违约责任,后合同义务不履行责任的认定应采更为严格的要件限制,对于债务人的过错应予特别考虑。

(三)责任免除

1.不可抗力

在《民法总则》制定前,不可抗力实际仅为合同责任的免责事由,其是否可作为后合同义务责任的免责事由则并未明确。《民法典》承继原《民法总则》将不可抗力统一作为民事责任免责事由的规定,故无论旧物回收义务是合同履行义务还是后合同义务,不可抗力均可作为免责事由。

2.债权人迟延

"旧物"因被债权人长期使用,在某些情况下,债权人出于"旧物"仍有剩余使用价值或者情感因素等,拒绝或者请求债务人推迟履行旧物回收义务。

在绝大多数情况下,债务人需要得到债权人的协助,如果债权人不提供相应的协助则会使债务人的给付行为受到妨碍,[25]此即受领迟延或谓债权人迟延之内核。值得注意的是,原《合同法》并未统一规定债权人迟延及其法律效果,《民法典》则新增第589条规定,首次明确受领迟延及其法律效果,但其亦有一定的局限之处,一方面,似将受领迟延仅限定于"拒绝受领"情形,另一方面,受领迟延的法律后果仅限于"赔偿增加的费用"以及"免除迟延期间的利息支付"。

有学者认为债权人迟延后,原则上并不发生债务不履行的责任,即不发生损害赔偿请求权、违约金、迟延利息等,[26]而在比较法中,以德国为例,此时债务人仅对故意或者重大过失承担债务不履行责任。[27] 如从民事责任角度,在发生债权人迟延后,债务人未能及时履行债务的原因在于债权人,如果债权人未予配合,则债务人难以履行其义务,故基于过错与责任相当原则,原则上不发生违约责任以及后合同义务不履行责任。但需注意的是,当旧物回收之义务源于法律或者行政法规时,其义务之履行涉及社会公

---

〔25〕 参见[德]迪特尔·梅迪库斯:《德国债法总论》,杜景林、卢谌译,法律出版社2004年版,第323页。

〔26〕 参见韩世远:《合同法总论》(第3版),法律出版社2011年版,第246页。

〔27〕 参见[德]迪特尔·梅迪库斯:《德国债法总论》,杜景林、卢谌译,法律出版社2004年版,第325页。

共利益之维护，若因债权人导致债务人不能履行义务，债务人仍需按照法律或者行政法规的规定承担一定的公法责任。但债务人因承担公法责任而产生的财产损失及因债权人迟延而致回收费用增加的部分可依法向债权人请求赔偿。

结　语

旧物回收义务是贯彻《民法典》绿色原则的集中展现，也是我国相较于其他国家及地区民法的主要创新，因此可予参考的内容极为有限。《民法典》已颁行两年多，但涉及旧物回收义务的纠纷实际并不多。目前仍存在旧物回收义务适用有限的情况，其盖因仍缺少法律、行政法规对旧物回收的强制性统一规范，且缺少旧物回收的交易习惯，“旧物”目前仍仅局限于污染物以及新能源电池等可循环利用物。本文的主旨在于探索旧物回收义务的裁判规则，但如需将裁判规则落于实践，仍需要依赖审判机关与立法机关、行政机关的良性互动，通过国家机关的价值引导，逐渐树立旧物回收的群众观念，丰富旧物回收义务的类型和内容，以实现绿色原则对民事合同的全覆盖、可操作。

《环境资源法论丛》
第 14 卷，第 90～115 页

民法绿色原则对违约责任规则的修正强度及其司法调控*

胡立峰**

摘　要　绿色原则在特定情形下可以成为修正民法规范适用效果的实质理由。实践中绿色原则对违约责任的修正缺乏明确和统一的裁量标准，导致修正强度存在不确定性。其中有绿色原则属性模糊、绿色规则立法供给不足、司法指导暂时缺位等客观原因，也有法官裁判经验不足、法律解释不当、利益衡量失衡等主观原因。司法机关在调控绿色原则对违约责任规则的修正强度时，一方面需要运用法律解释、权利审查和利益衡量的司法技术，提升绿色原则修正强度的合法性、正当性和合理性，推动实现修正强度的规范化；另一方面需要通过落实司法调控绿色原则修正强度的保障举措，强化该原则修正强度的程序保障、论证义务、同案同判等要求，推动实现修正强度的稳定性。

关键词　民法典　绿色原则　违约责任承担方式　修正强度

---

* 本文曾获由最高人民法院环境资源审判庭、中国法学会环境资源法学研究会、国家法官学院《法律适用》编辑部共同举办的“2021 年贯彻民法典绿色原则征文活动”一等奖（排名第一）。

** 胡立峰，福建省高级人民法院研究室副主任，三级高级法官，法学博士。

从《民法总则》(已失效)到《民法典》,我国民事立法全面强化并最终奠定了绿色原则作为民法典时代重要民法原则的历史地位,开启了民法回应生态环境问题的制度空间,为实现民法生态化开辟了道路。从根本上说,民法生态化乃至整个传统法律领域生态化的本质在于对既定法律价值与功能在一定程度上进行修正,从而在局部引入和接纳生态利益诉求。〔1〕“《民法典》总则规定的绿色原则,本质上是将环境价值和生态功能纳入民法的指导性准则,以‘节约资源、保护生态环境’为中心来处理民事活动与环境资源保护活动关系,两者之间存在法律关系的多种融合。”〔2〕将绿色原则引入《民法典》,体现了传统民法体系面对当下环境问题而进行的自我内在调适,在相当程度上实现了民法与环境法的机制衔接和功能协同。

从个体利益和公共利益的角度看,现代社会个体之间除持有各种异质的主观目的之外,总是在不同内容、范围和程度上分享着相同或相似的主观目的和利益。而且,这些具有同质性的社会个体需要结成一个个共同体,经共同合作来实现同质的利益追求。〔3〕 为了实现维护共同体利益的特定目标,立法势必通过强制力对某些特定利益作出倾斜性的保护和优待,从而规范社会公众的利益偏好和行为取向。〔4〕 通过立法创设绿色原则,提供有利于维护环境资源利益的行为模式与价值判断标准,限制民事权利行使的方式和范围,避免对环境保护和资源利用施加各种不利影响,从而平衡个体权益和环境公益的关系,是对《民法典》进行规范设计的重要考量。表现在立法技术层面上,《民法典》基于民法内在价值体系融贯的考虑,选择将绿色原则设置为无从规定构成要件、法律后果的不完全法条,从而为私人自治设定了绿色边界。〔5〕

司法实践中,绿色原则的个案适用具有强烈的权利干预色彩,对价值权

---

〔1〕 参见张璐:《环境法与生态化民法典的协同》,载《现代法学》2021年第2期。

〔2〕 吕忠梅:《民法典绿色条款的类型化构造及与环境法典的衔接》,载《行政法学研究》2022年第2期。

〔3〕 参见叶林:《私法权利的转型——一个团体法视角的观察》,载《法学家》2010年第4期。社会个体不仅可以感知主观目的,而且可能根据对共同合作前景的预期,积极地采取合作行动,并通过强调共同合作而增进个体(个性)。另见熊丙万:《私法的基础——从个人主义走向合作主义》,中国法制出版社2018年版,第218-219页。

〔4〕 参见易军:《私人自治与私法品性》,载《法学研究》2012年第3期。

〔5〕 参见樊勇:《私人自治的绿色边界——〈民法总则〉第9条的理解与落实》,载《华东政法大学学报》2019年第2期。

衡、法律解释、规范选择、利益衡量等诸多裁判环节产生明显的制约效应。这方面最典型的表现是,绿色原则借助其权威性和正当性,具有排除某些民法规范适用的裁判功能,在特定情形下可以成为校正民法规范适用效果的实质理由。〔6〕 从规范实现角度来看,绿色原则的主要实现机制在于,借助禁止性行为模式的规则设计,为减少权利主体民事活动的负外部性,对其施以义务性约束。〔7〕 通过强化节约资源和生态环境保护义务,绿色原则对民事权利义务的分配及其司法救济产生了重要影响。司法实践表明,绿色原则在民事违约责任类案中的普遍适用,已构成对传统违约责任制度不同程度的修正。绿色原则的引入,实质修正了传统意义上违约责任的评价要素和预期结果,构成对守约方民事权利的实质性限制。绿色原则对违约责任的修正,具有弘扬社会主义核心价值观和倡导绿色发展理念的积极意义,展现出该原则强大的司法裁判功能,但同时也暴露出令人担忧的适用误区,司法过程需要对此予以重视,及时进行调整和校正。

近年来,随着民事立法的步伐加快和对生态环境保护的日益重视,对于民法上绿色原则的司法适用,实务界和法学界的相关研究成果已经初具规模,形成了绿色原则研究的若干特色成果。但从总体上看,现有研究或是局限于对绿色原则进入《民法典》的意义、原则属性和价值内涵的阐释,或是止步于提出绿色原则适用的宏观原则、大略框架或些许要点,或是笼统探讨《民法典》物权编、合同编分编中绿色规范的适用问题,欠缺对绿色原则适用于具体类型案件的相对微观的实证研究,亦未能总结和提炼出绿色原则在类案中的具体适用方法,更未形成明确和具体的裁判规则。〔8〕

实践中,中级以上人民法院出于控制审判风险等因素的考虑,对司法实践适用绿色原则通常持较为保守的态度,相关个案数量较为有限。相比之下,基层法院适用绿色原则的积极性比上级法院要高得多,绝大多数适用绿

---

〔6〕 根据绿色原则适用是否具有强制性效果,可分为间接适用和直接适用。前者旨在政策宣示和价值指引,发挥的是倡导性功能,并不实质影响裁判结果。后者旨在发挥绿色原则强制性的裁判功能并实质性地改变裁判结果。绿色原则对违约责任的修正,属于该原则的直接适用,从而排除了间接适用情形。

〔7〕 参见黄锡生:《民法典时代环境权的解释路径——兼论绿色原则的民法功能》,载《现代法学》2020年第4期。

〔8〕 正如有学者所言,“赞赏绿色原则的学者虽多,探讨其适用方案或适用可能性的却寥寥无几”。参见贺剑:《绿色原则与法经济学》,载《中国法学》2019年第2期。

色原则的案件为合同纠纷案件,违约责任更是其中的重点领域。故对该领域中基层法院适用绿色原则的研究对优化绿色原则整体法律适用效果具有基础性和开创性意义。出于这一考虑,本文从样本案例展现的实践样态出发,探究绿色原则对违约责任的修正强度及其存在的突出问题,尝试建构调控绿色原则修正强度的司法技术和规则,以推动该原则在违约责任案件裁判中发挥更加积极的作用。

一、绿色原则修正违约责任规则的实证检视

当前,基层法院是适用绿色原则的主要法院,合同纠纷是适用该原则的主要案件类型,〔9〕违约责任是其中的重点领域。笔者在中国裁判文书网搜索获得相关基层法院裁判案例 232 件,通过归并系列案等类似案件和剔除部分无关联、非典型案件,遴选出 6 件代表性案例。

(一)违约责任规则修正强度的样态

违约责任承担方式属于落实违约责任的基础性规则。基于超出规则预期的违约责任承担后果,绿色原则对违约责任承担方式的修正形成下列三类强度样态。

第一,轻度修正:违约责任范围的调整。法院运用绿色原则对违约责任的修正满足了权利人的部分权利主张,对民事主体权利影响较轻,主要情形包括法院根据绿色原则适当调减违约金数额,或者仅支持权利人要求违约方承担违约责任的部分主张等,具体见案例 1、2。

【案例 1】调减违约金数额:彭郑与河南省宏江房地产开发有限责任公司房屋买卖合同纠纷案中,法院认为,根据绿色原则,开发商有义务遵守大气污染治理等环保国策,在房地产开发及销售时应全面关注季节气候规律与开发施工状态的关系,合理安排开发进度、理性确定售房合同的履行期间和期日。最终,法院酌情将雾霾影响交房时间以其逾期交房天数的 20%计算,作为违约免责范围,调减被告 20%的违约金。〔10〕

【案例 2】支持部分违约责任诉求:梁晓兵与洪雅巴登黑森林投资有限公司房屋买卖合同纠纷案中,法院认为,被告未在原告所住 1 号楼周边修建

---

〔9〕 参见马密、黄荣、常国慧:《〈民法典〉绿色原则的司法适用:实践样态与优化路径——以〈民法总则〉第 9 条的司法适用为基点》,载《法律适用》2020 年第 23 期。

〔10〕 河南省郑州市中原区人民法院民事判决书,(2018)豫 0102 民初 2402 号。

公共绿地构成违约,现其已修建适当面积的室外公共停车场用于停车,若在该已硬化场地上修建公共绿地必然占用停车面积,若在其他地方修建公共绿地必然违反规划、破坏生态环境,违背绿色原则。最终,法院判令被告支付违约金,驳回了原告修建公共绿地的诉请。[11]

第二,中度修正:责任承担方式的转换。法院根据绿色原则改变了违约责任承担的具体方式,虽与权利人提出的权利主张不符,但亦可变相满足权利人要求违约方承担违约责任的主张,对民事主体权利影响相对有限。通常考虑到履行非金钱债务对环境资源可能造成不利影响,故将非金钱债务替换为金钱债务,如案例3、4所示。

【案例3】由继续履行改为赔偿损失:闫忠峰与临沂市泰宏置业有限公司(以下简称泰宏公司)、李鹏装饰装修合同纠纷案中,法院认为,泰宏公司交付涉案房产时,东向直面裙楼的窗户未安装玻璃窗。在原告已对该窗户装修改造成推拉门的前提下,如再责令泰宏公司安装至约定的交房标准,不仅履行费用过高,而且造成物料浪费,不符合绿色原则的要求,以赔偿损失的方式承担违约责任更为合适。法院遂判决泰宏公司赔偿安装推拉门的经济损失。[12]

【案例4】由采取补救措施改为赔偿损失和支付违约金:常辉锋、薛存荣与赵振鹏、郭有清承揽合同纠纷案,法院认为,被告在制作和安装门窗过程中,未按约定材料规格进行施工。虽然被告违约,但部分工程已经投入使用,可证明所安装的门窗具有使用价值,而进行重作、更换会造成浪费,从而违反绿色原则,故对原告要求被告重做、更换门窗的诉请不予支持,判决被告赔偿原告经济损失和违约金。[13]

第三,重度修正:违约责任的实质免除。法院根据绿色原则不认定存在违约情形,从而免除违约方的违约责任,最终全部驳回权利人要求承担违约责任的主张,对民事主体权利影响较大,如案例5、6所示。

【案例5】免除支付违约金责任:陈涛与廊坊怡祥房地产开发有限公司商品房销售合同纠纷案中,法院认为,为了保护人类赖以生存和发展的环境资源,绿色原则对私权利进行了适度限制。为了改善空气质量,维护公众利

---

〔11〕 四川省洪雅县人民法院民事判决书,(2020)川1423民初1108号。

〔12〕 山东省临沂市河东区人民法院民事判决书,(2020)鲁1312民初213号。

〔13〕 陕西省定边县人民法院民事判决书,(2020)陕0825民初6535号。

益,被告作为施工单位根据政府部门的指令停工,符合保障大气环境公共利益和国家整体利益,故停工行为系合理顺延工期,未构成逾期交房,驳回原告主张支付逾期交房违约金的诉讼请求。〔14〕

【案例6】免除采取补救措施责任:磐安县精典装潢工程有限公司与磐安县玉山镇向头村民委员会、磐安县玉山镇向头股份经济合作社建设工程施工合同纠纷案中,法院认为,涉案农家乐名称牌自2015年12月完工投用至今,基本满足合同目的。因该批名称牌价款超过工程总价款的50%,若全部返工重做,则原有标牌将全部不能使用,将造成林木资源的极大浪费,不符合绿色原则。故对向头村民委员会、向头股份经济合作社要求重新施工的诉请不予支持。〔15〕

(二)确定违约责任规则修正强度的困境

违约责任是债权保障的基本制度配置。绿色原则的修正引发违约责任的微调、变形乃至豁免,形成了对法律规则的挤压。在具体形态上,绿色原则阻却违约责任的承担体现为改变违约责任的分配,主要包括:(1)决定违约责任的大小,即依据绿色原则综合考虑当事人的违约情节、后果等因素,从而对一方或双方的违约责任进行程度或份额的增减。(2)改变违约责任的承担主体。也就是说在足以认定违约责任的情形下,通过适用绿色原则,让原本可能承担违约责任方免除责任,转而让对方承担违约责任。(3)决定违约责任的有无。也就是说在某些情形下,以绿色原则彻底改变对违约责任的认定,引发违约责任的依法免除。据此,可以将绿色原则对违约责任规则的修正进行相应的强度分级,分别确定为轻度、中度和重度修正强度(见表1)。从样本情形看,确定绿色原则对违约责任规则的修正强度面临多重困境:

表1 绿色原则对违约责任规则的修正强度分级情况

分级	总体描述	具体样态	适配案例
轻度	调整责任范围	不改变责任方式,仅改变责任限额或者支持部分诉请(规则局部软化)	案例1、2

〔14〕 河北省廊坊经济技术开发区人民法院民事判决书,(2020)冀1091民初671号。
〔15〕 浙江省磐安县人民法院民事判决书,(2019)浙0727民初322号。

续表

分级	总体描述	具体样态	适配案例
中度	启动替代责任	为追求最佳效果,在法定范围内转换适用其他责任方式(规则类型调整)	案例 3、4
重度	彻底阻却责任	将环境资源目标置于终极考量的位置,彻底免除违约责任(规则整体排除)	案例 5、6

第一,事实依据不清。确定修正强度时,需要明确法院考量了哪些案件事实,其中究竟哪些事实构成决定修正强度的关键因素并实际发挥了作用。从样本来看,无从把握法院援引绿色原则和确定绿色原则修正强度的事实因素,令人产生绿色原则适用标准模糊且随意的印象。

第二,违反法律规定。绿色原则修正强度过大违反法律规定。《民法典》合同编仅承认不可抗力为法定的免责事由。然而,在案例 2 中,法院以重作不节约资源、不符合绿色原则为由,直接免除了被告的违约责任,实际上将该原则作为免责事由,超出了法律规定。

第三,适用幅度偏差。在适用幅度上,应倡导优先适用相对较轻的修正强度,避免超过必要限度导致不应有的损害。样本中有些法院未能有效控制适用幅度,如案例 6,未能合理权衡原则与规则背后的利益冲突,径直适用重度修正强度,导致适用幅度偏差。

第四,裁判理由不足。从样本来看,对绿色原则修正强度标准未进行规范论证,也未充分说明采用最终强度标准的理由。相反,样本中不少裁判仅用“根据绿色原则”“违反绿色原则”“不符合绿色原则”等只言片语简单陈述,便径直得出修正强度结论,令人难以信服。

第五,同案异判突出。绿色原则在不同地域的近似个案中产生的修正强度差别迥异:案例 1 中,河南法院认定开发商负有相关合同义务,虽考虑到保护生态环境,仍判令开发商承担 80%违约金;而在案例 5 中,河北法院未考虑任何合同要素,仅以开发商系根据政府指令停工符合公共利益为由,认定停工属合理顺延工期未构成逾期交房,无需支付违约金。

二、绿色原则修正强度失范的成因探析

根据是否源于法官主观认知和行为,可以将绿色原则修正强度失范的

原因归结为客观原因和主观原因。

（一）客观原因

1. 绿色原则内在属性

第一，绿色原则作为一种概括条款蕴含了节约资源和保护环境的原则性要求，属于伸缩性较强的不确定概念，具有相当弹性与灵活性。〔16〕面对环境及资源领域的复杂性、综合性和整体性，在对案件事实进行评价时，会发现作为裁判推理三段论大前提的绿色原则似乎无所不包。〔17〕这是因为，绿色原则内在蕴含了节约资源和保护生态环境的原则性要求，属于内涵模糊的不确定概念，有待权威机关解释或者司法实践澄清其规范内涵。可见，在绿色原则内涵未得到充分填充之时，其适用不免具备较大的弹性。第二，绿色原则本质上并非源自民法内在价值体系，属于外源性公共原则。因此，该原则与民法价值体系中内生的作为违约责任基础的意思自治原则之间存在较大张力（见表2）。“在以法律为主要法源的法域中，法秩序不仅是外部一致、透明的法律规则的集合，基于权利平等的要求，它们也是价值判断尽可能没有矛盾的内在体系，是‘目的性’和‘价值性’的法律原则体系。”〔18〕绿色原则与意思自治原则之间，存在价值理念的较大差异，对两者关系把握不到位，可能导致绿色原则修正强度的失衡。

表2　绿色原则与意思自治原则的对照

区别要素	绿色原则	意思自治原则
原则属性	民法外源性原则	民法内生性原则
价值定位	社会性价值	个体性价值
价值追求	环境资源友好	彰显意志自由
主导因素	义务主导	权利主导

〔16〕参见易军：《民法基本原则的意义脉络》，载《法学研究》2018年第6期。不确定法律概念可以分为经验性不确定法律概念和价值性不确定法律概念。绿色原则属于“价值性不确定性法律概念”，又称为“规范性不确定法律概念”，是指需要法律适用者补充评价的概念，通过法律适用者在个案中进行价值补充的解释方法实现价值判断，使其规范意旨具体化。另见王贵松：《行政裁量的构造与审查》，中国人民大学出版社2016年版，第60、62页。

〔17〕参见陈洪磊：《民法典视野下绿色原则的司法适用》，载《法律适用》2020年第23期。

〔18〕［奥］恩斯特·A. 克莱默：《法律方法论》，周万里译，法律出版社2019年版，第64页。

续表

区别要素	绿色原则	意思自治原则
主要功能	沟通环保法与民法的媒介	促进民事交易
关注对象	社会成本和负担	主体独立自治能力
实现目标	代际正义和可持续发展	个体自由发展

2. 绿色规则供给不足

随着《民法典》总则编绿色原则的引入，为了实现绿色原则对民法各领域的调整和规制效果，相关分编也将保护环境、节约资源的基本理念融汇于相关的制度设计，具体规定了相关绿色条款，构成呼应和落实绿色原则具体要求的绿色规则。绿色原则和绿色规则的并存和协同，反映了《民法典》走向绿色化的立法趋势。但《民法典》绿色化程度仍属有限，[19] 从其总则编和合同编的绿色原则和绿色规则构成合同责任的绿色规范群(见表3)来看，合同编绿色规则的制度供给明显不足，该编中直接反映绿色原则理念和要求的规范较少，限于合同履行的附随义务、后合同义务等合同法的边缘性制度，并未触及合同效力、合同解除等更为核心的制度，对合同法规则的覆盖不足，对合同运行的影响比较有限。[20] 由于缺乏全面系统的绿色规则指引，法院无从精准把控绿色原则修正违约责任的强度。

表3　《民法典》总则编与合同编构成绿色规范群

编名	具体条款	条款性质	规范内容
总则编	第9条	一般条款	绿色原则(《民法典》基本原则)

〔19〕 从绿色原则的内容表达与法律地位来看，公民作为民事主体履行环境义务的范围涵盖了所有民事活动，但从分编来看，只有物权编和合同编对公民环境义务进行了贯彻与细化。参见冯汝：《〈民法典〉绿色条款的体系化解读——以公民环境义务为分析视角》，载《华中科技大学学报(社会科学版)》2021年第4期。

〔20〕 参见刘长兴：《〈民法典〉合同编绿色条款解析》，载《法学杂志》2020年第10期。正因为法律规范的不完整性才导致法律规范没有为生活事实提供答案或者没有提供令人满意的答案，因而出现了法律漏洞。另见张祖阳：《法律漏洞的认定标准、正当理由及认定方法》，载《华东政法大学学报》2021年第2期。

续表

编名	具体条款	条款性质	规范内容
合同编	第 509 条第 3 款	一般条款	合同履行的绿色原则(合同履行的基本原则)
	第 558 条	具体条款	旧物回收义务
	第 619 条		绿色包装义务
	第 625 条		使用年限届满物品回收义务
	第 655 条		节约用电义务

3. 司法指导暂时缺位

绿色原则作为崭新的民法基本原则,缺乏充分的先例指导,该原则的适用对《民法典》的贯彻实施具有重大意义,对其适用范围、适用过程和适用效果等要点的准确把握,离不开必要和规范的司法指导。然而,令人遗憾的是,在司法实践中,无论是从案例指导方面还是从类案裁判规则供给方面,绿色原则的适用均缺乏必要和规范的指导。第一,案例指导乏力。目前,绿色原则的司法适用更多停留在法律理念层面,尚未发展到精细的法律适用技术层面,鲜有相关指导性案例。迄今为止,最高人民法院也尚未发布有影响力的典型案例或者在裁判文书中援引绿色原则,为下级法院理解和适用绿色原则提供指引。第二,类案裁判规则阙如。绿色原则作为民事立法中崭新的内容,进入实践为时不久,裁判实践的积累尚不足以提炼共通裁判规则。这种状况影响了法律适用的统一和规范,加剧了裁判结果的差异。

(二)主观原因

1. 裁判经验不足

一方面,实践中部分法官对绿色原则的裁判功能和作用范围存在不同的认识,有些法官在适用这一新的民法原则时因缺乏经验而无所适从,特别是对正确处理绿色原则抽象性规定与具体违约责任规则的关系经验不足。这表现在大部分法官通常不详尽阐释绿色原则的具体内容,未能依法和合理掌握绿色原则修正强度标准。另一方面,裁判者对原则与规则功能及作用领域把握不清,导致绿色原则在适用层面存在一定的风险,司法实践中法官出于规避法律适用风险的考虑,心理上倾向于选择实体法中具体明确的规定作为裁判依据。

2. 法律解释不当

突出表现为适用目的解释出现"片面化"问题。为了追求与社会主流价值观相契合,法院适用目的解释方法时,虽然解释结果并无不当,但其对目的的界定和提炼,却有以偏概全之嫌。如案例5中提出"绿色原则对私权利进行了适度限制",但处理结果却未体现出"适度":如果类似案件均照此办理,则开发商仅以政府出于环保要求停工为由,无需承担合理安排开发进度和按期交房的合同义务,明显侵犯债权人合同履行利益。

3. 裁量方法混淆

实践中绿色原则如何平衡多元价值和利益诉求尚缺乏通用的标准,特别是绿色原则限制私权的尺度亦亟需明确的方法论支持。〔21〕 样本案例中,利益裁量过程缺乏理性指导和标准控制,导致裁量方法混淆:

第一,根据运用绿色原则时考量对象和时间维度的不同,可以区分出成因溯源法和风险展望法。成因溯源法旨在对已经客观发生的不履行或不适当履行合同的行为,根据环境资源对当事人行为的影响,判定是否构成违约,该法评估对象是"是否构成违约",重点关注影响合同履行的环境资源因素,如案例1、5。风险展望法不倾向于对实际发生的违约做成因分析,而是着力于展望未来评估承担违约责任对环境资源的可能影响,该法评估对象是"违约责任承担方式是否可行",对违约事实并无异议,更为关注责任承担方式对环境资源的影响,如案例2、3、4、6。

第二,根据运用绿色原则认定标准的不同,可以区分出目的导向法和结果导向法。目的导向法重在评价违约方的主观目的,若其系出于遵守国家环保政策的主观动机而未履行或未适当履行合同,则应减轻甚至免除违约责任,如案例1、5。结果导向法重在评价违约救济的成本代价,而不考虑违约的主观动机,如果采取违约救济措施将可能破坏生态、损害环境或浪费资源,则应考虑个案情形相应地减轻、免除违约责任或者转用其他违约责任形式,如案例2、3、4、6。

三、绿色原则修正强度的决定因素

根据样本案例裁判思路,综合上述原因分析,可推知决定绿色原则修正

---

〔21〕 参见陈洪磊:《民法典视野下绿色原则的司法适用》,载《法律适用》2020年第23期。

强度的因素包括以下几点。

（一）绿色原则的适用前提和修正边界

第一，适用绿色原则的必要性和可行性。适用原则否认规则，对规则创设例外，需持谨慎态度并严格限制条件。[22] 明确性和谦抑性是确保绿色原则依法适用的根本要求。故适用绿色原则的第一步是充分评估适用该原则的必要性和可行性。必要性方面旨在明确原则适用的谦抑性，满足穷尽法律规则的要求，否则可能引发“向一般条款逃逸”的裁判风险。可行性方面主要考虑：一是司法适用的成本是否过高，是否符合效率原则；二是是否有利于更好地保护生态环境或实现节约资源目的；三是是否对私人利益造成超出必要限度的不利影响；四是对私权的限制是否控制在合理限度内，未导致不应有的损害。

第二，绿色原则的诉讼识别。绿色原则的诉讼识别，包括该原则内容的识别和该原则适用的可行性及必要性的识别。在识别绿色原则的过程中，需要提炼和明确绿色原则的本质内涵。从“有利于节约资源，保护生态环境”的规范立场出发，绿色原则至少关注以下内容：其一，生态环境和资源的整体价值和内在价值。生态环境和资源在传统民法中的价值主要通过作为民事法律关系客体这种微观形式来表现，但绿色原则同时更关注民事主体环境权利能力和行为能力及其行为对整体生态环境和资源的价值并在民事法律关系内容中设定相关权利与义务。其二，生态环境和资源的整体利益和未来利益。绿色原则既要关注当代的生态与环境保护，也要时刻考虑生态与环境的代际正义。[23] 因此，应当密切关注生态环境和资源超越特定时空范围产生的影响，包括可能导致的潜在损害和可以获得的预期利益。其三，生态环境和资源的社会影响和利用途径。绿色原则注重生态环境和资源的社会影响，强调民事活动的高质量和高效益，倡导节约资源和提高资源利用效率。

第三，绿色原则的修正边界。绿色原则作为规则的反向限制措施，[24] 应遵守下列边界：一是核心利益不受修正。绿色原则在提供价值指引时，向

[22] 参见李克诚、刘思萱：《论法律原则在我国司法裁判中的适用——以〈最高人民法院公报〉案例为范本的研究》，载《法律适用》2008 年第 3 期。

[23] 参见吕忠梅课题组：《“绿色原则”在民法典中的贯彻论纲》，载《中国法学》2018 年第 1 期。

[24] 参见巩固：《民法典绿色原则的法理辩护与内容解析》，载《政治与法律》2021 年第 8 期。

环保的倾斜必须适度,不能损及为立法和传统权利所明确保障的核心利益。[25] 二是核心价值不受修正。在违约责任案件中,诚信守约行为应当得到鼓励,法院应当保障守约方免遭不公平的损害。适用绿色原则不能妨碍善意债权人的权利救济,不能违背诚信、公正等核心价值。三是制度框架不受修正。新的民法基本原则虽可以改变具体制度的适用,仍需要依托传统的制度框架进行运作。虽然绿色原则可以修正违约责任规则,但违约行为形态和违约责任承担方式等传统违约责任的制度框架依然存续并发挥作用。四是法的安定性不受修正。法的安定性原则是信赖利益保护的基础,[26] 债权人基于对合同法规范的信赖缔结并履行合同,对违约行为及其后果具有稳定的预期。合同法的规范目的在于实现给付利益,让合同处于被履行的状态,以保护债权人。[27] 不确定法律概念、概况条款会危害法律安定性,因为它有导致强烈分歧的危险,使相关的法律产生不安定性。[28] 绿色原则对违约责任规则的修正,不能破坏债权人对合同行为及其后果的合理信赖预期并最终危及合同法律规则的安定性。五是防止误用于公法性判断。要防止绿色原则"误用于公法性判断。绿色原则是民法原则,针对的是'民事主体的民事活动',产生民法效力,影响民法效果,不能用于公法事物和隐含公法效力的评价"[29]。

(二)修正违约责任规则的裁量要素

违约请求权的行使是否受到绿色原则的限制,在具体判断时应当根据合同的履行情况、违约具体情节程度以及对实现合同目的的影响进行裁量,合理平衡绿色原则与私人自治之间的矛盾。

1. 法定主义出发的优先顺位:绿色条款优于绿色原则适用

从司法适用的角度来看,绿色原则无法承担作为司法审判的独立法律规范的角色,它需要与其存在体系化关联的绿色条款协同发挥作用才能实现立法调控目标。实践中,应从《民法典》设定的绿色规范群的阶层体系出发,按照"特别条款优于一般条款"的规则,合理确定绿色条款优于绿色原

---

[25] 参见巩固:《〈民法典〉绿色原则司法适用初探》,载《法律适用》2020年第23期。
[26] 参见戴建华:《论法的安定性原则》,载《法学评论》2020年第5期。
[27] 参见陈自强:《违约责任与契约消解》,台北,元照出版公司2016年版,第173-174页。
[28] 参见[德]考夫曼:《法律哲学》,刘幸义等译,法律出版社2004年版,第275页。
[29] 巩固:《〈民法典〉绿色原则司法适用初探》,载《法律适用》2020年第23期。

则的适用的顺位，避免产生向一般条款“逃逸”的情形。

2. 效率主义出发的功能考量：优先适用环境风险或资源成本低的责任方式

违约责任本质上属于财产责任，需要考虑效率因素。违约责任规则可以抑制合同订立后的机会主义，有助于降低交易成本。[30] 绿色原则作为规制工具对违约责任的修正，对效率和成本亦给予巨大关注，旨在提高生态环境效益和降低资源消耗成本，可以称为“效率意义上的绿色原则”。[31] 效率意义上的绿色原则超越那种“从片面的视角节约资源”，“只会看到资源消耗之弊，而忽略资源消耗带来的益处”[32] 的视角，将民事活动涉及的一切资源、产生的一切成本和收益纳入考量。就金钱债务而言，其客体为具有很强的可替代性的货币，因此与环境资源成本等要素关涉不深。而在涉及继续履行、采取补救措施等非金钱债务的违约责任案件中，环境资源成本足以影响违约责任的承担。基于绿色原则“有利于节约资源，保护生态环境”的考量，各违约行为引发的救济方式[33] 的绿色评价明显不同：因为继续履行等确保原合同履行的救济方式付出的环境风险或资源成本相对较高，而金钱债务形式通常不存在这类问题，故司法实践倾向于采纳损害赔偿请求权、违约金支付请求权等金钱债权，而限制合同履行请求权等非金钱债权。

3. 主客观主义出发的认定标准：主观意志和客观后果并重

绿色原则对违约责任的修正，在认定标准上，涉及主观主义和客观主义的区分，即究竟是以违约方的主观意志还是以承担违约责任的客观后果为标准进行修正并采取相应修正强度。根据主观主义的认定标准，如果违约方系出于遵守保护环境或促进资源利用的国家政策的主观目的而违约，适用绿色原则应考量该因素并因此减轻甚至免除违约责任，如样本案例 1、5 的情形。根据客观主义的评价标准，违约方的违约行为不具有保护环境或节约资源的主观动机，但如果采取违约救济措施将产生破坏环境或浪费资

〔30〕 参见苏永钦：《民事立法与公私法的接轨》，北京大学出版社 2005 年版，第 19 页。

〔31〕 参见贺剑：《绿色原则与法经济学》，载《中国法学》2019 年第 2 期。

〔32〕 叶熙昊：《绿色原则的司法适用：裁判概览、误读与澄清》，载《现代法治研究》2020 年第 1 期。

〔33〕 我国《民法典》采取的是救济进路而非原因进路，即在体系上按照不同的救济方式或类型来设置相应的法律规则。参见谢鸿飞：《合同法学的新发展》，中国社会科学出版社 2014 年版，第 442 页。

源的客观后果,则应依据绿色原则减轻、免除违约责任或者转用其他违约责任形式,如样本案例2、3、4、6的情形。从鼓励社会公众节约资源和保护环境的宏观政策视角出发,应当推崇上述主观主义评价标准。从风险防范和案情信息的个案微观视角出发,上述客观主义认定标准也大有可取之处。绿色原则作为裁判规范,与传统民法规范相较,属于更为严格的认定标准。从严格适用的角度出发,笔者主张采取融合主观主义和客观主义的认定标准。

(三)具体类案下的裁量要素

法律原则不能直接用来涵摄,因此必须对其进行具体化。[34] 绿色原则内涵的弹性架构充满不确定性,必须以具体的内容进行填充而加以明确。通过具体化,绿色原则才能实现其在确定违约责任方面的价值功能,构筑起可供操作、评价和裁量的相对确定的违约责任裁判依据。

1. 保护生态环境类案件裁量要素

这类案件侧重考虑生态环境事由对合同履行的影响,根据该影响认定是否构成违约及是否承担相应违约责任。在保护生态环境类案件裁量过程中,具体考虑的要素包括:

第一,违约的成因。如果违约方系出于保护环境或节约资源,则存在适用绿色原则修正违约责任的可能空间。

第二,主要合同义务履行状况。若违约方违反的是合同约定的主要义务,则需要考虑对权利人的影响程度,权衡与环境公共利益的关系。

第三,生态环境事由的重要性。如果案件涉及的生态环境利益属重大公共利益,如国家在重大环境治理期间采取保护生态环境或者节约资源的基本政策,或者涉及较高级别行政机关主导的环保行政执法举措,或者违约责任案件裁判结果对制止本地区发生频率较高或影响较大的生态资源损害具有较大指导意义的,就构成强化绿色原则适用强度和效果的正当理由,从而提升该原则对违约责任规则的修正强度。反之,可以适度降低修正强度。

2. 节约资源类案件裁量要素

这类案件侧重考虑合同所涉资源的使用价值,根据该资源的使用效益

---

〔34〕 参见[奥]恩斯特·A.克莱默:《法律方法论》,周万里译,法律出版社2019年版,第230页。

来确定合理的违约救济方式。在节约资源类案件裁量过程中，具体考虑的要素包括：

第一，讼争合同的履约效果。讼争合同的履约效果包括三方面：一是履约成果的使用价值。若履行合同的结果可付诸正常使用并足以发挥预期的使用功能和产生使用效益，则不应采取重作、更换等将导致闲置浪费的方式进行处置，此时应根据资源数量、价值等情况确定相应修正强度。二是权利人合同目的实现程度。即使对方违约，若权利人缔约目的已经基本实现，则绿色原则的修正强度亦可以提升。三是权利人接受履约成果的程度。若权利人未第一时间向违约人提出权利主张，反而自行进行管理和维护，应视为实际接受履约成果，此时绿色原则修正强度可适当增强。

第二，违约救济方式的特性。违约救济方式的特殊性主要包括三方面的内涵：一是救济方式的合理性，即该方式是否足以满足实现合同目的需要，在对外环境或资源方面是否属于化解合同纠纷的最佳方案。二是适用替代性责任方式的可能性。若采取对环境资源危害更小的责任方式足以实现合同目的，则不应采取易产生危害的其他方式实现同样效果。通常以金钱债务替代行为债务进行履行。三是尊重某些违约责任方式的特殊性，如需谨慎修正继续履行责任。继续履行能够使违约相对人获得原合同约定的利益，并能防止违约方通过违约从事投机获取不正当利益，故成为优先保护的履行方式。〔35〕据此，绿色原则对继续履行的修正应满足更高的正当性需求，非重大必要不修正。

3. 两类案件共同裁量要素

保护生态环境类案件和节约资源类案件中，司法裁量除关注各类案件的特殊情形之外，也具有共同的关注点。

第一，关键用语的内涵和外延。绿色原则作为民法内在体系外显的不确定性概念，需由司法者在个案中具体斟酌并进行价值判断，方可实现具体化的法律适用效果。由于缺乏必要的指引，理论界和实务界均对绿色原则条款中“资源”“生态”“环境”等用语的内涵，见解纷纭，莫衷一是。司法实践中难以把控其限度，可能出现自由裁量权运作失范现象。例如，对“资

---

〔35〕 参见李卫国、何兆磊：《“继续履行”违约责任承担方式的逻辑和具体适用》，载《法律适用》2015 年第 4 期。

源”内涵和外延的理解不同,就会影响绿色原则在某些个案中的适用效果。[36] 目前,在缺乏权威解释和案例指导等情形下,绿色原则所包含的“资源”“生态”“环境”等用语的内涵和外延亟待明确。

第二,法律规则的刚性。“作为规则,为防止因严格适用而产生过于苛刻的结果,都要受反方向的修正原理的调节。”[37] 绿色原则主要以强制方式发挥“反向”规范作用,为民事活动划定范围和边界,通过限制和约束来实现价值目标。[38] 绿色原则着眼于权利行使方式的控制。从违约责任规则的修正情况看,绿色原则均对债权人的权利的行使方式即其主张的违约责任承担方式,进行了一定的限制。然而,民法中的某些强制性规范具有明显的刚性,不允许变更和排除适用。绿色原则对这类规则的反向限制,需要保持审慎和克制。

第三,权利限制的判断标准。判定一种权利限制的标准,必须在个案中进行具体把握:[39] 一是所谓的“可承受性”标准,即看绿色原则的规制是否超出了普通的合同权利人足以承受的限度。特别是在民事活动中,对资源的浪费应当有一定的容忍限度。在此限度内,不应过多干涉私人自治的领地,这也符合《民法典》尊重私人自治的立法精神。但如果违背绿色原则所造成的资源浪费过于巨大,或者相较个人利益具有更高的优先价值时,则应当综合考虑具体案件情况,在充分说理的前提下积极适用绿色原则,使其发挥应有之效。二是合同财产对权利人的价值和意义。若合同财产对权利人具有生存保障的意义,因环保规制而危及其生存权,则应当采取轻微的修正乃至不予修正。三是权利的具体现状。绿色原则的规制尽可能维持合同权利现有的状态,避免使权利受到恣意的剥夺或限制。四是权利的社会关联性强弱。社会关联性强度越大的权利,其所应当承受的限制性就应越大。

四、司法调控绿色原则修正强度的路径选择

通过严密的程序,将法律规定和法律原则运用于具体案件,从而得到确

---

〔36〕 参见个别法院误用“资源”等用语,导致判决结果与社会公众的普遍认知形成巨大反差。具体参见河北省石家庄市长安区人民法院民事判决书,(2017)冀0102民初6088号。

〔37〕 [日]河上正二:《民法学入门:民法总则讲义·序论》,[日]王冷然等译,北京大学出版社2019年版,第38页。

〔38〕 参见巩固:《民法典绿色原则的法理辩护与内容解析》,载《政治与法律》2021年第8期。

〔39〕 参见徐以祥:《环境规制与财产权保障的冲突和协调》,载《现代法学》2009年第2期。

定的结果,是司法的典型体现。司法的任务在于寻求确定的结果,而不是接近大概结论。[40] 基于原则裁判时,法官其实是在做立法者的工作,即把该案件背后冲突的价值找出来,分析它们各自在个案中的分量,并把权衡的结果用尽量固化的要件(规则)固定下来,从而在司法中重建一个可靠的利益及价值的平衡机制。[41] 在司法技术层面上,规范绿色原则修正违约责任规则的强度,主要考虑法律适用效果的妥当性并在此基础上处理好绿色原则与法律规则的冲突关系,增强裁判的确定性,为裁断类似案件提供稳定的裁判规则预期。目前,违约责任案件中绿色原则的适用面临许多操作上的问题。为解决这些问题,有学者提出"四分法"裁判路径,即适用绿色原则进行裁判时,应当从事实转化、法律判断、价值判断、价值选择四个层次依次进行说理,且四个层次要注重逻辑上的严密性和完整性。[42]

绿色原则作为一项明文的法律规范,应当被严格遵守并在司法实践中得到贯彻。违约责任案件中绿色原则的适用面临许多操作难题,围绕调控绿色原则的修正强度这一核心目标,笔者针对调控违约责任规则修正强度的目标,提出下列构想:一方面,运用法律解释、权利审查和利益衡量的司法技术,提升绿色原则修正强度的合法性、正当性和合理性,推动实现修正强度的规范化;另一方面,通过落实司法调控绿色原则修正强度的保障举措,强化该原则修正强度的程序保障、论证义务、同案同判等要求,推动实现修正强度的稳定性。

(一)推动修正过程的规范化运作

该路径旨在通过法律解释、权利审查和利益衡量的司法技术,赋予绿色原则修正强度的合法性、正当性和合理性,从而推动实现违约责任规则修正强度的规范化。绿色原则不仅应为民事主体从事民事活动所遵循,司法实践中进行法律适用、法律解释、法律漏洞填补以及在利益冲突时的价值判断和选择,也应充分考量。

---

[40] See Ross Cranston, *Reviewing Judicial Review*, in Genevra Richardson and Gazel (eds.), Administrative Law and Government Action: the Courts and Alternative Mechanisms of Review, Clarendon Press, Oxford, 1994, p. 64.

[41] 参见于飞:《基本原则与概括条款的区分:我国诚实信用与公序良俗的解释论构造》,载《中国法学》2021年第4期。

[42] 参见杨翠柏、李宗恒:《绿色原则融入民事裁判的理解与适用》,载《河南财经政法大学学报》2020年第3期。

1.法律解释探求真意

绿色原则的规范解释适用,旨在“以规范解释的适用方式引入绿色原则条款,修正或重新解释所冲突之民事规范”[43]。绿色原则适用于违约责任案件时,面临绿色原则与法律规则的冲突问题,需要通过绿色原则重新解释违约责任规则。绿色原则的价值内涵为司法提供了必要的解释空间,为文义解释、目的解释、体系解释等诸种法律解释方法的运用敞开了空间。运用文义解释方法时,探求“有利于节约资源,保护生态环境”的规范意涵,结合个案事实对关键术语进行内涵和外延阐释。进行目的解释时,应根据法律规范的目的阐明法律疑义,进行妥当的“利益衡量”,综合考虑缔约目的和环保目的,兼顾具备合法性的多重目的维护。体系解释应结合《民法典》总则编与合同编等分编的绿色规范进行全方位的阐释,同时必须超越《民法典》的内部体系,着眼于民法与环境资源法等相关法律体系进行解释,“探索学科融合的解释方法”[44]。

2.启动权利行使审查

绿色原则通过发挥权利审查功能,限制权利人行使权利的行为。在审查基准方面,绿色原则倾向于对权利进行“行使审查”,更注重利益衡平与对权利行使方式的限制。[45] 在节约资源类案件中,权利行使审查的步骤如下:第一步,审查履约结果是否具备使用价值和基本实现合同目的。如是,则权利人不应再提出旨在实现同等效果的请求,可适用绿色原则径直驳回其诉请,实现修正强度最大化效果;如否,则进入下一步骤。第二步,审查和评估权利行使方式对资源或者生态环境的可能影响。根据影响程度大小,确定是否和多大程度上支持权利行使方式。如果不支持某种权利行使方式,则应考虑是否应当采取其他替代方式,进入第三步。第三步,审查是否存在足以实现同等效果的替代性责任承担方式。在保护生态环境类案件中,则应根据上述步骤侧重审查违约方履行主要合同义务情况和支付违约金责任方式的合理性,确定绿色原则相应的修正强度。

---

[43] 竺效:《论绿色原则的规范解释司法适用》,载《中国法学》2021年第4期。

[44] 吕忠梅:《实施〈民法典〉绿色条款的几点思考》,载《法律适用》2020年第23期。

[45] 参见蔡守秋、张毅:《论民法总则中绿色原则的价值与功能》,“区域环境资源综合整治和合作治理法律问题研究”2017年全国环境资源法学研究会会议论文,2017年8月于保定市。

3. 进行多元利益衡量

绿色原则作为《民法典》设置的利益平衡机制,其运作应遵循下列原则:第一,比例原则。根据比例原则的要求,司法的利益衡量应当全面考虑各种因素,综合衡量各种利益关系,使其所采取的措施和手段与所追求的衡量目的相适应、成比例,优先选择造成损害最小的途径。为维护环境资源公共利益所采取的修正手段和强度应当与对违约救济权的限制程度相匹配,确保"国家基于环境保护所施加的财产限制措施的程度与意欲保护的环境公共利益之间形成一定比例"〔46〕。就违约责任规则的修正而言,如果绿色原则进行修正所欲达成的目的与采取该修正手段所引发的对权利人的负担之间明显超出比例,则应当放弃该修正手段,转为采取更加缓和的修正措施。第二,禁止不当联结原则。适用绿色原则与追究违约责任之间必须存在与环境保护或资源利用有关的实质、合理的内在联结。环境、资源具有整体性和宏观性,裁判中须防止不当建立或强化案情与环境资源的关联度。如果考虑无关联的动机与目的而援引绿色原则对违约责任进行修正,则违反禁止不当联结原则。例如,不得以债权人在其他违约责任案件中违反环境资源义务为由,在本案中适用绿色原则限制其权利,否则,即违反禁止不当联结原则。第三,平等原则。该原则要求,相同情形应做到同等对待。对待相同或近似情形,司法裁量权的行使应当注重均衡度,做到相同或近似情形下的具体个案间裁量结果反差最小化。就违约责任规则的修正而言,绿色原则的适用基于相同或近似案情抽取的裁量要素差异不大,通常对具体个案下的修正强度也不应反差过大。第四,进阶适用原则。绿色原则对违约责任规则的修正强度应与环境损害后果或风险相匹配。绿色原则施加"强制性的强度需要结合行为的程度进行判断:对于严重浪费资源、污染环境、破坏生态的行为,应当严格禁止并以民事责任机制保障其强制性;对于不明显或者损害程度较低的行为,需要结合绿色条款和具体场景进行具体分析"〔47〕。简言之,对于违约行为避免了严重危害环境或资源的不良后果,或者违约救济导致的损害后果较重或风险较大的,绿色原则修正强度可以提升;反之,尽量限缩。

---

〔46〕 郑少华、王慧:《绿色原则在物权限制中的司法适用》,载《清华法学》2020 年第 4 期。

〔47〕 吴良志:《我国〈民法典〉"绿色规范"之解释:"绿色原则"类型化及其展开》,载《中国地质大学学报(社会科学版)》2021 年第 3 期。

4. 填补法律漏洞

当法律解释超越了语义或字义的范围,实际上便进入法律续造的环节。法律原则适用于个案纠纷解决的基本前提是:“由规则构成的形式化外部体系存在明显的或隐藏的漏洞。”〔48〕法律漏洞具有两个构成性特征:(1)对于某一个案,欠缺可适用的法律规则;(2)应当设有可以适用于该个案的法律规则。〔49〕 在相关法律规则缺失的场景下,证立规则的规范性理由应当且只能源于具有实在法地位的法律原则。〔50〕 在司法实践中,适用法律原则裁断个案被认为是处理法律漏洞的普遍做法。曾有调查显示,有52%的审判人员曾在审理案件过程中发现过法律漏洞,其中高达63%的人选择根据民法基本原则做出较为合理的处理,而适用民法基本原则断案是价值补充的基本方法。〔51〕 某些例外情形下,“法律原则业经规定于法律中而可直接加以适用,惟即便在这种情形,其直接适用首先亦仅限于法律明定之情形。其他情形,其适用皆有待于法律补充”〔52〕。对于法律明确规定以外的情形,如果需要适用绿色原则,需要先利用该原则进行法律补充。“绿色原则在民事司法裁判活动中起着确认权益和填补漏洞的作用。对于没有明确的法律依据,但又值得保护的环境权益,法院可以根据绿色原则来进行考量和确认;对于没有明确的法律依据,但因为生态环境保护需要对一定民事权利进行限制的场合,法院可以根据绿色原则来对是否构成生态环境侵害进行判断。”〔53〕

法律原则启动法律补充,源于其独特属性赋予的特殊法律功能和使命。“一旦某项规定升至民法‘原则’,就不可避免地受制于弥补成文法漏洞的立法使命,适用抽象概念化的规范方式以保证条文弹性、预留解释的空间。”〔54〕需要指出的是,规则体系存在漏洞,并不意味着裁判者就可径行适用法律原则。因为在规则缺位的场合,裁判者尚可基于“类似案件类似处

〔48〕 陈林林:《基于法律原则的裁判》,载《法学研究》2006年第3期。
〔49〕 参见黄泽敏:《法律漏洞填补的司法论证》,载《法学研究》2020年第6期。
〔50〕 参见黄泽敏:《法律漏洞填补的司法论证》,载《法学研究》2020年第6期。
〔51〕 参见吴庆宝主编:《法律判断与裁判方法》,中国民主法制出版社2009年版,第8页。
〔52〕 黄茂荣:《法学方法与现代民法》,中国政法大学出版社2001年版,第509页。
〔53〕 吴勇:《民法典的绿色特质与未来意义》,载《湘潭大学学报(哲学社会科学版)》2020年第4期。
〔54〕 陈洪磊:《民法典视野下绿色原则的司法适用》,载《法律适用》2020年第23期。

理”的裁判准则，以类推适用的方式将个案归摄于一条最接近的规则之下。但是，倘若相关的规则处于空白状态，那么裁判者只能诉诸相关的法律原则。因此在遇有“明显的漏洞”场合，原则与规则的适用关系是——唯有在规则穷尽的情况下，才能适用原则。[55] 适用违约责任规则，在适用某种责任承担方式时，如果存在破坏环境或浪费资源的现实风险时，《民法典》合同编中关于违约责任的规范未就如何处断该风险提供具体的解决方案，故在特殊情形下存在法律规则缺失，构成明显的法律漏洞，需要适用绿色原则进行填补。传统观点认为，法律原则只有具体化为规则才能予以适用，只有规则而非原则才能作为直接裁判的依据。[56] “从法律漏洞的填补来看，当法律原则适用于待决案件时，必须先具体化为一条个案法律规则。”[57]

5. 确定修正强度的基础幅度和责任方式

绿色原则的修正强度应与环境损害后果或风险相匹配，即绿色原则施加强制性的强度需要结合行为的程度进行判断，[58]充分考虑修正强度的幅度和位阶：债权人主张的责任方式不影响环境保护和资源利用，只是责任份额或者诉请范围不当的，采取支持部分诉请的方式进行轻度修正；债权人主张的责任方式有损环境资源且有更佳替代责任措施作为选择时，可采取后者实现同样效果，此时启动的是中度修正；债权人主张的责任方式有损环境资源且无替代责任措施可供选择时，采取免除违约责任这一重度修正方式。在修正责任方式时，特别需谨慎修正继续履行责任。因为继续履行能够使违约相对人获得原合同约定的利益，并能防止违约方通过违约从事投机获取不正当利益，故应当成为优先保护的履行方式。[59] 基于该理由，绿色原则对继续履行责任的修正应提供环境资源方面的充分理由并满足更高的正

---

[55] 参见陈林林：《基于法律原则的裁判》，载《法学研究》2006 年第 3 期。一般认为，类推适用不属于基于原则的裁判，因其并不存在由原则向规则的具体化过程。另见黄茂荣：《法学方法与现代民法》，法律出版社 2007 年版，第 491 页。

[56] 参见舒国滢：《法律原则适用中的难题何在》，载《苏州大学学报（哲学社会科学版）》2004 年第 6 期；庞凌：《法律原则的识别和适用》，载《法学》2004 年第 10 期；彭诚信：《从法律原则到个案规范——阿列克西原则理论的民法应用》，载《法学研究》2014 年第 4 期。

[57] 蒋成旭：《基于行政法基本原则裁判的一般方法初探——以张成银诉徐州市人民政府房屋登记行政复议决定案为例》，载《行政法学研究》2015 年第 5 期。

[58] 参见吴良志：《我国〈民法典〉“绿色规范”之解释：“绿色原则”类型化及其展开》，载《中国地质大学学报（社会科学版）》2021 年第 3 期。

[59] 参见李卫国、何兆磊：《“继续履行”违约责任承担方式的逻辑和具体适用》，载《法律适用》2015 年第 4 期。

当性要求。

(二)落实修正效果的配套性保障

通过落实司法调控绿色原则修正强度的保障举措,强化该原则修正强度的程序保障、论证义务、同案同判等要求,可以巩固绿色原则的适用效果,推动实现修正强度的稳定性。

1.强化程序保障

程序保障旨在强化绿色原则的诉讼识别。“若要适用法律原则,则必须经过一定的特别的理性对话程序,对法律原则的内容进行认真识别。”〔60〕适度的程序保障,有助于降低法官识别和适用绿色原则的成本,明确绿色原则的修正强度。第一,落实司法公开程序要求。绿色原则诉讼识别的过程,可以在倡导司法公开的背景下展开。故适用绿色原则时,法官应当贯彻程序公开的法律思维,强化庭审过程中当事人的陈述与辩论,强化法院与当事人和公众之间的信息互动,以不断明晰绿色原则适用的可行性和必要性,〔61〕从而澄清对绿色原则的错误理解,实现原则适用的针对性和准确性。第二,避免根据绿色原则驳回起诉。裁定驳回起诉,是民事诉讼中程序处理方式。绿色原则涉及私人利益和环境公益的衡量,属于实体性原则。将该原则作为裁定驳回原告起诉的理由,违背原则的属性和诉讼程序的运作要求。第三,避免“判非所诉”程序问题。适用绿色原则时,通常应当围绕当事人诉请进行审查和分析,作出是否支持其诉请的实体判决,不得溢出当事人的诉请范围,否则即构成“判非所诉”的程序违法。若需判决采用当事人未主张的违约责任承担方式,法院应当向债权人释明,征得其同意后建议变更诉请,针对变更后的诉请进行判决。

2.规范论证说理

适用绿色原则处断违约责任纠纷时,该原则优先于违约责任规则适用并对其加以修正构成了某种例外,形成了对民法体系强制要求的背反。〔62〕

---

〔60〕 葛洪义:《法律原则在法律推理中的地位和作用——一个比较的研究》,载《法学研究》2002年第6期。

〔61〕 参见解思辛、张雨:《绿色原则在民事审判中的适用》,载《人民法院报》2019年2月28日,第7版。

〔62〕 根据体系强制要求,民法制度的构造应力求系于一体,力求实现一致性和贯彻性,非有充分且正当理由,不得设置例外。参见王轶:《民法价值判断问题的实体性论证规则——以中国民法学的学术实践为背景》,载《中国社会科学》2004年第6期。

"若无更强理由,不适用法律原则"〔63〕。此时,法院需要借助严格裁判论证说理,证明适用该原则具有充分的正当性。绿色原则的法律适用是否得当,关键在于司法适用时裁判说理是否全面、论证是否有力、价值取向是否符合绿色原则的实质内涵。为证明适用绿色原则的正当性,可以采取体系化论证说理方式,努力实现下列要求:第一,强调辩证性。根据修正强度调整论证说理力度。绿色原则对违约责任采取越高的修正强度,论证说理力度也应相应提高,以充分回应权利人的异议。反之,力度可适度降低。第二,突出层次性。首先,说明绿色原则的基本内涵和适用条件。充分运用相关法律解释方法释明绿色原则内涵,阐明绿色原则的具体适用条件以及案件符合该适用条件的情况。其次,展示案件事实与绿色原则的内在关联,说明援引绿色原则而不适用违约责任规则的理由。最后,对裁判结果进行论证说理。在前两个层次的基础上,围绕各方应当承担的实体法律责任或者程序上的处理结果,进行法理分析,得出令人信服的裁判结论。第三,强化针对性。利益衡量说理时,具体阐明衡量方法和过程,深入剖析环境公共利益和民事私人利益的地位和价值,基于个案妥当裁判的考虑,维护需要重点保护的核心利益,〔64〕同时兼顾非核心利益的必要保护。此外,重点回应当事人援引绿色原则提出的诉讼请求和抗辩理由。围绕绿色原则依据能否成立,基于绿色原则能否支持诉讼请求或者抗辩事由,进行重点论证说理。总之,法院在适用绿色原则时,"既要运用绿色原则对裁判的大前提进行辅助论证,同时需要运用绿色原则来划分小前提的事实,形成一个严密的三段论推理"〔65〕。

3. 推进适法统一

为更好地发挥绿色原则的适用质效,解决实践中同(类)案不同判的问

〔63〕 舒国滢:《法律原则适用的困境——方法论视角的四个追问》,载《苏州大学学报(哲学社会科学版)》2005 年第 1 期。

〔64〕 我国一些法院判决在涉及利益衡量方法的运用时,不仅不在判决书中详细阐明利益衡量的具体过程,更缺少对制度利益及相关利益的深入剖析。这一过程的缺失极易造成利益衡量的滥用或不当。参见梁上上:《制度利益衡量的逻辑》,载《中国法学》2012 年第 4 期。

〔65〕 李波、宁清同:《论绿色原则在合同纠纷中的司法适用》,载《广西政法管理干部学院学报》2020 年第 3 期。

题,必须构建规范、统一的适用机制,以保障其适用的客观性和公正性。[66]这意味着,绿色原则的适用,需要秉持一种整体主义的法律适用观。解决绿色原则对违约责任修正强度悬殊的问题,法官自由裁量权的规制是关键。而规制法官自由裁量权可以采取下列制度举措逐步实现预期效果:第一,落实案例指导制度。案例指导制度是引导和规范绿色原则适用的配套性机制。指导性案例或参考性案例系借助上级法院权威树立的裁判规则,属于事前的统一法律适用机制。另外,通过二审、再审等审级制度纠正适用绿色原则修正强度的错误,也是开展案例指导的有效途径。第二,加强类案检索和识别。从司法判例出发,具体分析形成类案的要件、法律效果及判断基准,制定违约责任案件适用绿色原则的裁判指引。在其引导下加强类案检索和识别技术运用,有利于推动绿色原则案例的类型化。第三,规制法官自由裁量权。通过重点案件评查、对下指导等途径,适当限制法官自由裁量权,有助于减少同(类)案不同判现象。第四,均衡适用裁量方法。根据合同履行情境和违约事实对环境和资源的影响,在类案中统一运用裁量方法,避免因裁量方法的差异削弱绿色原则修正强度的确定性。

五、结语

从历史上看,传统的紧密社会关系内部易形成一套自发型的风险分配规则,但在现代社会涉及环境等方面公共风险领域中,紧密社会关系纽带已然松动,极具技术性并跨越时空界限和人类代际边界的公共风险,使风险领域的私人自治减少了谈判基础和博弈平台,单纯依靠私人自治已很难防控公共风险。[67] 自进入现代社会以来,大规模的工业化和城镇化活动已经对生态环境造成严重影响,特别是在市场经济条件下,主体对社会资源的开发利用相当程度上借助了契约化的合同外壳,这使得有关民事合同规则的绿色约束显得尤为紧迫。[68]

借助引入绿色原则这一深具弹性的概念,《民法典》有力突破了自身内

〔66〕 参见解思辛、张雨:《绿色原则在民事审判中的适用》,载《人民法院报》2019年2月28日,第7版。

〔67〕 参见宋亚辉:《风险控制的部门法思路及其超越》,载《中国社会科学》2017年第10期。

〔68〕 参见黄锡生:《民法典时代环境权的解释路径——兼论绿色原则的民法功能》,载《现代法学》2020年第4期。

在体系的封闭性，积极回应资源合理利用和生态环境高效保护的时代愿景，充分展现了法典化时代立法与时俱进的内在品格。〔69〕面对大规模环境保护的时代浪潮，《民法典》绿色原则在环境污染防治、生态保护、资源开发利用、气候变化应对以及环境治理与服务等方面担负着私法的社会公平责任。以《民法典》绿色原则为标杆，“绿色发展的理念正在我国实定法中不断具体化，绿色发展的法治保障体系正在形成。强化绿色发展的法治保障，要以绿色原则指导法治建设，将绿色原则具体化、制度化”〔70〕。本文对绿色原则修正违约责任规则强度的实践关注，正是在这一背景下展开的。从司法适用角度来看，绿色原则的核心问题是能否在审判实践中得到落实。司法过程中，绿色原则对违约责任规则进行修正，是推动原则适用和实现环境正义的客观需要。这种修正必须维持在相对稳定的区间，具备较高程度的预见性和确定性，避免过程恣意和结果失衡。当前，完善绿色原则修正违约责任强度的裁判规则，需要合理设置绿色原则的适用空间，在过程意义上控制绿色原则的修正强度，合理平衡环境公共利益和民事主体私人权益，从而实现对相同情势下合同违约救济权利之间的均衡，更好地发挥绿色原则节约资源和环境保护的正面效应。

---

〔69〕 正如德国法学家拉德布鲁赫所言，“民法典尤其要感谢那些或此或彼的伸缩性概念，它使得民法典在一个通常僵硬的概念体系中，终究能够证明自己相对地反映了时代的无止境要求”。参见[德]拉德布鲁赫：《法学导论》，米健、朱林译，中国大百科全书出版社1997年版，第71页。

〔70〕 马怀德：《迈向“规划”时代的法治中国建设》，载《中国法学》2021年第3期。

制度研究

《环境资源法论丛》
第 14 卷,第 119~143 页

作为行政许可的排污许可制度

王　炜*

摘　要　我国的排污许可制度经历了相当长的变迁过程,直至 2021 年《排污许可管理条例》出台方始定型。排污许可作为一项行政许可事项,需要纳入行政许可法理论体系厘清其法律性质与定位。在现行生态环境法制框架下,排污行为并不是被完全禁止的,将排污许可定性为"赋权"性质的行政许可更为合理,但排污许可所赋之"排污权",尚无法合理地解释为一项独立的民事权利。排污许可的基本定位,经历了从"身份证"到"好人卡"的演变过程,其实施涉及不同的政策目标:一方面要保证污染物排放标准、重点污染物排放总量控制要求等环境管理制度措施"落地",以实现其控制污染物排放的制度功能;另一方面要基于行政许可形成的拘束力,维持相对稳定的法律关系。这两者之间存在较大的张力,需要在平衡效率与公正的基础上,坚守合法预期保护原则,对许可证的变更进行合理限制。

关键词　排污许可　固定污染源　行政许可　许可条件　许可变更

一、引言

排污许可制度起源于西方发达国家,自 20 世纪 80 年代引入我国,首先

* 王炜,生态环境部法规与标准司二级巡视员。

在水污染防治领域推行,[1]并逐步扩展至大气、土壤、固体废物和噪声污染防治领域。三十多年来,这项制度被社会各界寄予了厚望,但其却始终起起伏伏,未能充分发挥应有的作用,其制度模式亦经历了不断调整演变的过程。排污许可适用范围的不断扩展,制度关联的逐步厘清,法律属性与功能定位的渐次明朗,无不凸显了国家整合污染防治制度体系,为强化生态环境保护、打好污染防治攻坚战提供稳定有效制度供给的努力。

在总结相关法律规定的基础上,2014年修订的《环境保护法》基于其综合性、基础性的法律定位,在第45条规定了国家依照法律规定实行排污许可管理制度,[2]实行排污许可管理的企业事业单位和其他生产经营者应当按照排污许可证的要求排放污染物;未取得排污许可证的,不得排放污染物。2016年,国务院办公厅印发《控制污染物排放许可制实施方案》,明确了排污许可制度的目标任务、发放程序等问题。据此,全新的排污许可制度取代各地的实践探索,正式全面开始实施。之后,多部中央文件对排污许可制度提出了要求。[3]

2021年1月24日,国务院发布《排污许可管理条例》,自3月1日起施行。《排污许可管理条例》的发布实施,标志着我国的排污许可制度有了明

---

[1] 早在1985年,原国家环境保护局就组织开展了排污许可试点工作。作为第一批排污许可试点地方的上海市,于1985年发布《上海市黄浦江上游水源保护条例》(已废止),规定在水源保护区和准水源保护区内,按照排污总量控制要求核发排污许可证。1988年,原国家环境保护局在总结各地试点经验的基础上,发布《水污染物排放许可证管理暂行办法》(已废止),规定"在污染物排放浓度控制管理的基础上,通过排污申报登记,发放水污染物《排放许可证》,逐步实施污染物排放总量控制"。1989年经国务院批准,由原国家环境保护局发布的《水污染防治法实施细则》(已废止),规定排放水污染物必须进行排污申报登记,对不超过排放标准及总量控制指标的,核发排污许可证;对超标超总量排污的,应当限期治理并核发临时排污许可证,同时还规定了"无证排污"和"违证排污"的法律责任。这是我国第一部规定排污许可制度的行政法规。

[2] 根据《环境保护法》规定,排污许可制度的适用范围成为法律保留事项,其他法律渊源无权创设排污许可制度。行政法规可以依据《大气污染防治法》等法律的授权,规定"排污许可的具体办法和实施步骤"。

[3] 比如,党的十九届四中全会审议通过的中共中央《关于坚持和完善中国特色社会主义制度 推进国家治理体系和治理能力现代化若干重大问题的决定》要求"构建以排污许可制为核心的固定污染源监管制度体系"。党的十九届五中全会审议通过的中共中央《关于制定国民经济和社会发展第十四个五年规划和二〇三五年远景目标的建议》提出"全面实行排污许可制"。2021年中共中央、国务院《关于深入打好污染防治攻坚战的意见》提出"全面推行排污许可'一证式'管理,建立基于排污许可证的排污单位监管执法体系和自行监测监管机制"。

确具体的法规依据，具有鲜明中国特色的排污许可制度就此“落地”。诚如生态环境部黄润秋部长指出的，“《条例》(《排污许可管理条例》)颁行提升了我国生态环境保护法治化水平。……《条例》依据法律授权，对排污许可的范围、程序、证后监管、法律责任等进行了系统规定，为推进排污许可制度改革提供了坚实法治保障”[4]。随着2021年《噪声污染防治法》的出台，排污许可制度的5个主要实施领域业已确定，其制度模式进入了稳定运行的轨道。现行法律规定排污许可制度的具体条款见表1。

表1　现行法律对排污许可制度的规定(不含法律责任)

序号	法律	最新制定或修改时间	条款	具体内容
1	《环境保护法》	2014年	第45条	国家依照法律规定实行排污许可管理制度。实行排污许可管理的企业事业单位和其他生产经营者应当按照排污许可证的要求排放污染物；未取得排污许可证的，不得排放污染物
2	《水污染防治法》	2017年	第21条	直接或者间接向水体排放工业废水和医疗污水以及其他按照规定应当取得排污许可证方可排放的废水、污水的企业事业单位和其他生产经营者，应当取得排污许可证；城镇污水集中处理设施的运营单位，也应当取得排污许可证。排污许可证应当明确排放水污染物的种类、浓度、总量和排放去向等要求。排污许可的具体办法由国务院规定。禁止企业事业单位和其他生产经营者无排污许可证或者违反排污许可证的规定向水体排放前款规定的废水、污水
3	《大气污染防治法》	2018年	第19条	排放工业废气或者本法第七十八条规定名录中所列有毒有害大气污染物的企业事业单位、集中供热设施的燃煤热源生产运营单位以及其他依法实行排污许可管理的单位，应当取得排污许可证。排污许可的具体办法和实施步骤由国务院规定

〔4〕黄润秋：《推进生态环境治理体系和治理能力现代化》，载《经济日报》2021年4月10日，第7版。

续表

序号	法律	最新制定或修改时间	条款	具体内容
4	《土壤污染防治法》	2018年	第21条第2、3款	土壤污染重点监管单位应当履行下列义务:(一)严格控制有毒有害物质排放,并按年度向生态环境主管部门报告排放情况;(二)建立土壤污染隐患排查制度,保证持续有效防止有毒有害物质渗漏、流失、扬散;(三)制定、实施自行监测方案,并将监测数据报生态环境主管部门。前款规定的义务应当在排污许可证中载明
5	《固体废物污染环境防治法》	2020年	第39条	产生工业固体废物的单位应当取得排污许可证。排污许可的具体办法和实施步骤由国务院规定。产生工业固体废物的单位应当向所在地生态环境主管部门提供工业固体废物的种类、数量、流向、贮存、利用、处置等有关资料,以及减少工业固体废物产生、促进综合利用的具体措施,并执行排污许可管理制度的相关规定
6	《长江保护法》	2020年	第46条第2款	磷矿开采加工、磷肥和含磷农药制造等企业,应当按照排污许可要求,采取有效措施控制总磷排放浓度和排放总量;对排污口和周边环境进行总磷监测,依法公开监测信息
7	《噪声污染防治法》	2021年	第36条	排放工业噪声的企业事业单位和其他生产经营者,应当采取有效措施,减少振动、降低噪声,依法取得排污许可证或者填报排污登记表。实行排污许可管理的单位,不得无排污许可证排放工业噪声,并应当按照排污许可证的要求进行噪声污染防治

《排污许可管理条例》发布实施后,排污许可的基本定位、法律属性、制度功能、运作模式等已基本确定。按照《排污许可管理条例》,排污许可无

疑属于行政许可的范畴,在《行政许可法》的适用范围之列,[5]即使它未必属于典型意义的行政许可。在环境法学研究的层面上,更有意义的是如何将排污许可制度整体纳入行政许可法的理论框架中进行研究,厘清其涉及的一些基础性问题。本文拟讨论以下两方面的问题:其一,排污许可作为一项行政许可事项,其法律性质究竟是解禁还是赋权?如何从行政许可法的基本原理以及现行生态环境法律法规的规定出发,作出法解释学上的诠释与回应?其二,排污许可的制度功能主要在于控制污染物的排放,其实施涉及不同的政策目标。一方面,排污许可肩负着保证包括污染物排放标准、重点污染物排放总量控制(以下简称总量控制)要求等重要的环境管理制度措施落实到具体排污单位的使命;另一方面,基于行政许可形成的拘束力,排污许可需要维持相对稳定的法律关系,并保障相对人的合法权益。这两个目标之间实际上存在较大张力,应当如何基于法治原则,兼顾效率与公正,妥善予以解决?

二、排污许可的法律性质:解禁抑或赋权

行政许可的本质究竟是解禁还是赋权,理论上存在不同观点。通说以为,行政许可的性质具有多重性。[6] 它以准予当事人进行特定行为为内容,具有赋权性;如果该被许可的行为又以法律上的被禁止为前提,它同时也是一种解禁行为。[7] 就解禁说而言,其立论的前提是自由的恢复,即排污行为被普遍予以禁止,必须通过排污许可证的核发来解除该禁止。

(一)排污行为是否构成普遍禁止

排污行为是否构成普遍禁止,这个问题的另一面,实际上是指排污行为是否具备,或者在什么情况下具备合法性。合法与否,主要是一个行政法或行政管理的判断。从法律责任的角度看,环境侵权的民事责任并不以违法性为要件。传统民法中,环境污染的危害往往被视为一种"危险",多放在

---

〔5〕 国务院办公厅于2022年印发的《关于全面实行行政许可事项清单管理的通知》中附件第192项,明确规定了"排污许可"。

〔6〕 关于行政许可的"赋权说""解禁说"和"折中说",参见应松年主编:《行政法与行政诉讼法》,中国法制出版社2009年版,第335-336页。有观点认为,"解禁说"更有利于明确行政机关的义务,对于行政许可的规制更为严格,对于相对人权利的保障更为有利。参见胡建淼、江利红:《行政法学》(第5版),中国人民大学出版社2022年版,第193页。

〔7〕 参见胡建淼:《行政法学》(第4版),法律出版社2015年版,第264页。

危险责任的架构下予以规制。即使排污行为符合国家环境管理的有关规定和污染物排放标准,也有可能对生态环境或人体健康带来不利影响,依法应当承担民事侵权责任,〔8〕但行政责任与刑事责任无疑需以违法性为前提。

按照现行的生态环境法律法规,排污行为的合法性不能一概而论。大体可以分为两种情形:第一种情形,绝大多数排污行为,特别是二氧化硫、氨氮等常规污染物的排放行为,其合法性主要受排放标准、总量控制指标等行政管理要求控制。符合排放标准或总量控制指标等行政管理要求的,原则上被视为合法排污行为。比如,《水污染防治法》第10条规定:"排放水污染物,不得超过国家或者地方规定的水污染物排放标准和重点水污染物排放总量控制指标。"据此,法律所禁止的只是超过排放标准或总量控制指标的排污行为。符合排放标准或总量控制指标的水污染物排放行为具备合法性(私设暗管偷排等特殊情况除外)。第二种情形,一些特殊的污染物,在特定条件下被全面禁止排放。比如,《水污染防治法》第34条第1款规定:"禁止向水体排放、倾倒放射性固体废物或者含有高放射性和中放射性物质的废水。"据此,放射性固体废物和含有高放射性和中放射性物质的废水,被全面禁止向水体排放,无论其是否超过污染物排放标准〔9〕均被视为非法。

上述两种情形中,第二种情形实际上并不在排污许可制度的适用范围之列。《排污许可管理条例》第11条规定的许可条件中,包括污染物排放符合排放标准要求,重点污染物排放符合环境影响报告书(表)批准文件(以下简称环评批复)、总量控制要求等;第13条规定的许可证应当载明的信息中,包括污染物排放种类、许可排放浓度、许可排放量等。显然,上述规定不可能适用于全面禁止排放的情形。换言之,全面禁止排放的污染物是无法获得排污许可证的,也不存在通过排污许可证的核发解除禁止的可能

---

〔8〕《民法典》第1229条规定:"因污染环境、破坏生态造成他人损害的,侵权人应当承担侵权责任。"通说以为,该条规定的环境污染侵权责任,适用无过错归责原则。侵权人承担责任的理由在于其所从事的活动所具有的危险性,并不要求污染行为本身具有违法性。即使排污符合标准,给他人造成损害的,也应当承担侵权责任。参见黄薇主编:《中华人民共和国民法典释义及适用指南》(下册),中国民主法制出版社2020年版,第1875页。

〔9〕污染物排放标准规定的排放限值的法定含义,就是允许排污单位排放的污染物最高浓度值。如果某一类污染物被全面禁止排放,那就不存在允许排放的情形,相关排放标准中,不会也没有必要规定该禁止排放污染物的限值。

性。排污许可制度只能适用于第一种情形。在这种情形里,并非所有的排污行为都被禁止,应无疑义。

从另一角度看,一般认为,环境污染多由大规模产业活动产生,而产业活动的开办,是人类经济发展和社会进步的必然。大部分产业活动是国家积极鼓励和提倡的。产业活动开办之后,生产过程中污染物的产生和排放在所难免。如果排放的污染物在环境的自净能力范围内,生态系统就可以正常运转;如果超出了环境自净能力,危及人类的生存和发展,构成需要人力加以控制的环境污染,国家就有必要对排放活动加以限制。由于科技条件的制约、伦理观念(比如,允许开办工厂就是允许排污)的影响以及法律调控机制的局限,环境污染及污染物排放行为基本上属于一种“可容许的危险”。有观点认为,环境污染在损害他人权益的同时,还有相当程度的价值正当性或社会有用性。除违反行政管制法律排放污染物外,一般的排污行为是必要的经济活动或伴随正常的生产、生活活动而生的“副产品”,在价值判断上,其属于符合社会生活常规、有价值、有意义的合法行为。〔10〕有学者从风险社会的理论出发,认为“现代社会的风险特征与环境风险的特殊性决定了环境法的现代基调:不是要根除产生环境风险的行为或被动防止环境风险,相反是要调适可能引起不合理、不可欲的危险的风险行为,并尽量公正地分配环境风险”〔11〕。因此,符合排放标准的排污行为不应被理解为普遍禁止的行为。实际上,在排污许可制度尚未实施之前,符合排放标准的排污行为无疑是法律允许的,不需要再就该排污行为单独申请一个行政许可。不能说因为有了排污许可制度,符合排放标准的排污行为就成了普遍禁止的行为。

此外,按照现行的生态环境法律法规,排污许可也不是按照对所有排污行为进行解禁的思路设计的。《环境保护法》第 45 条第 2 款后半句规定“未取得排污许可证的,不得排放污染物”,据此,只有在取得排污许可证的情况下,排污行为才具有合法性。但《排污许可管理条例》在《环境保护法》等相关法律的基础上作了细化,根据实际工作需要以及环境监管的可能性和必要性,将排污许可分成了重点管理、简化管理和排污登记三种情况。前

---

〔10〕 参见吕忠梅等:《环境损害赔偿法的理论与实践》,中国政法大学出版社 2013 年版,第 25 页。

〔11〕 杜辉:《环境公共治理与环境法的更新》,中国社会科学出版社 2018 年版,第 3 页。

两种是严格意义的排污许可,并与《环境保护法》等法律保持了合理衔接,第三种则不是。《排污许可管理条例》第24条明示,填报排污登记表的,不需要申请取得排污许可证。对未按规定填报排污信息的违法行为,《排污许可管理条例》第43条规定的法律责任只要求责令改正(此处的责令改正,只是责令填报排污登记表,不涉及排污行为),可以处5万元以下的罚款。这一法律责任与《排污许可管理条例》第33条规定的对"无证排污"行为的法律责任(限制生产、停产整治、处20万~100万元的罚款等)明显存在巨大差异。从上述规定可以看出,排污登记只是一种行政管理措施,即使排污单位没有填报排污登记表,也可以排放污染物,但其不依法填报登记表的行为,应当承担相应的法律责任。换言之,在实行排污登记管理的情况下,填报排污登记表并不是排污单位合法排污的前提条件。否则,对排污单位不依法填报排污登记表的法律责任,就必须与其污染物排放行为挂钩,而不是简单地责令改正。显然,并非所有的排污行为都需要取得排污许可证,而这一部分的比例在排污许可制度中占比极高。[12] 这就意味着绝大多数排污行为并不需要通过申领排污许可证来解除对排污行为的普遍禁止,只要排污单位依法办理了环评等相关准入手续,并遵守排放标准等管控要求,即可合法排污。

再退一步讲,假设对排污许可性质的界定,排除了排污登记管理的情形(填报排污登记表确实不构成行政许可),即只有在实行排污许可重点管理和简化管理的情况下,相关排污行为才是构成普遍禁止的。这种观点也很难逻辑自洽。《排污许可管理条例》对排污许可管理模式的区分,是以排污单位污染物的产生量、排放量和对环境的影响程度大小为标准的,只有污染物产生量、排放量和对环境的影响程度都很小的排污单位,才应当实行登记管理。但是,无论是污染物产生量、排放量还是对环境的影响程度,都不是判断某一排污行为是否构成普遍禁止的标准。不能说某一排污行为的排放量较大,对环境的影响程度较大,就属于普遍禁止的行为,反之就不是。此

---

〔12〕 生态环境部在2021年12月的例行新闻发布会上提出,"截至目前,已组织全国将304.24万个固定污染源纳入排污管理范围,其中核发排污许可证35.26万张,下达限期整改通知书0.98万家,对268万家污染物排放量很小的固定污染源进行排污登记,实现排污许可一网打尽、环境监管一目了然"。按此数据,实行排污登记管理的固定污染源,占所有纳入排污许可制度的固定污染源的90%左右。参见《生态环境部召开12月例行新闻发布会》,载生态环境部,http://www.mee.gov.cn/ywdt/zbft/202112/t20211223_965117.shtml。

外，按照《排污许可管理条例》第2条第3款的规定，实行排污许可管理的排污单位范围、实施步骤和管理类别名录，由生态环境部拟订并报国务院批准后公布实施。现行的排污单位范围和类别等规定在《固定污染源排污许可分类管理名录（2019年版）》中。但凡实行名录制管理的，均属于对管理范围和领域的限缩。任何一个名录都无法穷尽实践中的所有排污单位和管理类别，更何况这一名录是可以根据实际情况动态调整的。因此，如果认为排污行为的普遍禁止只存在于实行排污许可重点管理和简化管理中，即严格意义上需要申领排污许可证的情形，那同时就意味着排污行为是否构成普遍禁止，取决于行政机关是否将其列入名录。未列入名录的，就不构成普遍禁止。这与行政许可法的基本原理明显相悖。

综上所述，笔者以为，按照现行的生态环境法律法规和排污许可的制度设计，排污行为并不构成一项普遍禁止。排污许可的法律性质是准予申请人从事排污活动，即赋予申请人一项合法排污的资格，故采"赋权说"更为合理。

（二）排污许可与排污权

排污许可所赋之权，一般是指赋予排污单位一项"排污权"。但排污权的法律属性是什么，争议较大。[13] 环境法上的一般观点认为，排污许可证是排污权的确认凭证和排污权交易的管理载体。[14] 但行政许可所谓的"赋权"，只是赋予被许可人实施一定行为的资格，该资格并不一定可以构成一项独立的民事权利。排污权涉及的法律问题较多，本文无意展开。笔者的基本看法是，基于排污许可取得的污染物排放资格，尚无法合理地解释为一项独立的民事权利。有学者从"分配行政"的角度分析认为，排污权概念本身与排污权交易制度是无法剥离的。"排污权既非权利（right）亦非特权（privilege）更非自由（liberty），它只是可交易的（排污）许可（license）。"[15] 对此，笔者深表认同。试简要讨论以下几点：

第一，从法律依据看，现行法律法规对排污权的规定并不明确。《排污

---

[13] 关于排污权的法律性质，有物权说（又分用益物权说、准物权说）、非物权说（又分环境资源使用权说、自然资源特许使用权说）和新财产权说（无形财产权说）等。参见邹雄、安启航：《排污权性质的法理辨析》，载《福州大学学报（哲学社会科学版）》2020年第6期。

[14] 参见刘宁、汪劲：《〈排污许可管理条例〉的特点、挑战与应对》，载《环境保护》2021年第9期。

[15] 王天华：《分配行政与民事权益——关于公法私法二元论之射程的一个序论性考察》，载《中国法律评论》2020年第6期。

许可管理条例》没有规定排污权,《民法典》亦无排污权之规定,只有《大气污染防治法》第21条第5款规定了"国家逐步推行重点大气污染物排污权交易"。这只是从交易的角度提出了排污权的概念,并未对排污权的权利属性、内容等作出具体规定。尽管有多个高层级的文件规定了排污权交易的内容,[16]也有多地开展了排污权交易的试点活动,[17]但始终缺少国家层面的立法。现行有关排污权交易的制度规范,主要来自2014年国务院办公厅印发的《关于进一步推进排污权有偿使用和交易试点工作的指导意见》以及一些地方政府规章或规范性文件。[18] 在生态环境法律法规,特别是《民法典》没有明确规定的情况下,[19]认定排污权属于一项独立的民事权利,其法律依据尚显不足。

第二,从来源看,排污权来源于行政机关的许可,即行政机关基于排污单位的自愿申请,通过排污许可准予其实施排污行为。《关于进一步推进排污权有偿使用和交易试点工作的指导意见》提出"排污权以排污许可证形式予以确认"。基于行政许可获取民事权利的行为,可以分为准予实施事实行为和准予实施民事法律行为两大类,[20]排污许可应当属于准予实施事实行为的范畴。但行政机关准予申请人实施某一事实行为,是否必然导致申请人获得一项民事权利,在没有法律明确规定的情况下,并不确定。事实上,环境法上绝大多数因行政许可而获得的实施某种事实行为的资格,都不构成一项独立的民事权利。比如,《固体废物污染环境防治法》第80条第1款规定,从事收集、贮存、利用、处置危险废物经营活动的单位,应当申请取得许可证。对申请人而言,这一危险废物经营许可证,只是准予其合法

---

〔16〕 比如,2015年《中共中央、国务院关于加快推进生态文明建设的意见》提出"扩大排污权有偿使用和交易试点范围,发展排污权交易市场"。2020年《中共中央办公厅、国务院办公厅关于构建现代环境治理体系的指导意见》提出"开展排污权交易,研究探索对排污权交易进行抵质押融资"。2021年《中共中央、国务院关于深入打好污染防治攻坚战的意见》提出"加快推进排污权、用能权、碳排放权市场交易"。

〔17〕 2007年以来,国务院有关部门组织天津、河北、内蒙古等11个省(区、市)开展排污权有偿使用和交易试点,取得了一定进展。

〔18〕 在"北大法宝"上输入标题中含"排污权"的检索要求,其查询结果中没有地方性法规,有3件地方政府规章,其余均为地方规范性文件和地方工作文件。

〔19〕 有观点认为,只有民事法律明确以"权"字命名的才是权利,其他都是单纯的利益保护的问题。民事权利不包括公法上规定的权利。参见方新军:《权利保护的形式主义解释方法及其意义》,载《中国法律评论》2020年第3期。

〔20〕 参见王轶:《行政许可的民法意义》,载《中国社会科学》2020年第5期。

从事危险废物收集、贮存、利用或处置，而不是赋予其危险废物经营权这一民事权利。

第三，从属性看，排污权更接近《民法典》规定的"民事利益"。[21] 排污权交易，属于经济学上激励机制的范畴。行政机关赋予排污单位可交易的污染物排放指标，激励排污单位控制和减少污染物排放，并由此获得经济利益。《大气污染防治法》规定的排污权交易，是建立在总量控制的基础之上的。[22] 在总量控制制度的框架下，排污单位获得了一定量的重点污染物排放指标。如果排污单位通过技术改造等方式减少了污染物的排放，其结余下来的污染物排放指标，满足一定条件后，可以进行交易。交易之所得，为企业之利益。排污单位交易的排污权，本质上是排污单位的重点污染物排放量(额度、指标)。[23] 排污单位获得和持有的重点污染物排放量(额度、指标)，确实是可以通过交易获得相应经济利益的一类合法权益，属于受法律保护的"民事利益"，只是其独立的民事权利属性并不明显。

第四，从内容看，排污权的权利内容尚无法准确界定。不论属于哪种权利，均应有其相对明晰的权能。《关于进一步推进排污权有偿使用和交易试点工作的指导意见》规定，"排污单位在规定期限内对排污权拥有使用、转让和抵押等权利"。从理论上看，无论是所有权占有、使用、收益、处分四项权能，还是用益物权占有、使用、收益三项权能，均无法在排污权的理论框架中作出清晰的界定。将排污权定性为无形财产权的观点认为，排污权是以排污许可额度(行政机关确定的、允许排污人进行排污的限度)为客体，

---

〔21〕《民法典》第 126 条规定："民事主体享有法律规定的其他民事权利与利益。"侵权法上，区分不同的权利和利益给予相应的保护具有重要意义。某种新型利益的出现，到其获得法律的认可与保护，直至最终被确认为权利，是有一个发展过程的。参见程啸：《侵权责任法》(第 3 版)，法律出版社 2021 年版，第 143 页。

〔22〕《大气污染防治法》第 21 条共 5 款，前 4 款均是关于总量控制制度的规定，第 5 款规定的排污权交易也限定在"重点大气污染物"。按体系解释，此处的排污权交易，应理解为总量控制制度的一部分或其延伸，不宜脱离总量控制制度谈排污权交易。《关于进一步推进排污权有偿使用和交易试点工作的指导意见》也规定"实施污染物排放总量控制是开展试点的前提。试点地区要严格按照国家确定的污染物减排要求，将污染物总量控制指标分解到基层，不得突破总量控制上限"，"试点地区不得超过国家确定的污染物排放总量核定排污权"。

〔23〕与排污权交易极为类似的，当属碳排放权交易。生态环境部 2020 年印发的《碳排放权交易管理办法(试行)》明确规定，碳排放权，是指分配给重点排放单位的规定时期内的碳排放额度。正在研究制定过程中的《碳排放权交易管理暂行条例》，基本延续了上述思路。

对该额度进行利用的无形财产权。排污权的基本内容是对排污许可额度的占有、使用、收益、处分等私法内容,是私权,但属于受公权干预的私权。[24]事实上,基于一项行政许可获得的排污权,其独占的属性并不明显。作为交易对象的污染物排放量(额度、指标)是行政机关授予的,其取得、生效、消灭等与行政机关的意志密不可分。即便是排污单位盈余的重点污染物排放指标,也并非可以完全自由支配。可否交易、如何交易,不仅需要相关的交易市场予以支持,很多情况下还需得到行政机关的认可。[25] 这与一般的民事权利大相径庭。排污单位也不可能完全基于自身的意志,对排污权进行自由处分,其处分行为至少要受制于排污许可证的规定。因此,在其应当具备的权能还不清晰的情况下,认定其属于一项民事权利,缺少足够的说服力。

三、排污许可的定位:从“身份证”到“好人卡”

(一)制度的演变

在《行政许可法》第12条规定的许可类别中,排污许可应属于第一项普通许可的范畴(不考虑填报排污登记表的情形)。但从近年来排污许可的制度规范看,排污许可的定位经历了一个演变的过程。

在《控制污染物排放许可制实施方案》中,排污许可被视为所有固定污染源都应当满足的要求。该方案明确要求,到2020年,完成覆盖所有固定污染源的排污许可证核发工作。“对不同行业或同一行业内的不同类型企事业单位,按照污染物产生量、排放量以及环境危害程度等因素进行分类管理”,即使是“环境影响较小、环境危害程度较低的行业或企事业单位”,也只要求“简化排污许可内容和相应的自行监测、台账管理等”,并未免除其申请排污许可证的义务。生态环境部2019年印发的《关于做好固定污染源排污许可清理整顿和2020年排污许可发证登记工作的通知》提出,要“核

[24] 参见邹雄、安启航:《排污权性质的法理辨析》,载《福州大学学报(哲学社会科学版)》2020年第6期。

[25] 《关于进一步推进排污权有偿使用和交易试点工作的指导意见》虽然规定“交易价格由交易双方自行确定”。但交易范围被严格控制,“排污权交易原则上在各试点省份内进行。涉及水污染物的排污权交易仅限于在同一流域内进行。火电企业(包括其他行业自备电厂,不含热电联产机组供热部分)原则上不得与其他行业企业进行涉及大气污染物的排污权交易。环境质量未达到要求的地区不得进行增加本地区污染物总量的排污权交易。工业污染源不得与农业污染源进行排污权交易”。

发一个行业、清理一个行业、规范一个行业、达标一个行业”,实现固定污染源排污许可全覆盖。上述要求也成为排污许可证核发的基本原则之一。这些要求的本质,在于将所有固定污染源纳入排污许可的范畴,即使暂时不符合排污许可条件,也应当先行核发排污许可证。

按照上述管理思路,排污许可证实际上被定位成某种“身份证”,所有的固定污染源,都应当依法申领,且生态环境部门都应当核发,无论该排污单位是否符合法定的许可条件。有的学者在区分环评与排污许可的关系时认为,“环境影响评价侧重于事前预防,是污染物的‘准生证’;排污许可侧重于事中事后监管,是污染物排放及其信息的‘身份证’”〔26〕。生态环境部2019 年修正发布的《排污许可管理办法(试行)》第 61 条、第 62 条也规定,对不符合许可条件的排污单位,生态环境部门也应当核发排污许可证,但要在许可证中载明其存在的问题,并要求排污单位承诺改正内容和改正期限。排污单位完成整改,符合许可证核发条件后,可以通过对许可证内容进行变更的方式取得常规的排污许可证。〔27〕 这也是早期的排污许可管理模式中临时排污许可证思路的延续。

上述管理模式在《排污许可管理条例》中作了调整。按照《排污许可管理条例》,排污许可应当依法严格审批,只有符合法定许可条件的,才应当核发排污许可证。《排污许可管理条例》生效之前已经实际排污的单位,如果不符合《排污许可管理条例》规定的许可条件,应当限期整改,达到法定许可条件后申请排污许可证。〔28〕 据此,排污许可证不再是所有排污单位都应当申领的“身份证”,而是符合许可条件的排污单位才能获得的“好人卡”。

---

〔26〕 吴满昌、程飞鸿:《论环境影响评价与排污许可制度的互动与衔接——从制度逻辑和构造建议的角度》,载《北京理工大学学报(社会科学版)》2020 年第 2 期。

〔27〕 有观点认为,排污许可制度的前身乃是排污申报登记。参见贺蓉、徐祥民、王彬等:《我国排污许可制度立法的三十年历程——兼谈〈排污许可管理条例〉的目标任务》,载《环境与可持续发展》2020 年第 1 期。事实上,如果完全按照《排污许可管理办法(试行)》的规定实施,排污许可也不过是排污申报登记的另一种表现形式或者升级版而已。

〔28〕 截至 2020 年年底,全国各省(自治区、直辖市)已将 273.44 万家固定污染源纳入排污许可管理范围,对 33.77 万家核发排污许可证,对应发证但暂不具备条件的 3.15 万家下达排污限期整改通知书,对 236.52 万家污染物排放量很小的填报排污登记表,已经基本实现固定污染源排污许可“全覆盖”。参见黄润秋:《推进生态环境治理体系和治理能力现代化》,载《经济日报》2021 年 4 月 10 日,第 7 版。

排污许可"身份证"的定位,虽然也有申请、审批等程序,但其法律属性更接近行政确认,即对排污单位实施排污行为这一既存的法律事实进行审查确认并宣示其法律效力,而非行政许可。如果所有的排污单位都可以取得排污许可证,而不论其是否符合许可条件,那行政许可的意义就被淡化了。排污许可只能适用于符合许可条件的排污单位,这是排污许可作为一项行政许可制度的应有之义。《排污许可管理条例》的规定,回归到了排污许可的本质属性,更符合行政许可的法律定位。

(二)两种不同性质的限期整改

《排污许可管理办法(试行)》第61条规定的改正要求,其法律性质是生态环境部门在核发排污许可证之时,附加给排污单位的义务性要求,属于行政行为中负担性质的附款。[29] 这一附款明确要求排污单位承担相应的整改义务。所谓负担性质的附款,是指行政主体作出行政行为时,对相对人附加其他作为或不作为义务的行为。负担并没有将主款行政行为的效力置于不确定的状态。[30] 在附负担的行政许可中,所附义务的存在并不影响许可决定的生效(在附条件的行政许可中,待所附条件成就时,许可决定方始生效)。即使被许可人不履行通过负担被课予的义务,行政许可的法律效力也不会丧失。但当排污单位不履行该义务时,生态环境部门可以通过撤回排污许可或者对排污单位课以其他义务等来确保负担的履行。因此,就提出整改要求的排污许可而言,其许可效力从许可证核发之时即刻生效。换言之,排污许可证生效的时间节点乃是核发之时,而非整改完成之后许可证变更之时。如果排污单位未完成整改义务,许可证未经变更的,排污单位的排污行为将受到一定的限制,生态环境部门也保留着撤回排污许可的权力。总之,为了保证排污许可的"身份证"性质,使之覆盖所有的固定污染源,在制度设计上,许可证核发之时,即已附加了负担性质的附款。

《排污许可管理条例》生效后,《排污许可管理办法(试行)》的部分规定已然不再执行。《排污许可管理条例》第46条规定的限期整改仅适用于

---

〔29〕 传统行政法上,借鉴了民法上关于附条件和附期限民事法律行为的基本原理,对行政行为(行政处分)的附加条款,即附款,有着比较细致的区分,通常包括条件、负担、期限、保留废止权等。参见吴庚:《行政法之理论与实用》,中国人民大学出版社2005年版,第232-234页。

〔30〕 参见胡建淼、江利红:《行政法学》(第5版),中国人民大学出版社2022年版,第148页。

特定的排污单位，明显不同于《排污许可管理办法（试行）》。该排污单位需同时满足两个条件：一是《排污许可管理条例》生效前就已经投入生产，实际排放污染物了；二是不符合《排污许可管理条例》规定的排污许可证核发条件。显然，这一规定是为了解决历史遗留问题而设置的。《排污许可管理条例》生效后新投入生产的排污单位，或者《排污许可管理条例》生效前投入生产但符合《排污许可管理条例》规定的许可条件的排污单位，都应当依法申领排污许可证，不再适用限期整改。实践中，《排污许可管理条例》生效之前，生态环境部已根据起草过程中的《排污许可管理条例》草案，于2020年印发《关于固定污染源排污限期整改有关事项的通知》，对具体情形作了细化。〔31〕《排污许可管理条例》规定的限期整改行为已经不再是排污许可的附款，而是从附款中独立出来，作为生态环境部门单独实施的行政行为。

按照《排污许可管理条例》和《关于固定污染源排污限期整改有关事项的通知》，要求排污单位限期整改的，生态环境部门应当下达排污限期整改通知书，内容包括排污限期整改要求，列明整改问题、整改内容、整改时限等，提出整改期限内污染物排放要求等，同时要告知相应法律责任和救济权利。这一下达整改通知书的行为完全独立于排污许可证的核发，其法律属性可以界定为行政命令〔32〕。该行政命令具有相当的特殊性，只适用于排污许可证核发这个特定的领域和环节。下达限期整改通知书不属于《排污许可管理条例》、《行政处罚法》，以及相关法律法规规定的伴随处罚决定实施的"责令改正"，〔33〕也不替代生态环境部门对排污单位有关违法行为依法

〔31〕 具体适用情形分为三类：一是"不能达标排放"类，包括污染物排放不符合排放标准要求；重点污染物排放不符合排污许可证申请与核发技术规范、环评批复、重点污染物排放总量控制要求；排污单位位于未达到国家环境质量标准的重点区域、流域，污染物排放不符合有关地方人民政府关于改善生态环境质量特别要求的。二是"手续不全"类，包括未依法取得建设项目环境影响报告书（表）批准文件，未办理环境影响登记备案手续等。三是"其他"类，如未按照规定安装、使用自动监测设备并与生态环境主管部门监控设备联网，未按规定设置污染物排放口等。上述规定与《排污许可管理条例》第11条规定的许可条件基本保持了衔接。

〔32〕 最高人民法院于2020年印发的《关于行政案件案由的暂行规定》，取消了2004年《关于规范行政案件案由的通知》中关于"行政命令"案由的规定，将"责令改正""责令采取补救措施"等行为类别，统一修改为"行政处理"。合理与否不在本文讨论范围之列，暂仍以理论上比较通行的"行政命令"一词指称。

〔33〕 《行政处罚法》第28条第1款规定："行政机关实施行政处罚时，应当责令当事人改正或者限期改正违法行为。"

作出的责令改正决定书。生态环境部门对排污单位在整改之前、整改期间的违法行为,以及逾期未完成整改并继续超标排放污染物等违法行为,均应依法予以处罚。当然,由于整改通知书涉及限制排污单位的权利,排污单位依法可以通过行政复议、行政诉讼等方式寻求救济。

四、排污许可证的变更:不同政策目标的平衡

排污许可本应是环境管理精细化的产物,排污许可制度的有效实施亦有赖于环境管理的精细化。[34] 排污许可制度的实施,涉及不同的政策目标。一方面,需要通过排污许可证的核发,将污染物排放标准、总量控制要求等环境监管制度措施落实到具体的排污单位,从而发挥其控制污染物排放的制度功能。全国人大常委会法工委在《环境保护法》的释义书中明确提出,"排污许可管理制度的核心是将排污者应当遵守的有关国家环境保护法律、法规、政策、标准、总量控制目标和环境保护技术规范等方面的要求具体化,有针对性地、具体地、集中地规定在每个排污者排污许可证上,约束排污者的排污行为,要求其必须持证排污、按证排污"[35]。这就要求相关环境监管制度措施能够及时准确地反映在排污许可证中,确保行政管理的效率。另一方面,作为一项行政许可,排污许可一经作出,对被许可人、行政机关以及其他相关机关与第三人即产生拘束力[36],不得随意变更。此乃行政许可的应有之义。这一拘束力的存在,要求基于行政法上的公正原则[37],尽可能维持因排污许可证核发而形成的相对稳定的法律关系,保障相对人的合法权益。这两者之间,其实是存在矛盾之处的。实践中呈现出

[34] 参见韩德培主编:《环境保护法教程》(第8版),法律出版社2018年版,第96页。

[35] 信春鹰主编:《〈中华人民共和国环境保护法〉学习读本》,中国民主法制出版社2014年版,第197页。

[36] 关于行政行为的效力,理论观点较多。传统行政法上基本认为行政行为具有拘束力,其他如确定力、存续力、执行力等,均被认为是拘束力衍生出来的子原则。参见陈新民:《中国行政法学原理》,中国政法大学出版社2002年版,第173页。也有将不同的效力独立分析的,比如认为行政行为具有公定力、确定力、狭义拘束力和执行力。参见余凌云:《行政法讲义》(第3版),清华大学出版社2019年版,第257页。为方便表述,本文以拘束力统一概括。

[37] 行政法中的公正原则,主要是指行政主体在行政过程中不得存在偏见、专横武断,必须客观公正地进行行政活动,具体包括作出行政决定前须提取相对人及利害关系人的意见,行政决定必须根据案件事实客观、公正地作出等。参见胡建淼、江利红:《行政法学》(第5版),中国人民大学出版社2022年版,第69页。

来的张力,对排污许可制度的有效实施带来了相当大的影响。问题的关键在于,排污许可的拘束力界限何在?如何看待排放标准或总量控制要求与排污许可证之间的法律关系?为保证排污许可制度的有效实施,是否需要考虑在行政管理的效率与公正之间进行平衡,并对排污许可证的变更施加合理的限制?

(一)排污许可的依据和条件

按照《行政许可法》,作出准予许可的决定应当符合法定的许可条件。这一许可条件,主要规定在《排污许可管理条例》第 11 条中。此外,还有一些基于《行政许可法》或行政许可基本原理而存在的许可条件。比如,排污单位合法有效存在,排污单位没有处于“不得再次申请行政许可”的期限范围等。

行政许可的依据和条件是两个不同的概念,《行政许可法》也是在不同的语境中使用这两个概念的。许可依据,主要是指行政机关作出许可决定所依据的法律法规、客观情况等。[38] 许可条件,主要是指申请人应当满足的许可证核发要求。[39] 《行政许可法》《环境保护法》《排污许可管理条例》等法律法规本身就是许可的依据,自无疑义,本文主要讨论《排污许可管理条例》第 11 条涉及的许可依据问题。《排污许可管理条例》第 11 条的 4 项规定是以许可条件的形式出现,即排污单位申请取得排污许可证需要满足的基本要求,但其间已经隐含了许可的依据。

第一项是环评手续,针对的是新建、改建、扩建建设项目的准入要求。按照《排污许可管理条例》,环评手续作为排污许可的前置许可存在(环境影响登记表备案虽不构成行政许可,但也属于环评手续的一种)。依法办理环评手续,是作出排污许可决定的条件之一。这也是环评和排污许可这两项制度的基本逻辑关系。

第二项是污染物排放和环境质量管控要求,包括污染物排放符合排放

---

[38] 《行政许可法》第 5 条第 2 款第一句规定:“有关行政许可的规定应当公布;未经公布的,不得作为行政许可的依据。”第 8 条第 2 款第一句规定:“行政许可所依据的法律、法规、规章修改或者废止,或者准予行政许可所依据的客观情况发生重大变化的,为了公共利益的需要,行政机关可以依法变更或者撤回已经生效的行政许可。”

[39] 《行政许可法》第 4 条规定:“设定和实施行政许可,应当依照法定的权限、范围、条件和程序。”第 38 条第 1 款规定:“申请人的申请符合法定条件、标准的,行政机关应当依法作出准予行政许可的书面决定。”

标准,重点污染物排放符合排污许可证申请与核发技术规范、环评批复和总量控制要求,以及特定情形下符合地方政府改善生态环境质量的特别要求。这也就意味着排放标准、许可证申请与核发技术规范、环评批复和总量控制要求,成为核发排污许可证的依据。

第三项是污染防治设施管控要求,即排污单位采用的污染防治设施需达到许可排放浓度要求或符合污染防治可行技术。许可排放浓度要求实际上是排放标准的延伸。《排污许可证申请与核发技术规范 总则》(HJ942—2018)规定,"根据国家和地方污染物排放标准,按从严原则确定许可排放浓度"。据此,许可排放浓度要以国家和地方排放标准为依据来确定。污染防治设施符合污染防治可行技术是一个确定的许可条件。《排污许可管理条例》第30条第1款已授权生态环境部制定并公布污染防治可行技术指南。生态环境部已发布多个污染防治可行技术指南,涉及汽车、家具制造、工业锅炉、纺织等多个行业。这些指南本身不具有强制性,可以作为排污许可管理的参考。《排污许可证申请与核发技术规范 总则》规定,对采用相应污染防治可行技术的,或者采用环评批复要求的污染治理技术的,原则上认为排污单位具有符合国家要求的污染防治设施或污染物处理能力。《排污许可管理条例》第30条第2款还规定了排污单位未采用污染防治可行技术时,如何判断污染防治技术能否稳定达到排污许可证规定的基本规则。

第四项是监测要求,即排污单位开展的自行监测需符合国家有关监测规范。这是针对排污单位制定的自行监测方案作出的规定,只要排污单位自行监测方案中明确的监测点位、指标、频次等符合国家有关监测规范,即可认为满足许可条件。实践中按《排污单位自行监测技术指南 总则》(HJ819—2017)等执行。自行监测方案系由排污单位制定,不属于许可依据。

可见,《排污许可管理条例》第11条规定的许可条件中已经涵盖了作出许可决定的依据,即生态环境部门作出排污许可决定时应当遵循的具有法定约束力的文件或要求,包括排放标准、许可证申请与核发技术规范、环评批复和总量控制要求四项。排污单位符合这四项依据的,原则上可认定为满足许可条件。

上述四项许可依据中,排污许可证申请与核发技术规范,主要以环境标准的形式发布。[40] 生态环境部门在核发排污许可证时,只能被动地遵循,不得自行调整或排除适用,除非该技术规范中已经另行给核发排污许可证的地方生态环境部门作了授权。环评批复是排污许可的前置许可。未取得环评批复的,原则上不能核发排污许可证。但是,并非环评批复中的所有要求,都被列入排污许可证。环评批复的内容比较宽泛且只针对具体的建设项目,其中的风险防范措施、生态保护措施等,并不一定在排污许可证中列明。[41] 因此,《排污许可管理条例》只要求重点污染物排放符合环评批复。[42] 排放标准或总量控制要求均具有强制效力,排污单位必须执行。这一强制效力源于《环境保护法》《大气污染防治法》《水污染防治法》等相关法律法规的规定。[43] 排污许可证核发时,不存在调整或排除适用的空间。[44] 排污许可的制度功能,就在于通过排污许可证的核发,将有关环境管理要求落实到具体的排污单位,从而发挥其控制污染物排放的作用。因而在理想的状况下,排污许可证与排放标准或总量控制要求应当是协调一

---

〔40〕 排污许可证申请与核发技术规范,目前主要以"HJ"形式的推荐性标准发布,本身不具有强制效力,但由于《排污许可管理条例》第 11 条的规定构成了一个援用机制,从而赋予了其强制效力。参见王炜:《环境标准:法律属性与适用规则》,载秦天宝主编:《环境法评论》第 6 辑,中国社会科学出版社 2021 年版。

〔41〕 参见谭民强:《环境影响评价、排污许可、生态环境执法制度衔接进展及展望》,载《环境影响评价》2022 年第 4 期。

〔42〕 《建设项目环境保护管理条例》第 11 条规定的不予作出环评批复的 5 种情形中,没有关于重点污染物排放的要求,与之相关联的,主要是第 3 项"建设项目采取的污染防治措施无法确保污染物排放达到国家和地方排放标准,或者未采取必要措施预防和控制生态破坏"。按照该条例的规定,排放标准也是作出建设项目环评批复的底线,原则上不允许突破。

〔43〕 实践中,排污标准的强制效力也面临着一些挑战。新近发布的一些排放标准规定了间接排放时,排污单位与污水处理厂可以协商确定排放限值的内容。比如,《石油炼制工业污染物排放标准》(GB31570—2015)规定:"废水进入城镇污水处理厂或经由城镇污水管线排放,应达到直接排放限值;废水进入园区(包括各类工业园区、开发区、工业聚集地等)污水处理厂执行间接排放限值,未规定限值的污染物项目由企业与园区污水处理厂根据其污水处理能力商定相关标准,并报当地环境保护主管部门备案。"这实际上是排放标准自行免除了具有强制力的"直接排放限值"的适用。其法律意义为何,尚有待进一步研究。

〔44〕 即使有,也只能比国家标准或国家确定的总量控制要求更为严格。《排污许可管理条例》第 11 条规定的"污染物排放标准"涵盖了国家标准和地方标准。作出排污许可决定时,如果排除国家标准的适用,就必须适用地方标准,而按照《环境保护法》等法律的规定,地方排放标准只能严于国家标准。此外,《排污许可管理条例》第 11 条第 2 项规定,排污单位生产经营场所位于未达标的重点区域、流域的,还应当符合地方政府关于改善生态环境质量的特别要求。综上,即使有类似的特别要求,也只可能比国家层面的环境质量管控要求更为严格。

致的。

总之,对上述许可依据,生态环境部门原则上不存在自行调整或排除适用的空间与可能。如果许可依据发生变化,涉及公共利益保护的,生态环境部门可以通过变更或撤回的方式对已核发的许可证进行调整。实践中所谓的“一厂一策”,即对排污单位实施个性化的管理,有针对性地提出不同的环境管理要求,只是理想化的愿景。在现有的法制框架和法治环境中,基本上没有实施的空间。否则,排放标准、总量控制要求等具有强制效力的法定要求将被处于“虚置”的状况,甚至直接影响法律法规的贯彻实施。行政机关将获得过大的自由裁量权,相对人无法形成合理的预期,排污许可的法律关系也将处在不确定的状态之中。

(二)排污许可证的变更

按照《排污许可管理条例》,有两种情形可以导致排污许可证的变更:一是第 14 条第 3 款规定的排污单位变更名称、住所、法定代表人或者主要负责人的,应当自变更之日起 30 日内,向审批部门申请办理排污许可证变更手续;二是第 16 条规定的排污单位适用的污染物排放标准、重点污染物总量控制要求发生变化,需要对排污许可证进行变更的,审批部门可以依法对排污许可证相应事项进行变更。

上述第一种情形,实际上是排污许可证所载明的基础信息的变更,其目的在于保证基础信息的准确性。这种变更情形不涉及排污单位权利义务的调整,亦与排污许可的拘束力无涉,尽管实践中也出现了一些误读的情形,[45] 但总体争议不大。但对第二种情形,从《排污许可管理条例》起草开始就面临较大争议。《排污许可管理条例》生效后,对排污许可证可以在何种情况、基于何种条件变更,仍然有不同看法。这从根本上涉及排污许可不同政策目标的平衡问题。

1. 许可依据发生变化的不同情形

《排污许可管理条例》第 14 条第 1 款规定排污许可证的有效期为 5 年。

---

[45] 比如,将《排污许可管理条例》规定的“排污单位变更名称、住所”进行扩张解释,认为排污单位主体发生变更的情形,也属于“变更名称、住所”。立法的本意只是针对排污单位主体不变,但该排污单位的名称或住所发生了变化的情形,如果排污单位主体发生了变化,就不再属于《排污许可管理条例》规定的适用情形,否则就构成了排污许可证变相转让,属于《行政许可法》和《排污许可管理条例》所禁止的行为。

在许可证有效存续期间，如果《排污许可管理条例》第 11 条涉及的四项许可依据发生变化，将会产生以下几方面的问题：一是许可依据的变化是否会影响排污许可证的效力？二是变化后的许可依据，是否有必要通过变更的方式在已核发的排污许可证中予以体现？三是如果排污许可证的拘束力要持续至整个许可证存续期间，那就意味着变化后的许可依据将无法通过排污许可证得到落实，这是否会影响排放标准等许可依据的有效实施？

前述四项许可依据中，排污许可证申请与核发技术规范原则上只适用于许可证的申请与核发。[46] 环评批复作为前置许可，情况稍显复杂。一般情况下，环评批复一经作出永久有效（现行法律法规并无环评批复有效期的规定）。根据《环境影响评价法》第 24 条、第 27 条的规定，只有在项目建设或运行过程中发生重大变动，或者依法需要开展后评价的情形，才有可能涉及环评批复的调整。但严格意义上，即使是上述情况，也只是生态环境部门作出了一个新的环评批复，而非对原有环评批复进行修改。发生重大变动时，建设单位应当重新报批环评文件，生态环境部门依法作出新的环评批复，排污单位据此重新申请排污许可证，这不涉及已核发排污许可证的变更。需要后评价时，由于后评价报告只需要报请备案，不属于排污许可的依据，因而也不涉及环评批复的调整。

对排放标准或总量控制要求而言，情况却大不相同。在排放标准进行了修订（比如增加了污染控制指标、加严了排放控制限值等）、总量控制有了新要求（比如增加了总量控制指标）的情况下，一方面，新的排放标准或总量控制要求，需要得到贯彻落实；另一方面，已核发的排污许可证以及由此产生的拘束力，需要得到法律保障。这两者实际上是存在矛盾的。从行政机关的角度看，新的排放标准或总量控制要求，应当在其生效期届至后尽快得以实施。因此，需要坚持行政管理的效率原则，及时对已核发的排污许可进行变更，确保新的管理要求通过排污许可证落实到排污单位。但从排污单位的角度看，实施新的排放标准或总量控制要求，很大程度上意味着增

---

[46] 实际上，由于排污许可证被视为对排污单位进行事中事后环境监管的重要依据，现行的排污许可证申请与核发技术规范中，已经规定了相当多的事中事后监管要求，比如，“环境管理台账及排污许可证执行报告编制指南”“运行管理要求”“合规评定方法”等。类似内容的有效性，延续至许可证核发之后、排污单位正常生产排污过程中。但这些事中事后监管要求大多源于相关法律法规规章、规范性文件、标准规范等，一般对已核发的排污许可证不会产生实质性影响。

加了排污单位的义务,并改变了经由排污许可证核发所确定的相对稳定的权利义务关系以及对可获收益和支出的预期。因此,需要坚持公正原则,保证排污许可的拘束力,不对已核发的排污许可证随意进行调整,保障排污单位的合法权益。确有必要调整的,也只能待许可证有效期届满后,在延续或重新核发排污许可证时再予以落实。

如何既保证排污许可证的法律效力,又不影响排放标准或总量控制要求的贯彻实施,是需要解决的一大难题。理论上,排污许可作为一项具体的行政行为,即便其具备相应的拘束力,也不具有对抗作为许可依据、带有抽象性质的普遍适用的行政规范的效力,更不要说法律法规或规章了。换言之,排放标准或总量控制要求应当优先保证执行。但是,从《控制污染物排放许可制实施方案》到《排污许可管理条例》,都将排污许可视为固定污染源监管的核心制度,其制度设计的初衷,都是希望将排污单位需要遵循的所有排放要求,通过排污许可证的形式落实到排污单位。同时,行政机关也将排污许可证视为监督执法的基本依据。生态环境部黄润秋部长指出,"排污许可制是'归一',而不是'加一',是一个整合各项制度的固定源管理的'底座',让法律法规对一个企业提出的所有环保要求衔接融合到一个证上来,让信息和数据共享到一个高效统一的平台上来"〔47〕。这就需要排污许可证具备稳定性,而稳定性的前提是排污许可证具备强效力。随时变动的许可证自然不可能得到有效的执行,甚至会导致行政机关获得过大的自由裁量空间,危及排污许可法律关系的稳定性。〔48〕因此,需要在《行政许可法》确定的法制框架下,寻求合理的解决之道。

2. 对排污许可证变更的限制

从《行政许可法》第8条第2款关于行政许可变更或撤回的规定看,其仅限于行政许可所依据的法律、法规、规章修改或者废止,或者准予行政许可所依据的客观情况发生重大变化的情形。排放标准不会通过法律法规或规章的形式发布实施,也不属于许可所依据的客观情况。总量控制要求的

---

〔47〕 黄润秋:《推进生态环境治理体系和治理能力现代化》,载《经济日报》2021年4月10日,第7版。

〔48〕 但这是否意味着排污许可成为一项具体而微的落实性措施,排污许可证也就是对排污单位应当遵循的环境管理要求进行汇总整理,并提供环境监管所需的"指南"?排污申报登记"升级版"的阴影似乎挥之不去。

具体规定,确实有可能体现在新的法律法规或规章中。[49] 如果新的法律法规或规章中规定了总量控制要求,实际上也就意味着总量控制要求成了法律法规或规章的具体内容,行政机关可以依据《行政许可法》第 8 条对排污许可证进行变更。如果总量控制要求没有体现在法律法规或规章中,比如以行政规范性文件的形式发布,那《行政许可法》第 8 条就失去了适用的可能。

为此,《排污许可管理条例》第 16 条针对排放标准或总量控制要求变化而产生的许可证变更问题,另行作出了规定,明确排污单位适用的排放标准、总量控制要求发生变化,需要对排污许可证进行变更的,审批部门可以依法进行变更。这实际上是对排污许可证变更施加合理的限制,其目的是在兼顾公正和效率的基础上,基于行政法上的合法预期保护原则,努力平衡不同的政策目标,即在保证变化后的排放标准或总量控制要求得到贯彻的同时,尽可能维持许可关系的稳定性,并保障排污单位的合法权益。

第一,合理限制适用条件。《行政许可法》第 8 条第 2 款规定的许可变更的条件中,很重要的一点是"为了公共利益的需要"。《排污许可管理条例》第 16 条虽然没有明示,但通过限制适用条件的方式与《行政许可法》保持衔接。《排污许可管理条例》第 16 条的规定只适用于排放标准或总量控制要求发生变化,需要对排污许可证进行变更的情形。排放标准或总量控制要求的修改,从根本上讲,是为了保护生态环境,不断提高污染防治水平。相关标准或文件的制定过程中,已经完成了对其目的合法性、正当性的论证。因此,保证排放标准或总量控制要求的有效实施,可以合理界定为公共利益的需要。此外,并非所有排放标准或总量控制要求的内容都在排污许可证中体现,也不是排放标准或总量控制要求涉及的所有变化内容都需要通过排污许可证的变更来实施。只有与排污许可证直接相关的内容,不变更将影响新的排放标准或总量控制要求实施的,才应当对已核发的排污许可证进行变更。

---

[49] 比如,《长江保护法》第 21 条第 2 款第 2 句规定:"长江流域水质超标的水功能区,应当实施更严格的污染物排放总量削减要求。"第 46 条规定:"……对磷矿、磷肥生产集中的长江干支流,有关省级人民政府应当制定更加严格的总磷排放管控要求,有效控制总磷排放总量。""磷矿开采加工、磷肥和含磷农药制造等企业,应当按照排污许可要求,采取有效措施控制总磷排放浓度和排放总量;……"

第二,坚守合法预期保护原则(信赖利益保护原则)[50]。排污许可证的变更无疑应当遵守《行政许可法》的有关规定,并符合行政许可的基本原理。《排污许可管理条例》第16条也明示"依法"对排污许可证相应事项进行变更。最重要的是要遵循合法预期保护原则。按照合法预期保护原则,行政相对人基于对行政机关的信任合理产生的对行政机关的某种预期或者利益,应当得到法律保护。这种保护包括程序性保护(行政机关改变之前的行政行为,应当提供事先告知、听证等起码的程序保障)、实体性保护(行政机关不得改变先前的行政行为,以保障相对人获得其本应获得的预期)和赔偿(补偿)性保护。[51] 上述要求应当在排污许可证变更过程中予以充分体现。《行政许可法》第8条第2款规定,因行政许可变更给行政相对人造成财产损失的,应当依法给予补偿。因此,如果因排污许可证变更给排污单位造成财产损失的,生态环境部门应当给予补偿,这是补偿性保护的必然要求。此外,变更排污许可证的,还应当切实保障排污单位的程序性权利(考虑到排放标准或总量控制要求的实施要求,实体性保护实际上无法适用),比如变更决定作出前的事先告知,涉及重大利益时的听证,赋予排污单位行政复议或诉讼的救济权利等。

第三,依职权主动变更。按照《排污许可管理条例》第16条,因排放标准或总量控制要求变化需要变更排污许可证的,不要求排污单位申请变更,作出排污许可证审批决定的生态环境部门可以依职权主动变更。如果只有在排污单位主动申请的情况下,才有可能对排污许可证进行变更,那将对新排放标准或总量控制要求的落实带来较大影响。由于新的排放管制要求直接影响排污单位的权利义务,绝大多数情况下将增加其支出和成本,排污单位并没有足够的动力来申请许可证变更,这就有违效率原则。行政机关依职权主动进行变更,既有助于确保行政管理的效率,也符合公正原则。此外,这种变更行为不具有强制性,生态环境部门可以根据个案的实际情况,在尽可能维持法律关系稳定的前提下,稳妥有序地开展许可证变更。

---

〔50〕 该行政法原则有着不同的表述,本文借用了余凌云教授的观点。参见余凌云:《行政法讲义》(第3版),清华大学出版社2019年版,第90页。

〔51〕 参见余凌云:《行政法讲义》(第3版),清华大学出版社2019年版,第97-102页。

五、结语

排污许可因其固定污染源环境监管核心制度的定位，在整个污染防治制度体系中，已然占据极其重要而独特的地位，亦肩负着为改善生态环境提供稳定有效的制度供给的使命。也正因为如此，更有必要厘清排污许可的基本法治逻辑。排污许可的法律属性、基本定位以及平衡不同的政策目标并游走在效率与公正之间的制度设计，决定了排污许可需谨守其控制污染物排放的制度功能，在行政许可的法制框架下，不断完善相关的制度规范和运作机制。

《环境资源法论丛》
第 14 卷，第 144~156 页

《民法典》施行后环境公益诉讼发展模式研究

丁晓华*

摘　要　生态环境损害赔偿诉讼和环境民事公益诉讼是我国环境公益侵权领域的两大诉讼类型，两者在起诉主体、诉前程序、赔偿范围等方面存在若干差异。《民法典》侵权责任编第七章对环境污染和生态破坏责任作出专门规定，完善了环境私益侵权责任和环境公益侵权责任的类型结构和责任体系，首次在法律层面明确了生态环境修复责任及环境公益侵权人需赔偿的各类生态损失和费用，为生态环境损害赔偿诉讼和环境公益诉讼提供了统一的实体法基础，推动了两大公益诉讼的新发展。在《民法典》模式下，基于实体法依据的趋同化和诉讼属性的一致性，生态环境损害赔偿诉讼与环境民事公益诉讼是否仍有必要分轨运行，值得探索与研究。

关键词　生态环境损害赔偿诉讼　环境民事公益诉讼　发展模式　程序整合

一、环境公益诉讼类型的差异分析

生态环境是人类赖以生存和发展的各种自然因素的综合。污染环境、

* 丁晓华，法学博士，上海市第三中级人民法院民事审判庭（环境资源审判庭、执行裁判庭）庭长，三级高级法官。

破坏生态的行为,不仅会侵害私益,也会造成环境公共利益的损失。为了保障公众环境权益,在《民事诉讼法》确立民事公益诉讼制度的基础上,2014年修订的《环境保护法》第58条对可以提起环境公益诉讼的社会组织的条件作出明确界定。为配合修订后的《环境保护法》的实施,2015年1月,最高人民法院《关于审理环境民事公益诉讼案件适用法律若干问题的解释》(已修改)(以下简称《环境公益诉讼解释》)颁布施行。《环境公益诉讼解释》规定了起诉主体、管辖法院、起诉条件、证据规则、赔偿范围、与私益诉讼的衔接、判决及执行等内容,为法院正确审理环境民事公益诉讼案件提供了依据。

为了对造成生态环境损害的责任者严格追责,规范生态环境损害赔偿案件的审理,2019年6月,最高人民法院施行《关于审理生态环境损害赔偿案件的若干规定(试行)》(已修改)(以下简称《生态损害赔偿规定》)。《生态损害赔偿规定》针对较大、重大、特别重大突发环境事件以及重点生态功能区、禁止开发区发生环境污染、生态破坏事件等情形,规定省级、市地级人民政府及其指定的相关部门、机构或者受国务院委托行使全民所有自然资源资产所有权的部门可以作为原告提起诉讼。为了将生态环境损害赔偿诉讼与环境民事公益诉讼相区别,《生态损害赔偿规定》于第16条至第18条规定了两类诉讼在审理中的先后性、审判组织的同一性、裁判后的互补性。

作为《民法典》施行之前生态环境公益侵权领域损害赔偿制度的主要法律渊源,《环境公益诉讼解释》和《生态损害赔偿规定》展示了两大诉讼的不同之处:

第一,起诉主体的差异性。环境民事公益诉讼由法律规定的机关和有关组织提起,法律规定的机关主要是指人民检察院,有关组织包括社会团体、民办非企业单位以及基金会等社会组织。而生态环境损害赔偿诉讼的原告往往是负有生态环境监管职责的行政机关,发生环境损害后,需开展损害调查、鉴定评估等工作。这些行政机关经政府指定,负责损害赔偿具体工作,可以与环境公益侵权人开展磋商,磋商不成需及时提起诉讼。

第二,诉讼程序的差异性。在环境民事公益诉讼中,受理法院需进行公告和书面告知,有权提起诉讼的其他机关和社会组织可以在公告之日起30日内申请参加诉讼,对被告行为负有环境保护监管职责的部门收到法院书面告知后可以对环境违法行为及时查处。而在生态环境损害赔偿诉讼中,受理法院无需进行公告和告知,但需审查原告是否经过了诉前磋商,只有经过磋商但未达成一致或因客观原因无法进行磋商的,原告才可以提起生态环境损害赔偿诉讼。

第三,赔偿范围的差异性。在环境民事公益诉讼中,污染环境、破坏生态行为人所需赔偿的环境损害及相关费用包括修复生态环境支出的费用、制定和实施修复方案的费用、监测监管费用、生态系统受到破坏至恢复原状期间的服务功能的损失、检验鉴定费用和原告为停止侵害、排除妨碍、消除危险采取合理预防、处置措施而发生的费用、合理的律师费以及为诉讼支出的其他合理费用。在生态环境损害赔偿诉讼中,赔偿范围进行了扩充,其增设了生态服务功能永久性损害造成的损失、为磋商支出的调查、检验、鉴定、评估等费用、应急处置费、修复完成后的验收费用、修复效果后评估费用等,体现了对损失和费用的全面考虑和全方位弥补。同时,《生态损害赔偿规定》将《环境公益诉讼解释》规定的"恢复原状"替换为"修复生态环境",并将修复生态环境置于其他责任方式之首位,凸显了我国环境司法以生态修复为首要理念。

从诉权基础、程序设计来看,《环境公益诉讼解释》所指的公益诉讼与《生态损害赔偿规定》所规定的损害赔偿之诉确实存在外观上的差别,但从诉讼目的及损害赔偿方面进行审查,生态环境损害赔偿之诉也可以被界定为一种特殊形式的环境民事公益诉讼。〔1〕可以说,广义上的环境民事公益诉讼,既包括由立法明确规定的检察院、社会组织等提起的公益诉讼,也包括行政机关提起的生态环境损害赔偿之诉。〔2〕两者在原告资格、起诉条件、前置程序、适用范围、裁判方式等方面各有特色,互为补充,是我国生态环境领域并列的两大公益诉讼类型。

二、《民法典》施行后环境公益诉讼的新变化

《民法典》侵权责任编专设第七章环境污染和生态破坏责任,明确把生态环境公共利益纳入我国侵权责任制度的保护对象。作为侵权责任编的新增条款,第1234条和第1235条分别确立了环境公益请求权的行使主体、生

〔1〕参见邓少旭:《生态环境损害赔偿诉讼:定义与定位矫正》,载《中国环境管理》2020年第3期。
〔2〕参见杨秀清、谢凡:《环境民事公益诉讼法律适用困境及其破解》,载《河北法学》2020年第5期。

态修复和赔偿范围,为环境公益诉讼和生态环境损害赔偿诉讼奠定了共同的实体法基础。具体而言,《民法典》施行后,生态环境公益诉讼领域的新变化体现在以下几个方面。

（一）请求权主体法定化

请求权是指特定人得请求特定他人为一定行为或不为一定行为的权利,请求权基础是指可以支持一方当事人向他方当事人有所主张的法律规范。《民法典》施行之前,环境民事公益诉讼原告的请求权基础来自 2017 年《民事诉讼法》(已修改)第 55 条、《环境保护法》第 58 条,《环境公益诉讼解释》第 2 条至第 5 条细化了《环境保护法》第 58 条对社会组织提起公益诉讼的要求。而生态环境损害赔偿诉讼原告的请求权系基于中共中央办公厅、国务院办公厅印发的《生态环境损害赔偿制度改革方案》(以下简称《改革方案》)所获得的国家授权,并无相应的法律规定。

《民法典》整合了上述环境公益侵权责任请求权的行使主体,于第 1234 条概括规定为"国家规定的机关"和"法律规定的组织"。其中"国家规定的机关"至少包括《改革方案》规定的省级、市地级政府和行使全民所有自然资源资产所有权的部门以及 2017 年《民事诉讼法》第 55 条第 2 款规定的检察机关。由此,生态环境损害赔偿诉讼原告资格获得了法定化,通过"国家规定的机关"这一措辞,环境监管部门等行政机关首次在法律层面成为享有环境公益请求权的主体。两大公益诉讼的原告在民事实体法上获得了统一的立法规定。

（二）修复主体及方式多元化

环境污染或生态破坏发生后,由于应急处置专业性强、效率要求高且修复工程往往会耗费相当长的时间。因此,生态环境监管机关往往会及时开展生态损害调查、评估,启动应急处置并自行或委托他人进行生态修复,尤其在侵权人已经锒铛入狱的情形下,等待其履行修复义务并无实际意义。但是,对于国家规定的机关自行或委托他人修复,直接起诉主张修复费用的,《生态损害赔偿规定》并未规定相应的判决方式,司法机关只能参照适用《环境公益诉讼解释》第 20 条第 2 款"可以直接判决被告承担生态环境修复费用"的规定,进行判决。

《民法典》第 1234 条呼应了生态环境修复的实践需求,弥补了这一缺漏。该条规定,侵权人在合理期限内未修复的,国家规定的机关或者法律规定的组织可以自行或者委托他人进行修复,所需费用由侵权人负担。这一方面扩充了生态修复的主体,除了侵权人,生态环境监管机关等国家规定的机关也可以主动作为,替代侵权人完成生态修复,同时还可以激发社会组织充分发挥主观能动性,积极参与生态修复工作;另一方面,拓宽了修复方式,明确国家规定的机关或者法律规定的组织既可以自行修复,也可以委托他人进行修复。

(三)损害赔偿范围统一化

在《民法典》施行之前,我国原《侵权责任法》围绕私益受侵害的模式设计的损害赔偿制度,并未凸显对环境公益侵权责任的关注。为了弥补这一空白,最高人民法院对环境私益侵权诉讼、环境民事公益诉讼、生态环境损害赔偿诉讼等不同诉讼形态下的损害赔偿内容分别作了规定。例如,《环境公益诉讼解释》规定了修复费用、期间损失、检验鉴定费用、合理的律师费等;《生态损害赔偿规定》增加了应急处置费、永久性损失、为磋商和诉讼支出的调查、检验、鉴定、评估等费用。

《民法典》主要吸收了《生态损害赔偿规定》的相关内容,于第1235条规定了期间损失、永久性损失、生态环境损害调查、鉴定评估等费用、清除污染及修复生态环境费用、防止损害的发生和扩大所支出的合理费用。这五大类赔偿项目,充分回应了生态环境损害赔偿制度发展的现实需要,使得生态环境损害赔偿诉讼和环境民事公益诉讼获得了生态环境损害救济的实体法基础,[3]促进了环境公益领域损害赔偿范围的统一化。在《民法典》颁布后,《环境公益诉讼解释》于2020年12月23日及时进行了修改,将"恢复原状"的责任方式修改为"修复生态环境",赔偿范围增加了"生态环境功能永久性损害造成的损失""损害调查费用""修复完成后的验收费用、修复效果后评估费用"等,凸显了与生态环境损害赔偿诉讼在赔偿范围上的统一趋势。

(四)惩罚与补偿一体化

《民法典》第1232条规定,侵权人违反法律规定故意污染环境、破坏生态造成严重后果的,被侵权人有权请求相应的惩罚性赔偿。这是惩罚性赔

〔3〕 参见占善刚、陈哲:《〈民法典〉实施背景下生态环境损害赔偿诉讼定位研究》,载《干旱区资源与环境》2021年第3期。

偿制度首次进入环境污染和生态破坏责任领域，不仅适用于环境私益侵权行为，也适用于环境公益侵权行为。在主观方面，适用惩罚性赔偿，仅限于侵权人为故意的情形；在客观方面，只有造成环境污染或生态破坏严重后果的，方能适用。在环境侵权领域，惩罚性赔偿制度与补偿性赔偿制度相结合，可以发挥惩治与预防并重的功能，既严惩环境侵权行为，又产生威慑，促使潜在行为人权衡赔偿义务和收益后主动放弃破坏生态的行为。

综上所述，《民法典》整合了环境公益请求权主体，拓展了修复主体和方式，明确了赔偿范围，创设了惩罚性赔偿制度，为环境公益诉讼和生态环境损害赔偿诉讼提供了统一的实体法基础。同时，根据《民法典》修订的《民事案件案由规定》，新设生态环境保护民事公益诉讼为三级案由，在该案由之下又列明环境污染民事公益诉讼、生态破坏民事公益诉讼、生态环境损害赔偿诉讼三个四级案由。可以说，随着《民法典》的施行，生态环境损害赔偿诉讼被正式纳入了公益诉讼的范畴。

三、《民法典》模式下完善生态环境损害赔偿诉讼的路径选择

《民法典》施行后，生态环境损害赔偿诉讼和环境民事公益诉讼均被定性为公益诉讼，二者在诉讼目的、救济对象、适用范围、赔偿标准、生态修复责任等方面具有高度重合性。为了避免理论与实践中的混乱，两大生态环境保护民事公益诉讼应当如何继续发展完善，是选择合二为一，还是仍有必要分轨运行，值得分析比较。

（一）分轨运行——维持现状之优劣考量

生态环境损害赔偿诉讼与环境民事公益诉讼继续保持分轨运行的状态，至少存在如下优势：

第一，契合现有法律渊源。根据《民法典》的规定，《环境公益诉讼解释》与《生态损害赔偿规定》分别进行了更新，且根据《民法典》修订的《民事案件案由规定》，将生态环境损害赔偿诉讼与环境污染民事公益诉讼、生态破坏民事公益诉讼均列为四级案由。生态环境损害赔偿诉讼与环境民事公益诉讼分别拥有独立的案由与相应的司法解释，继续分轨运行，可以减少立法资源的浪费，充分契合现有的法律渊源。

第二，发挥不同主体功能。在生态环境损害赔偿诉讼中，原告方往往是当地的环境监管机关，在发生环境损害事件后，环境监管机关可以及时启动

生态损害调查、评估及修复工作,在与侵权人磋商不成的情形下可以提起诉讼。在环境民事公益诉讼中,环保社会组织不受地域限制,不仅能够针对已经造成损害的环境侵权行为提起公益诉讼,还可以针对具有损害环境公益重大风险的行为提起诉讼,发挥公益诉讼的预防功能。在前述两类主体不提起诉讼的情形下,检察机关可以及时补位,提起环境民事公益诉讼。可见,在两种不同的诉讼形态中,三类主体可以各自发挥作用,相辅相成,共同维护环境公益。

第三,确保损害获得全面救济。除了《民法典》规定的生态环境损害赔偿范围,在生态环境损害赔偿诉讼中,当事人根据《生态损害赔偿规定》还可以主张的费用包括磋商费用、合理的律师费以及其他为诉讼支出的合理费用。判决作出后,对于未被涵盖的损害,国家规定的机关和社会组织还可以提起环境民事公益诉讼进行主张。反之,环境民事公益诉讼判决作出后,对于前案审理时未发现的损害,有关的环境监管机关也可以提起生态环境损害赔偿诉讼,从而确保环境公益损害得到全面救济。

但不可否认,环境公益侵权请求权存在不同的主体,不同的主体又对应不同的诉讼形态和裁判方式,实践中容易造成法律适用上的分歧和审判程序的混淆。例如,《民法典》施行之前,曾有学者认为,生态环境损害赔偿诉讼救济的是自然生态环境本身,自然资源国家所有权的私权属性决定了其属于特殊的私益诉讼。[4]《民法典》施行后,生态环境损害赔偿诉讼虽然首次被正式定性为民事公益诉讼,但纵观最高人民法院《关于适用〈中华人民共和国民事诉讼法〉的解释》(以下简称《民诉法解释》)"十三、公益诉讼"的相关规定,其诸多内容虽与《环境公益诉讼解释》一致,却与《生态损害赔偿规定》相去甚远。生态环境损害赔偿诉讼是否可以适用《民诉法解释》中的公益诉讼部分,显然会引发争议。再以审判组织为例,对环境民事公益诉讼,中级人民法院需组成七人合议庭审理,对生态环境损害赔偿诉讼,有些中级人民法院认为不属于《民事诉讼法》所指的公益诉讼而组成三人合议庭审理。

(二)合二为一——融合发展之优劣考量

生态环境损害赔偿诉讼目前已被定性为民事公益诉讼的类型之一,因

---

〔4〕参见王树义、李华琪:《论我国生态环境损害赔偿诉讼》,载《学习与实践》2018年第11期。

此,其与环境民事公益诉讼融合发展的优势也是明显的:

第一,促进法律渊源统一。从外观要件看,生态环境损害赔偿诉讼和环境民事公益诉讼在适用范围、原告资格、起诉条件、诉前程序、裁判方式等方面存在一些差别,但从制度功能及诉讼属性进行分析,二者均是为生态环境公益损害提供救济,性质均属于公益诉讼,在诉讼目的、救济对象、责任承担、赔偿范围、诉讼程序和理论基础上完全具有同质性。[5]《生态损害赔偿规定》第16条至第18条关于两种诉讼形态的衔接安排也表明,二者的诉讼目的和保护范围一致。因此,整合法律渊源,对二者进行制度统合,可以减少制度运行上的冗余。

第二,促进赔偿标准统一。《民法典》虽统一规定了生态环境损害赔偿范围,但在具体诉讼中还需依赖相关的司法解释确定相应的赔偿标准。如《环境公益诉讼解释》没有规定应急处置费用、永久性损失,而《生态损害赔偿规定》颁布在《环境公益诉讼解释》之后,不仅将应急处置费用、永久性损失纳入赔偿范围,还规定原告可以主张磋商费用。《民法典》施行后,《环境公益诉讼解释》及时进行修改,在赔偿项目的措辞、种类上吸收了《生态损害赔偿规定》的内容,增设了修复完成后的验收费用、修复效果后评估费用、生态服务功能永久性损失等。因此,生态环境损害赔偿诉讼与环境民事公益诉讼融合发展,可以进一步消除分歧,减少赔偿标准方面的差别。

第三,促进裁判方式统一。《环境公益诉讼解释》第20条明确,对于生态环境可以修复的情形,法院可以在判决被告修复生态环境的同时,确定其不履行修复义务时应承担的修复费用,也可以直接判决其承担生态环境修复费用;对于生态环境无法完全修复的情形,允许采用替代性修复方式。但《生态损害赔偿规定》对于生态环境能够修复的情形,并未允许直接判决修复费用;对于受损生态环境无法修复或无法完全修复的,仅允许判决被告赔偿永久性损失,且没有替代性修复方式。显然,两类诉讼融合发展,可以促进裁判方式的多样化,更好地保护生态环境。

当然,对于生态环境损害赔偿诉讼而言,其制度适用范围是明确的,本质上仅限于实现对受损生态环境的救济。因此,融合发展的模式可能会淡

---

〔5〕 参见李小强:《论生态环境损害赔偿诉讼与环境民事公益诉讼的制度统合》,载《甘肃理论学刊》2021年第4期。

化生态环境损害赔偿诉讼本身的特色,同时也意味着立法机关需整合或制定不同的司法解释,可能还需修改《民诉法解释》以接纳生态环境损害赔偿诉讼的融入。

(三)结论

上述两种发展路径各有优劣,但从统一实施《民法典》环境公益侵权责任及损害赔偿制度的要求来看,显然,选择融合发展的模式,可以统一环境公益领域诉讼的性质和定位,梳理相关的程序,促进我国生态环境的一体化法治保护。融合发展的必要性在于:

第一,契合权利诉求的一致性。生态环境损害赔偿诉讼和环境民事公益诉讼本质上都是为了维护环境公益,行政机关、社会组织或检察机关在权利诉求上具有实质同一性。故不论由哪一主体提起,宜适用同一诉讼类型,并由同一法律进行规制。在美国,依据其《清洁空气法》《清洁水法》的规定,任何人都可以针对涉嫌违法排污的行为人提起公民诉讼。公民诉讼的原告不仅包含美国公民,甚至国家、政府机构也是适格的原告。如在美国诉得克萨斯州台塑公司一案中,台塑公司因其违反《清洁空气法》预防化学事故发生条款,同意支付 285 万美元的民事罚金并改进其风险管理程序。原被告达成的和解协议(consent decree)经公告 30 日后,将由法院进行审查和批准。[6] 不论哪类原告提起的公民诉讼,法院均适用统一的诉讼程序,并将其界定为同一的诉讼类型。

第二,确保程序与实体的衔接。《民法典》施行后,生态环境损害赔偿诉讼和环境民事公益诉讼均依赖《民法典》提供损害赔偿的实体法依据,同时也都依赖《民事诉讼法》《民诉法解释》作为程序依据。在判断行为人的行为是否违反国家规定时,还要适用《大气污染防治法》《固体废物污染防治法》《土壤污染防治法》等环境实体法。因此,两类诉讼融合发展,可以体现环境公益损害赔偿救济的体系性和协调性,促进实体法与程序法的协调统一。

第三,避免行政执法与公益诉讼的冲突。在环境民事公益诉讼中,环保社会组织往往会对自认为已经损害环境公益或者具有损害环境公益重大风

---

[6] *Texas Plastics Corporation Will Pay Nearly $3 Million for Violating Clean Air Act*, U. S. Department of Justice (Sept. 13, 2021), https://www.justice.gov/opa/pr/texas-plastics-corporation-will-pay-nearly-3-million-violating-clean-air-act。

险的行为提起诉讼。而该行为是否违反国家规定,有时需等待相关行政机关的判断。尤其在行政执法应当优先进行的事务领域,司法机关如果直接在公益诉讼中判决行为人违反国家规定应承担责任,将与行政执法权发生重叠,违背司法权与行政权的分工。而在融合发展的模式下,行政机关、社会组织和检察机关按照同一诉讼类型和程序规则提起诉讼,可以加强不同主体之间的联络,发挥行政权的主动性与优位性,切实高效地规制生态违法行为,避免行政执法与公益诉讼裁判产生冲突或重叠。

四、生态环境损害赔偿诉讼与环境民事公益诉讼融合发展的制度探索

生态环境损害赔偿诉讼和环境民事公益诉讼具有制度功能上的重合性与诉讼属性上的一致性,两者的融合发展,除了在形式上需要制定统一的司法解释并相应修改《民诉法解释》,在具体内容上,可以从以下几个方面进行制度安排。

(一)诉讼称谓的统一

《民法典》施行后修订的《民事案件案由规定》将"生态环境保护民事公益诉讼"列为三级案由,并在该案由下将"生态环境损害赔偿诉讼""环境污染民事公益诉讼""生态保护民事公益诉讼"并列为四级案由。参照上述三级案由规定,可以将生态环境损害赔偿诉讼和环境民事公益诉讼统称为"生态环境保护民事公益诉讼",同时可以参考环境私益侵权责任纠纷根据受污染介质进行的分类,将生态环境保护民事公益诉讼细分为大气保护民事公益诉讼、水资源保护民事公益诉讼、土壤保护民事公益诉讼等四级案由。目前,环境法学者正在呼吁出台"环境法典",以期整合各类保护生态环境的实体法和程序法,两类诉讼被统称为"生态环境保护民事公益诉讼"后,还可以为将来的环境诉讼专门立法奠定基础,以实现诉讼法与实体法的深度对接。

(二)起诉主体的顺位

在已经造成生态环境损害的情形下,起诉主体可以由行政机关为第一顺位,检察机关为最后顺位。理由在于:在国家权力分布中,行政权具有主动性与优位性,发生环境事件时,生态环境监管机关本身就具有组织开展损害调查、应急处置、鉴定评估等职责,在环境案件的识别、预判和处理上更具有专业性,在生态修复方面也更有效率性,通过行政执法查明的证据还可以

作为提起诉讼的证据。因此,由行政机关作为第一顺位起诉人,可以充分发挥行政权的效能,避免执法资源的浪费。在行政机关不提起公益诉讼的情形下,环保社会组织可以提起公益诉讼。当然,法院受理此类案件后,应当书面告知环境监管机关,提醒其履行行政监管职责。检察机关作为法律监督机关,可以发挥环境公益领域查漏补缺的作用,成为维护环境公益的最后一道防线。检察机关拟提起公益诉讼的,需发出公告,公告期满,相关机关和组织不提起诉讼的,检察机关才可以起诉。

当然,在仅存在环境污染、生态破坏重大风险而没有实际损害的情形下,环保社会组织可以成为第一顺位的起诉主体,行政机关无需起诉。通过日常的监管以及行政执法手段的综合运用,行政机关本身就可以预防及制裁对环境可能造成破坏的行为,尚不必借助司法手段。如在澳大利亚,根据其《环境保护法2011修正案》、《环境保护操作法案》(POEO Act)项下的被许可企业在从事每一项被许可的活动时必须制作《污染事故应急管理计划》(PIRMP),[7]环境保护局(EPA)强制推行企业制作该计划,旨在通过日常管理,预防和降低环境污染风险。一家回收利用企业曾被环境保护局罚款8000澳元,就因为其缺乏法律要求的《污染事故应急管理计划》。[8]

(三)诉讼程序的整合

《民诉法解释》《环境公益诉讼解释》《生态损害赔偿规定》等司法解释,均有涉及公益诉讼的相关程序规定,可以通过梳理并整合,统一规定如下程序:

第一,诉前磋商。除了行政机关可以开展诉前磋商外,在我国某些省市,检察机关也可以与侵权人开展诉前磋商,达成磋商协议的,可以申请法院司法确认。在统一的生态环境保护民事公益诉讼中,可以将磋商设置为诉前程序。为了促进磋商协议的达成,有权起诉的主体启动磋商机制的,还可以通知检察机关及时参与或监督磋商。

第二,公告。公告分为诉前公告和诉中公告。检察机关作为最后顺位

---

[7] *Protection of the Environment Legislation Amendment Act* 2011, https://www.epa.nsw.gov.au/licensing-and-regulation/legislation-and-compliance/about-the-poeo-act/protection-of-enviro-leg-amendment-act-2011.

[8] *Recycling Business Fined for Lack of Pollution Plan*, epa (Sept. 15, 2021), https://www.epa.nsw.gov.au/news/media-releases/2021/epamedia210915-recycling-business-fined-for-lack-of-pollution-plan.

的起诉主体,起诉前需发出公告。对于达成和解协议或调解协议的,法院还应当进行诉中公告,公告期满无人提出异议的,法院才可以确认调解或和解协议的效力。

第三,告知。告知也分为诉前告知和诉中告知。在美国,公民诉讼制度设置了提前告知程序,即原告需要提前 60 天将"指控违法通知"发送至环保局、违法行为人以及违法行为人所在地政府。该条规定不仅能够确保环保局以及行为人所在地政府按照规定履行自身职责,避免法院承受过多的诉讼负担,也对公民随意诉讼行为起到限制作用。为了避免环保社会组织滥用诉讼权利,我国也可以规定环保社会组织在提起生态环境保护民事公益诉讼前 30 日,将拟起诉的内容告知当地环境监管机关,以便督促相关行政机关及时履行环境监管职责。法院受理检察机关或社会组织提起的公益诉讼后,应当继续进行诉中告知,提醒行政机关履行监管职责。

第四,不同主体诉讼程序的衔接。统一的生态环境保护民事公益诉讼司法解释可以列明行政机关、社会组织、检察机关等不同主体的原告资格、起诉条件、诉前程序、审理中的制度衔接等内容。当不同主体针对同一环境违法行为向不同法院提起公益诉讼时,可以明确由最先立案的法院管辖。当行政机关针对环境损害提起公益诉讼时,还要明确其具有优先性,其他主体提起的诉讼应当中止审理。当然,如果某一主体提起的公益诉讼判决后,其他主体发现遗漏损害的,可以参照《生态损害赔偿规定》第 16 条、第 18 条的规定,再次提起诉讼,由受理前案的法院受理并由同一审判组织审理。

(四)赔偿标准的完善

最高人民法院已经出台相应的司法解释,将惩罚性赔偿金明确统一适用于环境私益诉讼和公益诉讼。在根据个案认定惩罚性赔偿金数额时,可以综合考量侵权人的主观恶意、行为模式、损害后果等,确保惩罚性赔偿金与侵权人的行为、后果等程度大致相当。对于为磋商和诉讼支出的律师费以及其他合理费用,《民法典》并未提及,统一的司法解释可以加以补充规定。

(五)裁判方式的拓展

在统一的生态环境保护民事公益诉讼中,法院可以综合和拓展不同的裁判方式。对诉前磋商达成协议的,法院可以出具民事裁定书予以司法确认;诉讼中,环境监管部门依法履行职责使原告诉讼请求全部实现,原告申请撤诉的,法院应当出具民事裁定书予以准许;诉讼中,当事人经法院主持达成调解协议或者自行达成和解协议的,法院审查认为协议内容不损害社会公共利益的,应当出具民事调解书。无论是何种协议,法院均应当进行公告,只有在无人提出异议且协议内容不损害社会公共利益的情形下,法院才可以出具相应的裁定书或调解书。

在判决方式上,如生态环境可以修复,可以判决侵权人承担修复责任或直接承担修复费用,如生态环境无法修复或者无法完全修复的,可以准许采用替代性修复方式,包括异地补植复绿、增殖放流、购买碳汇并核销等;在侵权人无力承担修复费用的情形下,还可以判决其劳务代偿。

综上所述,《民法典》施行之前,生态环境损害赔偿诉讼和环境民事公益诉讼具有明显差异,两者各行其道,发挥各自不同的功能。但在《民法典》已经对环境公益侵权责任及损害赔偿等作出统一实体法规定的情形下,生态环境损害赔偿诉讼和环境民事公益诉讼宜进行归并与整合,以契合两者在制度功能上的重合性与诉讼属性上的一致性,实现生态环境公益领域实体法与诉讼形态的一致性,形成不同主体在生态环境保护中的合力,推动生态法治建设取得更大成效。

《环境资源法论丛》
第 14 卷,第 157~179 页

行政公益诉讼诉前磋商程序研究*

王天栋**

摘　要　近年来,随着行政公益诉讼实践的不断推进,诉前程序的地位和作用逐渐凸显,95%以上的案件都在诉前程序得到解决。特别是 2017 年《行政诉讼法》施行以来,行政公益诉讼案件数量同比上升显著,案件类型呈多样化态势,以诉前检察建议督促行政机关履职的单一诉前程序设置的规定,已经难以满足现实发展需要,亟待优化。探索建立行政公益诉讼诉前磋商程序是对诉前程序的创新尝试,通过其提醒、沟通、督促功能,弥补诉前检察建议的缺陷,增进理解、减少对抗,形成协同保护公益合力。为此,全国各地检察机关积极贯彻"双赢多赢共赢""坚持把诉前实现维护公益目的作为最佳司法状态"等理念,在行政公益诉讼案件办理中探索开展磋商协调,力争实现维护公益核心的双赢多赢共赢效果。但怎么进行磋商,没有明确的法律规定,司法实践做法也不同。本文通过实践现状分析,发现存在的典型性问题,在借鉴其他领域有关磋商机制的基础上提出了构建行政公益诉讼磋商程序的建议。

关键词　行政公益诉讼　诉前磋商程序　协同共治　程序衔接

* 本文系宁夏回族自治区法学会 2022 年度法学研究课题"行政公益诉讼磋商程序研究"(课题编号:Q2022NFH6)的阶段性成果。

** 王天栋,兰州大学法学院硕士研究生,宁夏回族自治区石嘴山市人民检察院第七检察部副主任。

一、问题提出:建立行政公益诉讼诉前磋商程序的必要性

(一)实现检察权与行政权良性互动的必然选择

1.搭建平等高效沟通平台的现实需要

从协同保护公益角度而言,建立诉前磋商程序是搭建平等高效沟通平台的现实需要。行政公益诉讼诉前程序虽在案件办理中具有明显的优越性,表现出较强的分流功效,[1]但同时也存在公开性不够、双向性不强等问题,这在某种程度上限制了它的作用发挥,故建立双向沟通交流的诉前磋商程序是充分发挥诉前程序功能的迫切需要,是对诉前程序的优化补充。诉前磋商程序旨在消除检察机关与行政机关的对立,通过"商量"的形式建立一个沟通平台,探讨如何修复受损公益。

2.有利于正确处理二者之间的关系

从权力运行角度来看,建立诉前磋商程序有利于"双向信息交流",通过信息互通,促进检察机关与行政机关理解互信、凝聚共识,进而使检察权与行政权处于一个良性的交互循环中,如此既督促行政机关主动履职、消除损害,又节约了司法办案资源和时间,提高了行政公益诉讼的整体实效。[2] 检察机关与行政机关都由人大产生,对人民负责,最终目的都是维护人民利益,具有高度的同一性,为双方协作提供了价值基础,而诉前磋商程序则为双方提供了交流合作的沟通平台。在我国,行政公益诉讼制度突出了检察机关的支配地位,因此,在行政公益诉讼中检察权介入行政权具有一定的合理性,为使行政机关能够善意地理解和接受,诉前磋商程序成为检察权介入行政裁量权的首选路径,其使二者保持柔和的关系,既尊重行政权的自我纠正,也促使检察权保持谦抑。

(二)践行双赢多赢共赢理念的重要举措

双赢多赢共赢是顺应新时代党和人民需要的法律监督理念,合作共赢已成为博弈各方的主流价值追求。通过建立诉前磋商程序,强化沟通协调工作机制,调动行政机关自我发现问题、解决问题的积极性和主动性,与行政机关形成良性、互动、积极的工作合作关系,形成法治建设合力,以特色监

---

〔1〕 参见薛志远、王敬波:《行政公益诉讼制度的新发展》,载《法律适用》2016年第9期。

〔2〕 参见胡卫列、迟晓燕:《从试点情况看行政公益诉讼诉前程序》,载《国家检察官学院学报》2017年第2期。

督的方式,解决突出问题,维护国家和社会公共利益。〔3〕检察监督并非零和博弈,要坚持贯彻双赢多赢共赢的理念,虽然检察机关和行政机关的职责分工不同,但工作目标和追求的结果却是一致的。〔4〕行政公益诉讼不只是监督行政机关依法履职维护公益,也不在于问责,其关注点应当是一定领域内检察权与行政权的合作治理。〔5〕行政公益诉讼诉前程序是多主体参与的一种公开沟通机制,是融合外部监督与自我纠错的复合型模式,实践中有的行政机关希望检察机关能以更柔性的方式进行监督。而诉前磋商正是更柔性的监督方式以及体现双赢多赢共赢的生动实践,其以最少的司法投入,实现最佳的诉讼效果,全面提升了司法效率,充分体现了"三个效果"的统一。

(三)优化诉前程序的创新路径

当前行政公益诉讼诉前程序的法定监督方式是诉前检察建议,实践中可能会出现因凑数或完成考核指标而滥发检察建议的情况,尤其是因缺乏与行政机关交流沟通且有的检察人员业务能力欠缺时,有的检察建议制发不规范、内容性不强、说理不充分,在一定程度上加剧了检察机关与行政机关的对抗情绪,进而对检察监督实效性与公信力产生较大负面影响。同时检察建议制发后,检察机关有时只关注回复情况而忽视实际整改的成效,难以达到预期的效果。此外,如果检察建议的对象涉及多个行政机关,在缺乏沟通达成共识的情况下,可能出现行政机关相互推诿扯皮的现象,延缓或阻碍公益的及时维护。因此,亟需完善诉前程序设计,优化监督方式,从根本上解决问题,而具备提醒、沟通、督促功能的诉前磋商程序就是创新诉前程序规则的一种有效方式,其不仅能够弥补诉前检察建议的局限性,消解检察机关与行政机关之间的对抗情绪,协同保护公益,还有助于推动形成长效解决机制。比如重庆铁路运输检察院通过"诉前磋商+检察建议"的形式,对铁路新领域存在的隐患问题推进形成了"点、线、面"的综合整治模式。重庆铁路运输检察院于2019年4月收到一条关于燃气管道违规穿越渝万高

〔3〕参见最高人民检察院民事行政检察厅编:《检察机关提起公益诉讼实践与探索》,中国检察出版社2017年版,第11-15页。

〔4〕张军:《最高人民检察院关于开展公益诉讼检察工作情况的报告》,载最高人民检察院官网,https://www.spp.gov.cn/spp/tt/201910/t20191024_435925.shtml。

〔5〕参见刘艺:《论国家治理体系下的检察公益诉讼》,载《中国法学》2020年第2期。

铁线路的举报。经过对相关线索的分析研判,重庆铁路运输检察院组建了办案组,并牵头组建了一个联合调查组展开调查。根据调查结果,重庆铁路运输检察院多次召开磋商会议,对事故原因进行分析,确定事故责任,并对涉及的公益损害事实认定、安全规范适用、整改治理方案等关键问题进行全面阐述,引导各方形成共识,同步明确相关单位的整改责任和整改方案。为此,重庆铁路运输检察院向垫江县经信委和成都铁路监管局提出诉前检察建议,要求对高铁安全隐患进行全面监管、开展专项治理,并督促相关部门开展整改。重庆铁路运输检察院在整改过程中同步进行督导,对问题进行协调和解决。据此,重庆铁路运输检察院与铁路运营单位签订了公益诉讼协作意见,构建了“点、线、面”的高铁安全隐患治理体系。[6]

二、制度现状:行政公益诉讼诉前磋商的制度现状

(一)规范依据

经过两年试点,2017年《行政诉讼法》将行政公益诉讼制度从法律高度确立下来。2018年《关于检察公益诉讼案件适用法律若干问题的解释》(已修改)(以下简称2018年《检察公益诉讼解释》),强调了诉前程序的重要性。2019年8月,在全国检察机关公益诉讼专项活动总结视频会议上,[7]最高人民检察院副检察长张雪樵首次提出设立行政公益诉讼磋商程序。2019年10月,张军检察长在公益诉讼检察工作情况报告中强调,要将磋商作为提出检察建议的必经程序,重点办理存在阻力和需要协调解决的疑难案件。[8] 2020年《关于积极稳妥拓展公益诉讼案件范围的指导意见》规定,要加强与行政机关的磋商,新领域行政公益诉讼案件立案后应当及时就特定事项开展磋商,涉及多个行政机关的,可通过圆桌会议共同磋商。2021年4月,《“十四五”时期检察工作发展规划》要求建立行政公益诉讼磋商程序,推动行政机关主动履职整改。2021年7月,《人民检察院公益诉讼办案

---

[6] 参见陈久红:《高铁安全隐患系统治理的行政公益诉讼路径实践与创新》,载《中国检察官》2021年第6期。

[7] 2019年8月30日,最高人民检察院副检察长张雪樵在全国检察机关公益诉讼“回头看”专项活动总结暨推进公益诉讼办案规范化电视电话会议讲话《公益诉讼规范办案的几个问题》中,首次提出设立行政公益诉讼磋商程序。

[8] 张军:《最高人民检察院关于开展公益诉讼检察工作情况的报告》,载最高人民检察院官网,https://www.spp.gov.cn/spp/tt/201910/t20191024_435925.shtml。

规则》(以下简称《办案规则》)第 70 条,对磋商事项、磋商方式等进行了原则性阐述,[9]但是对于行政公益诉讼磋商程序的法律定位、启动时机、磋商结果的效力、监督机制等却没有从立法上予以明确。由于立法缺位、规则规定过于原则,因此在司法实践探索中,检察机关通过诉前磋商程序办理行政公益诉讼案件时会做法不一。

(二)地方检察机关规定

早在 2018 年 5 月福建省莆田市秀屿区检察院就积极探索建立行政公益诉讼磋商机制,以拟向行政机关发出诉前检察建议前,围绕可能影响案件定性或存在较大争议的问题与多部门深入研究探讨,提前议定具体完整、切实可行的解决方案。自 2019 年 8 月 30 日最高人民检察院张雪樵副检察长在讲话中提出增加磋商程序以来,陆续有检察机关开始尝试,以诉前磋商方式来实现诉前程序创新的有益探索。2020 年 3 月,浙江省婺城区人民检察院与区农业农村局等四部门,探索建立行政公益诉讼诉前磋商工作机制办法,明确由人民检察院启动诉前磋商程序、5 项适用情形、检察机关与行政机关沟通协作、7 项磋商会议流程、公开公正原则等内容;上海市金山区检察院于 2020 年 4 月,对行政公益诉讼磋商制度规定进行了探讨制定,强调立案后磋商,明确磋商主体、形式、工作记录等内容,审慎提出先选取部分案件探索适用,再适时逐步扩大适用范围的意见;2020 年 5 月,陕西省陇县人民检察院制定印发了《建立行政公益诉讼诉前磋商的实施意见》,规定了 7 种适用情形,并对诉前磋商的目的意义、启动主体及程序、磋商形式和内容、跟进监督等作了明确规定;2020 年 7 月,黑龙江省鸡西市鸡冠区人民检察院制定了《行政公益诉讼诉前磋商规范指引》,从理念、4 种适用情形、立案后启动、跟进调查等方面进行了明确;辽宁省千山区人民检察院制定了《公益诉讼磋商程序工作办法(试行)》,其既规定了诉前磋商的适用范围、形式、期限、磋商结束、归档等内容,又引入了告知、联席会议、自愿原则;2021 年,四川省资阳市乐至县人民检察院出台《行政公益诉讼磋商暂行办法》,明确针对案件事实清楚、两益损害程度轻微、行政机关违法履职或不作为情

---

[9] 《人民检察院公益诉讼办案规则》第 70 条规定:"人民检察院决定立案的,应当在七日内将《立案决定书》送达行政机关,并可以就其是否存在违法行使职权或者不作为、国家利益或社会公共利益受到侵害的后果、整改方案等事项进行磋商。磋商可以采取召开磋商座谈会、向行政机关发送事实确认书等方式进行,并形成会议记录或者纪要等书面材料。"

节轻微、监管职责交叉或有一定争议的案件探索适用磋商方式,对磋商形式、办案期限等也进行了明确;福建省南平市检察院出台《行政公益诉讼磋商程序工作指南》等。上述地方试图从区域制度层面上指导开展诉前磋商工作。

三、实践现状:行政公益诉讼诉前磋商的实践探索

(一)实践概况

在检察机关提起公益诉讼试点两年期间(2015年7月至2017年6月),全国13个省、自治区、直辖市860个人民检察院共办理8705件行政公益诉讼案件。其中办理诉前程序案件7676件,督促履职5162件,占比77.1%。[10] 2017年,《行政诉讼法》将行政公益诉讼制度确立为一项重要的制度内容。2018年全国共立案办理108,767件行政公益诉讼案件,大约是试点期间的12倍;[11]发出诉前检察建议101,254件,占比93.09%,检察建议采纳率达97.2%,案件范围涉及法定四大领域及英烈权益保护领域。[12] 2019年全国检察机关办理行政公益诉讼案件119,787件,同比上升10.1%,发出诉前检察建议103,076件,同比上升1.8%,绝大多数问题解决在诉前。[13] 2020年全国办理行政公益诉讼案件137000件,发出诉前检察建议117573件,同比增长14.06%;积极稳妥拓展新领域,对群众反应强烈的公共利益损害问题立案27000件,比2019年增加3.4倍,典型的有铁路沿线环境安全治理、长城保护专项监督、文物古迹专项保护、小区内"飞线充电"专项整治、网络餐饮平台"二选一"不正当竞争行为治理等领域案件。[14] 从上述可以看出,行政公益诉讼案件总量持续增长,案件类型多样,绝大多数案件在诉前得以解决。但在诉前程序中,制发检察建议的单一

---

〔10〕 参见徐日丹:《试点两年检察机关办理公益诉讼案件9053件》,载《检察日报》2017年7月1日,第2版。

〔11〕 参见马怀德:《新时代行政公益诉讼制度的发展与实践》,载《人民论坛·学术前沿》2019年第5期。

〔12〕 2019年3月12日在第十三届全国人民代表大会第二次会议上《最高人民检察院工作报告》。

〔13〕 2020年5月25日在第十三届全国人民代表大会第三次会议上《最高人民检察院工作报告》。

〔14〕 2021年3月8日在第十三届全国人民代表大会第四次会议上《最高人民检察院工作报告》。

方式容易产生认识分歧和对抗情绪，无法充分释放诉前程序功效，此时能将文来文往式“对抗”转变为面对面式“对话”的诉前磋商程序受到广泛关注，力争检察监督与行政纠错进入加速状态。

实践中，全国各地检察机关在行政公益诉讼案件办理中都进行了一定程度的磋商探索，但由于缺乏官方数据统计，未能准确地掌握各地检察机关采用磋商方式、办理行政公益诉讼案件的确切数据。故本文选择从新闻媒体的公开报道数据进行统计，以获得行政公益诉讼磋商的相关资料，并对目前我国行政公益诉讼磋商的实践现状进行分析。

为保证数据资料的完整、准确，以“慧科新闻检索数据库”为检索平台、以检察机关启动行政公益诉讼试点时间节点“2015 年 7 月 1 日”为起点、以“行政公益诉讼磋商”为关键词，在媒体公开报道信息中检索。在慧科新闻检索数据库新闻搜索栏键入关键词“行政公益诉讼磋商”，[15] 日期设置为“2015 年 7 月 1 日至 2021 年 12 月 31 日”，媒体来源全选，包括报刊、网站、论坛、博客等；媒体类别全选，即综合新闻、财经管理、其他行业新闻等；媒体地区全选，包括华北、东北、西北、西南、华南、华东等；搜索范围选择全文搜索，包括标题和内文，搜索出媒体已公布(包含转载)行政公益诉讼案件磋商的新闻信息共计 5065 条，其中报刊 35 条、网站 5028 条、论坛 1 条、博客 1 条。

从报道时间看，从 2018 年尝试建立行政公益诉讼磋商机制开始，2018 年只有 1 条信息，即《福建日报(数字报)》于 2018 年 6 月刊发的《秀屿探索建立行政公益诉讼磋商机制》一文；没有关于 2019 年的相关报道信息；2020 年对行政公益诉讼磋商案件信息的公开报道有 1011 条信息(报刊 9 条、网站 1001 条、博客 1 条)；2021 年公开报道行政公益诉讼磋商案件信息共计 3862 条(报刊 23 条、网站 3838 条、论坛 1 条)，同比上升 282%。从新闻信息的发布和传播的地域来分析，对行政公益诉讼磋商信息的报道主要集中在北京(3293 条)、广东(1412 条)、上海(200 条)、福建(37 条)、四川(18 条)、湖南(17 条)、江苏(16 条)、江西(10 条)、浙江(9 条)、湖北(8 条)等 10 个省份。

---

[15] 具有新闻搜索/浏览、对比分析等功能的一站式新闻搜索平台，内容包括 1200+种报刊和 8000+网站的新闻资讯，平面媒体涵盖全国综合大报、党委机关报、都市报、行业报刊媒体，辐射市级媒体；大部分新闻报刊从 2000 年开始收录，部分新闻历史回溯到 1998 年。

从报道内容看,选取公开报道的能够显示文章内容并可阅读的196条行政公益诉讼磋商信息进行分析,通过梳理发现,该196条信息共报道行政公益诉讼磋商案事例为43起,其大多为基层检察院在行政公益诉讼案件的个案办理中尝试适用磋商且首次适用磋商的比例较高;已探索制定了十余起行政公益诉讼磋商机制,如湖北省潜江市人民检察院建立了自然资源领域行政公益诉讼诉前磋商机制等。

(二)运行现状

1. 诉前磋商程序的启动

第一,启动时机。有的检察机关在立案前召开圆桌会议充分沟通、共同研究方案、协商解决措施,如黑龙江亚布力检察院通过行政公益诉讼立案前的圆桌会议有效治理多年的水污染,〔16〕有效实现受污染环境的修复。但大多数检察机关则是在立案后一定期限内启动磋商,且在制定的规范中有明确规定,如上海市金山区检察院在出台的《关于检察行政公益诉讼磋商制度的规定(试行)》中强调磋商程序应在行政公益诉讼案件立案后7日内启动。

第二,启动主体。启动诉前磋商程序的主体是检察机关,这在地方检察机关探索建立的规范机制中有明确规定,如浙江省婺城区检察院联合四部门探索建立的《行政公益诉讼诉前磋商工作机制实施办法》中,就明确规定诉前磋商程序由人民检察院负责启动。

第三,告知程序。实践中有发送告知函、磋商函等告知方式。金山区检察院规定由办案部门以告知函形式将立案情况送达行政机关,行政机关签署送达回证。鸡冠区人民检察院在磋商规范指引中规定,承办人在立案审查报告中要写明拟适用磋商程序的内容,先呈请检察长审核同意,再通知相关行政机关。千山区人民检察院引用行政处罚告知程序,规定在磋商案件办理中,应当告知行政机关相关事实、理由、依据及相应的法律后果,行政机关享有陈述和申辩的权利。

2. 适用范围和阶段

第一,案件适用范围。案件领域分布涉及生态环境和资源保护等法定

---

〔16〕　参见韩兵、鞠红松、季岩:《黑龙江亚布力:行政公益诉讼立案前圆桌会议见实效》,载《检察日报》2019年12月26日,第2版。

领域,且生态环境和资源保护领域适用诉前磋商程序较多,此外,在公共安全、文物和文化遗产、特殊群体权益保护等新领域也有探索适用。各地规定的适用情形范围具有一定差异,如婺城区人民检察院明确发现问题情节轻微等5项适用情形;陇县人民检察院将行政公益诉讼诉前磋商的适用情形细化为公益受到侵害程度轻微等7种情形。

第二,适用阶段。大多检察机关在诉前检察建议制发阶段之前单独适用行政公益诉讼诉前磋商,通过诉前磋商督促履职达到保护公益的目的,终结案件,若磋商不成再制发检察建议;也有检察机关在提起诉讼阶段前采取"磋商沟通+检察建议"的方式联合适用,做好公共利益守护者,如河南省禹州市人民检察院在磋商基础上依法发出检察建议,〔17〕形成共识,确保整改到位;还有检察机关在发出检察建议后,针对行政机关确有整改困难、需协调配合等情形,举行圆桌会议,加强沟通协作,形成1+1>2的保护合力。〔18〕

3. 磋商主体和形式

第一,磋商主体。有单独磋商,即检察机关与一个行政机关进行磋商;也有联合磋商,此类情形居多,即检察机关与职责交叉的多个行政机关进行磋商;还有邀请第三方参与磋商的情况,其体现出一定的公开性。如湖北省黄冈市黄州区人民检察院针对一起非法占地案件启动磋商程序,与市自然资源和规划局、城市管理执法委员会等相关行政单位进行磋商,并邀请人民监督员到场监督。

第二,磋商形式。主要以会议磋商为主,有磋商会议、座谈会、联席会议、圆桌会议等形式;还有电话磋商、发出《行政公益诉讼案件事实确认书》或《磋商意见书》等形式,如乐至县人民检察院办理某安置房小区建筑垃圾、生活垃圾长期露天堆放案时,通过电话磋商、送达《磋商意见书》等形式与行政机关达成共识后,行政机关3日内就完成整改。此外,确有必要时还可采取现场磋商形式,如汉中市人民检察院针对某小区附近垃圾箱污染环境、影响居民生活的问题,决定以磋商方式督促相关部门依法履职,与区城管局、某街道办事处在涉案现场磋商,并达成了现场磋商协议,尽快高质高效完成整改,切实达到"办理一案、治理一片、教育社会面"的良好效果,在

〔17〕 参见汪伟宏:《活用"检察建议+"做实公益诉讼》,载《检察日报》2021年10月27日,第11版。

〔18〕 参见《福建省人民检察院关于建立行政公益诉讼诉前圆桌会议机制的规定(试行)》。

推进国家治理大局中作出应有的贡献。[19]

4. 磋商时限

有的检察机关限定在40日内,如乐至县人民检察院通过磋商方式办理的案件,从立案到终结一般在40日以内;有的检察机关限定在1个月内,如山西晋城市阳城县人民检察院简化了办案流程,缩短了办案周期,磋商期限为1个月,不论是否整改、整改效果怎么样,都要在1个月内作出书面答复;有的检察机关规定根据案件的特殊性或繁简情节,可适当延长或缩短磋商期限,例如,阳城县人民检察院规定在诉前磋商期间,如果某些预防性、公益侵害程度明显轻微,可以马上进行纠正或整改的,一般采用简易程序,在15日内由独任检察官和书记员完成。

5. 磋商结果

从达成结果的载体上来看,经磋商达成结果后,有磋商会议记录、磋商会议纪要、磋商会议备忘录等载体形式。如遵义市汇川区人民检察院在召开行政公益诉讼磋商座谈会后,形成会议记录;新余市人民检察院针对该市主城区餐饮企业违规排污问题召开行政公益诉讼磋商会后,形成磋商备忘录;龙山县人民检察院就非法售卖野生动物线索召开行政公益诉讼诉前磋商座谈会,形成《龙山县人民检察院行政公益诉讼诉前磋商会议纪要》,并向县人大和县委政法委进行了备案。

四、实践困境:行政公益诉讼诉前磋商程序问题反思

(一)缺乏明确的法律规定

1. 法律定位不明

在加强协作配合、规范办案机制、建立制度、参与社会治理等方面,虽然各地检察机关对行政公益诉讼诉前磋商做了大量的探索,但目前除了《办案规则》等规范性法律文件对诉前磋商程序从适用情形、磋商方式等方面进行了原则性阐述外,还没有上位法对其予以确立并对其法律定位予以明确。[20] 在司法实践中,立法上的缺位,导致检察机关在诉前磋商的法律定

---

〔19〕 参见陈林:《协商沟通促进行政公益诉讼实现共赢》,载《检察日报》2020年4月12日,第3版。

〔20〕 参见何莹、宋京霖、莫斯敏:《行政公益诉讼磋商程序研究》,载《中国检察官》2020年第19期。

位和功能作用上存在不同的认识和做法。部分检察机关采取诉前磋商的方式来处理错综复杂的职权交叉案件,从而形成公益保护的合力。为了节约资源、提高效率,有的检察机关采用诉前磋商程序,对情节较轻的案件进行处理;还有的检察机关为简化流程和分流案件,把磋商程序作为必经审查程序。诉前磋商程序的法律定位的不明确将会影响程序的建构思路,故其亟待厘清。

2. 启动主体不明确

《办案规则》未将行政机关纳入诉前磋商程序启动主体的考量范畴,实践中也只是强调检察机关主动启动磋商程序。此外,如果行政机关在职权划分、整改方案、后续的整改落实等事项上有异议,能否申请检察机关启动诉前磋商程序没有明确规定。

3. 文书设置不统一

检察业务应用系统对适用诉前磋商程序办理行政公益诉讼案件的程序节点及相关法律文书尚未统一设置。实践中,磋商函及形成的磋商会议记录均在系统外体现且没有统一的格式及文号。考核指标不健全,经磋商整改到位的案件工作效果在办案统计中尚未体现出来。

(二)与其他程序制度衔接路径不畅

1. 与调查核实制度的顺位关系不明

诉前磋商与调查核实应当并行,还是应当区分先后顺位?有观点认为,调查核实是诉前磋商的基础,没有调查核实就不能进行有效的磋商,调查核实应当是磋商的前置程序条件;也有观点认为,诉前磋商和调查核实无先后顺序之分,根据案件具体情况灵活掌握即可;还有观点认为,调查核实权缺乏有效的配套保障措施,有时存在一定阻力需要预先对话沟通,磋商是充分有效调查核实的前提,应当先磋商后调查核实。关于磋商与调查核实程序的衔接,尚待进一步讨论。

2. 与诉前检察建议的衔接不紧密

有观点认为,两者的功能是重合、相通的,都具有监督履职、分流案件和节约资源的功能作用,[21]所以设立磋商毫无必要。也有观点认为,诉前磋商和诉前检察建议是相互联系,但又互相独立的关系,在案件办理过程中,

---

〔21〕 参见覃慧:《检察机关提起行政公益诉讼的实证考察》,载《行政法学研究》2019年第3期。

诉前磋商大多依赖于诉前检察建议的救济和诉讼前置。在诉前磋商程序与诉前检察建议二者关系的把握上,尚未充分厘清二者之间的联系,致使诉前磋商程序与诉前检察建议的衔接不紧密。

第一,磋商结果落实不到位又进入制发检察建议阶段。这主要反映在协商达成后,进入检察建议阶段的磋商终止上,其具体表现是对磋商协议的后续执行不够及时,协商达成一致后,对行政机关没有及时跟进监督,致使磋商协议没有得到完全、有效地执行,并进入了制发检察建议阶段,造成了司法资源的浪费。

第二,未达成磋商合意但又耽搁制发检察建议的最佳时机。这反映在没有协商一致,没有进一步开展调查审查,没有及时制发诉前检察建议,不能持续开展后续监督等方面,其不利于检察机关审查行政机构履职情况、及时维护受损公共利益,从而较大程度地影响了司法办案效率。

(三)行政机关是否"依法履职"难以认定

1.缺乏统一的认定标准

实践中,检察机关和行政机关在依法履职认定上往往各抒己见。在行政公益诉讼诉前磋商程序中,行政机关是否存在违法行使职权或者不作为的行为,仍然是主要争议的焦点。因违法行使职权行为特征显著,检察机关容易作出判断。行政不作为是导致公益受损的主要因素,因识别标准不明,往往难以认定。[22] 有学者提出可能构成不作为的行为标准:一是违法行为是否停止;二是法律手段是否穷尽;三是拒绝履行法定职责有无法定理由。[23] 行政机关是否履行了法定职责,目前没有明确相应的履职标准,在理论上有三种观点:[24]第一,行为标准说。该说认为,行政机关将法定职责落到实处,依法穷尽了监管措施,即使公益受损状态未消除,也应当认定行政机关依法履职。第二,结果标准说。该说不仅要求充分履职,还要看公益维护的实际效果,只要公益受损的状态未消除,就应认定未依法履职。[25]

---

〔22〕 参见王春业:《行政公益诉讼"诉前程序"检视》,载《社会科学》2018年第6期。

〔23〕 参见刘学涛、潘昆仑:《行政公益诉讼中诉前程序职责履行的认定标准》,载《中共山西省委党校学报》2020年第3期。

〔24〕 参见韩建设、常盛、丁盼:《行政公益诉讼"诉前程序"与"诉讼程序"衔接制度优化》,载《滁州职业技术学院学报》2020年第4期。

〔25〕 参见卢超:《从司法过程到组织激励:行政公益诉讼的中国试验》,载《法商研究》2018年第5期。

第三，综合标准说。该说认为，行政公益诉讼诉前程序中职责履行的认定标准，应着眼于行政公益诉讼核心目的的实现，即及时有效维护受损公益，保护国家利益和社会公共利益得到最佳实现。但实践中的认定障碍尚未消除，比如认定行政机关法定职责的依据仅限于法律法规还是包括规范性文件？是否需要区分行政不作为的程度层次？对不作为的认定是对行为的认定还是对结果的认定？这些都需要统一、具体的认定标准来确定。[26]

2. 整改效果评估缺乏合理性

(1)整改评估方式单一

公共利益受损，特别是对生态环境的破坏，常常具有系统性和复杂性，要做出客观、全面、真实的判断，需要有专门的鉴定评估。而在实践中，一般都是根据承办人的主观认识来判断评估，例如在生活垃圾污染环境案件中，对是否整改完成的判定，大多都是根据现场照片来判定是否已经清理干净；对于土质、土壤甚至微生物等的损害，从微观、专业角度判断其是否已经得到修复，这一点几乎是空白的。另外，虽然最高人民检察院有对案件"回头看"的考核验收的制度规定，但说到底也只是内部自行开展的考评和验收，或仅仅是上级不定期进行的督导工作。行政机关履行职责、公益救济的充分与否，大部分都是由检察机关的内部判断和评价来认定的，并未在办案中形成"规定动作"。这种间歇性、单向性的整改评估方式的合理性值得怀疑。

(2)整改到位的评判标准不明确

根据《检察公益诉讼解释》，行政机关要在规定期限内，将依法履职情况书面回复检察机关，检察机关根据回复意见，对行政机关整改是否到位、受损公益是否得到有效维护作出判断。目前，在诉前磋商程序中，对行政机关是否整改到位的判定，既没有明确的立法基础，也没有统一的具体运作机制。在司法实践中，既有对国家或社会公共利益受损与行政机关履职不到位的认识误区，也有对行政机关履行职责的正常、合理范畴认识不准确的问题。

(四)诉前磋商监督机制不完善

1. 缺乏明确规定

在制度设计上，诉前程序有"柔性"程序之称，因此作为诉前程序方式

---

[26] 参见张袁：《行政公益诉讼中违法行政行为判断标准的实践检视与理论反思——以1021起裁判样本为考察对象》，载《行政法学研究》2022年第2期。

之一的诉前磋商程序也就难免“刚性”不足。虽然适用诉前磋商程序办理行政公益诉讼案件的成效显著,但诉前磋商程序正处于摸索阶段,现行法律、司法解释没有明文规定检察机关启动磋商的程序、过程以及后续跟进的监督和惩罚机制。

2. 监督手段乏力

当磋商期限届满,公益受损状态仍未消除,或者行政机关不认真履行磋商协议时,由于诉前磋商程序本身缺乏监督约束力,没有强有力的跟踪监督和追责问责机制,只能通过制发检察建议或提起行政公益诉讼的手段加以督促。

3. 监督机制不够全面

孟德斯鸠认为权力需要监督,否则容易滥用。在诉前磋商程序中,检察机关与行政机关沟通协商、妥协退让,并不是对受损公益的降等保护,而是既要强化对行政机关的监督,让公益保护更及时,也要重视对检察机关的监督,防止权力的滥用。现行机制尚未将内部监督与外部监督机制有机统一起来,也没有与其他监督力量形成完整、全面、系统的合力。

五、内容建构:行政公益诉讼诉前磋商程序的构建建议

(一)应遵循的原则

1. 合法合理原则

权力行使必须以宪法和法律规定为依据,在宪法法律范围内履行职责、开展工作,确保检察权、行政权等依法正确行使,维护法制的统一和权威。[27] 磋商必须严格依法有序进行,在法律框架和有关规范范围内,开展磋商协调达成磋商协议。检察机关启动诉前磋商程序是履行法律监督职责的职权行为,必须遵守宪法法律规定,对于法律规定没有明确的内容,也必须在政策规范和法理范围内开展。合法是对法律监督有效性的基本要求,也是监督效力的刚性反映。合理性在于,只有以确凿的证据来证实客观事实,才能对相关的司法和行政行为做出判断。根据该原则,对其提出修改的磋商意见,如果缺少对事实的确认和举证的法律监督,那么它的法律监督就

---

〔27〕 孙谦:《新时代检察机关法律监督的理念、原则与职能——写在新修订的人民检察院组织法颁布之际》,载《检察日报》2018年11月3日,第3版。

会失去刚性效力。所以,要确保有足够的证据来证实监督的事实,并且这些证据应当符合客观性、真实性、关联性等证据属性。[28]

2. 自愿平等原则

磋商是现代民主法治观念下契约精神的一种体现,应当遵循自愿平等原则。诉前磋商的目的是通过检察机关与行政机关的平等对话沟通,协同维护公益最优化,所以双方必须具有平等的法律地位。检察机关虽然基于法律监督职能与行政机关是监督与被监督的关系,但在启动诉前磋商程序时,应当尊重行政机关的意愿,磋商各方可按照自己的意愿来决定是否进行磋商。但此处的意愿并非指有无维护受损公益的自愿,而是强调开展诉前磋商的自愿。只有检察机关与行政机关的磋商地位平等,且怀有想方设法维护公益的意愿自愿参与磋商,才会有真诚实意沟通、形成公益保护合力的磋商效果。[29]

3. 高效灵活原则

诉前磋商程序是一个简易的办案流程,侧重于程序性,贵在速效,以尽可能低的成本达到最好的效果。第一,磋商程序的期间设置要短。一般在立案 7 日内主动与行政机关进行磋商。第二,磋商对象要精准。运用诉前磋商程序办理案件,要真正发挥领导办案的"头雁"效应,可尝试由院领导包案办理重大疑难复杂、具有典型性、代表性的一些磋商案件,由院领导一包到底,一方面,领导领衔办案容易引起行政机关的重视,可以协调调动更多的资源,为公益有效维护创造条件;另一方面,领导直接参与磋商,更能增进双方的理解和支持,更容易达成共识、形成合力,更快地形成整改方案、维护公益。第三,磋商后要及时决断。开展诉前磋商是为了再次分流案件、提高效率、节约资源,所以在一定时间内经过磋商仍无法达成共识的,检察机关要及时终止磋商,运用其他监督手段督促履职。第四,磋商方式、次数等应具有灵活性。磋商方式的选择、磋商次数的多少,最终目的都是通过诉前磋商程序办好案,把公益问题解决在诉前。可以根据磋商案件的具体情况灵活增加磋商次数,探索引入公益诉讼观察员、特邀检察官助理等参与诉前

---

〔28〕 参见傅信平主编:《检察公益诉讼研究——贵州司法实务样本》,中国检察出版社 2021 年版,第 159-161 页。

〔29〕 参见马超:《行政公益诉讼诉前磋商机制》,载《华南理工大学学报(社会科学版)》2021 年第 4 期。

磋商,办准办好每一起磋商案件,通过扎实的办案工作、良好的办案效果,让被监督者增强思想认同、情感认同、工作认同。

4. 诚实信用原则

借鉴争端解决机制中善意原则的规定,而善意可作为诚实信用原则的基本内容之一,故在行政公益诉讼诉前磋商程序中可贯彻《民法典》确立的诚实信用原则。经磋商达成的磋商协议(或会议纪要)在某种意义上是一种具有契约精神的协议,依照契约自由原则,行政机关有权选择根据自己的真实意思表示达成磋商合意,形成磋商协议(或会议纪要)。根据《民法典》诚实信用原则,行政机关在自愿真实的基础上达成磋商协议(或会议纪要)后,应当秉持诚实,恪守承诺,受到其约束。在磋商过程中,行政机关可能存在的借磋商拖延履行时间、不配合调查核实、无正当理由不参加磋商会议或者拒绝在磋商会议载体上签字以及行政机关认为其依法履职,而受损公益不是其不履行职责造成的、没有法定职责但不能提供相关证据的行为,应视为违背了诚实信用原则中的善意行为。在上述几种情况下,检察机关应当适时启动检察建议程序或提起诉讼程序。[30]

(二)诉前磋商程序的内容

1. 法律定位和适用范围

(1)明确法律定位

第一,在立法中确立行政公益诉讼诉前磋商程序。在诉前磋商程序机制上进行全方位设计,加快推进行政公益诉讼立法,对行政公益诉讼诉前磋商程序进行统一规定,并明确将诉前磋商程序作为行政公益诉讼诉前必经程序的法律定位。在专门的"行政公益诉讼法"出台之前,可以先修改我国《行政诉讼法》第25条,将诉前磋商程序作为必经前置程序予以明确规定。还应继续推动省级人大常委会出台公益诉讼专项决定,推动地方性法规中增设行政公益诉讼诉前磋商程序条款。此外,积极推进行政公益诉讼立法研究,配合立法机关开展相关调研,适时提出行政公益诉讼专门立法建议。

第二,在司法解释层面具体细化内容。对于法律粗疏之处或者原则性规定,最高人民法院、最高人民检察院可以通过出台相关司法解释或会同有

[30]　参见杨惠嘉:《行政公益诉讼中的磋商程序研究》,载《暨南学报(哲学社会科学版)》2021年第9期。

关部门出台指导意见，对适用诉前磋商程序办案中的具体适用法律问题进一步予以明确，不断提高行政公益诉讼工作的科学化、精细化水平，推动行政公益诉讼更全面、更合理、更有效地运行。

(2)明确适用范围

随着公益诉讼新领域探索，行政公益诉讼案件的范围既有法定领域案件，也有等外领域案件。为更好发挥诉前磋商程序过滤分流的功能，诉前磋商程序适用案件类型和范围应包括法定领域及探索拓展的新领域案件，与诉前程序的案件适用类型和范围保持一致，具体应包括但不限于以下类型和范围：一是对国家或社会公益损害较小的；二是行政机关不履行职责或者不作为情节较轻的；三是多部门之间监管职责交叉的；四是无法保障调查核实权的案件；五是行政机关有整改意向或准备进行整改的案件；六是行政机关怠于履职但不能充分证明的；七是无法预估整改时间的；八是预防性公益诉讼案件。

2. 诉前磋商程序的启动

(1)把握启动时机

明确立案后启动诉前磋商。如果在未立案时就进行磋商，办案的严肃性和规范性就会受到影响，检察机关也会面临磋商身份不明、磋商结果效力难以认定等问题，同时也会增加行政机关的不理解和对立情绪，进而降低磋商效率。因此，诉前磋商程序应当以线索初核工作为基础，坚持公益性原则，要磋商的内容必须涉及公益，在立案后迅速启动磋商程序，以公益诉讼起诉人的身份与行政机关进行接洽和沟通。具体来讲，一般应当在立案后7日内迅速启动，根据案情复杂程度、公益损害紧迫性等因素可适当调整。

(2)设定启动义务

通过合理确定诉前磋商邀请(或告知)与答复期限来设定义务。基于公益保护时效性的需要，检察机关应在行政公益诉讼案件立案后，及时将立案情况和磋商意愿告知被监督行政机关。一般应在立案后7日内将《立案决定书》送达涉嫌违法行使职权或行政不作为的行政机关，并发出磋商邀请，以便更早提出符合诉前磋商程序设置的请求。诉前磋商邀请(或告知)应当采取磋商函、公共利益受损事实确认书等书面形式进行，特殊紧急情况下也可采取电话等方式口头邀请。考虑到检察机关的办案效率以及行政机关的认定过程，回复期限一般为5个工作日，如遇突发事件等特殊情形，应在2个工作日之内答复。若行政机关在诉前拒绝磋商或者没有在磋商邀请的规定时限内回复,检察机关则应当进入制发检察建议阶段。考虑到可能存在客观原因、多部门协调等问题,可设置弹性期限灵活掌握。

3. 诉前磋商主体和时限

(1)确定参与主体

第一,确定磋商当事人。检察机关与行政机关在行政公益诉讼中是监督者与被监督者、公益诉讼起诉人与被告的关系,行政公益诉讼的根本目的不是追责,而是推动公益问题解决、促进依法行政,使检察机关与行政机关在公益维护上进行"大合唱"。在行政公益诉讼中,通过诉前磋商维护公共利益,需要检察机关和行政机关双方主体的共同参与。对一些典型性、疑难复杂的案件,鼓励检察长和行政机关主要负责人带头磋商办案,不只是听汇报,更要全程参与,一办到底,从更高层面、更广范围、更深层次促进社会治理。

第二,明确检察机关是主导机关。行政公益诉讼制度实践的检察主导现状是检察机关自身努力的结果,更是制度优势在比较中的体现。基于法律监督属性,诉前磋商程序应由检察机关启动,特殊情形下,行政机关也可申请启动行政公益诉讼磋商程序。在磋商过程中,检察机关要全程主导;认定行政机关是否依法履职、遵守义务,并采取相应措施加以督促;核实案件事实;用好沟通智慧和技巧促成整改方案的达成;对整改结果进行跟进回访并进行评价;决定终结案件或进入检察建议程序或者提起行政公益诉讼程序。行政机关针对整改过程中存在的困难等情形,也可申请检察机关启动诉前磋商程序。

第三,设立专家辅助人参与制度。为确保我国的行政公益诉讼磋商能够正常进行,应当尝试设立健全、完善的专家辅助人参与制度。行政机关依照法律的规定,行使国家权力,执行国家行政职能,其职责范围涉及国家政治、经济和社会公共事务等各方面。在我国政治、经济、社会的快速发展和政府治理水平的不断提高下,行政职能分工日益精细化、行政管理日益专业化。虽然作为司法机关的检察机关,能够更加准确地理解和适用法律,但如果不借助外脑、聘请专家辅助人为检察机关就专业知识提供支持,将不能很好地应对行政机关专业性、政策性较强的行政行为,产生检察机关和行政机关的专业对抗性,从而可能导致行政公益诉讼诉前磋商制度流于形式,使其实效功能得不到实现。

(2)灵活确立磋商整改期限

行政公益诉讼诉前程序中检察建议期限有两种,对于一般案件适用两个月的普通期限,对于紧急情况适用15日的短期期限。诉前磋商程序是比诉前检察建议更具易接受、效率高等优势的诉前程序体现方式,所以基于公益保护的紧迫性和行政机关履职方式的特殊性,应确立更加灵活的诉前磋商期限。

第一,明确节点时限。要对各个节点的时限予以明确,督促检察机关依法行使法律监督权,同时鼓励行政机关在规定的时限内积极改正违法行为,避免相互推诿扯皮,导致公共利益损害的扩大。可将磋商期限限定在1个月内,无论整改与否、整改效果如何,要求行政机关应在1个月内书面回复整改情况。

第二,设置灵活的弹性期限。随着新领域案件范围的不断拓展,应当根据行政公益诉讼案件的类型,设置更加灵活的弹性期限,在特定条件下,期限可以适当增加或减少。例如,对某些预防性、公益侵害程度明显较轻的案件,可以立即纠正的,通常采用简易程序,并可以在15日之内由独任办案检察官和检察官助理办理完毕。

第三,紧急情况再细化。出现紧急情况的期限可再次细化,可以设定较短或更灵活的期限。例如,公益行政管理活动引起了群体性事件的社会问题,或者在发生网络舆情的情况下,可以根据"即时响应"的原则,并参照政务舆情回应时限的规定,在24小时之内要求行政机关首次答复,并做出后续的回应。

(三)与其他程序制度的衔接

1. 与调查核实制度的衔接

(1)明确诉前磋商与调查核实并行不悖

行政公益诉讼诉前磋商程序,不仅是沟通协商的过程,也是调查核实的过程。先调查再磋商,有利于明确争议焦点,为共同研究解决问题打好基础,促进磋商效率的提高。而先磋商再调查,有利于通过交换意见全面掌握相关情况,为调查核实指明方向。因此,没有必要严格区分诉前磋商与调查核实的先后顺序,而是应当明确磋商与调查核实本身是相互支持和配合的关系,二者之间还可能存在融合。实践中,经过磋商形成的会议记录等材料可作为调查核实所形成的证据材料。诉前磋商与调查核实并行,既是案件办理的需要,也是磋商结果达成的基础,更是跟进监督的需要。

(2)创新调查核实方式,力促磋商效率提高

探索形成由检察机关主导、多方参与的一种新型的行政公益诉讼调查取证模式。在行业领域,要解决行政公益诉讼取证难的问题,检察机关就要结合案件本身的特点,全面考虑行业领域隐患的复杂成因,由于涉及的领域广、专业性强、整改难度大,因此,要改变以往只有检察机关参与调查、取证的方式,引进"外脑",构建由检察机关主导、多方参与的调查取证新模式。例如,由检察机关成立联合调查组,充分吸纳负有监管职责的行政机关、责任单位和相关企业参与其中。检察机关内部可建立"员额检察官+检察官助理+法警"的调查核实工作模式,提高监督质效。同时可将调查核实与征信体系适度融合,根据被调查取证对象拒不配合情形的轻重,将其列入社会征信体系,在调查之前全面履行告知义务,调查中规范调查程序,以外部约束力适度强化诉前磋商程序中的调查核实权,以达到强化监督刚性的效果。

2. 与诉前检察建议的衔接

经过诉前磋商,公益得到有效维护,诉前磋商程序成为终结案件的独立程序。对于经过磋商但未采取实际措施,国家或公共利益仍处于持续受侵害状态的,应及时终结磋商程序,与诉前检察建议程序紧密衔接。明确检察机关发现行政机关违法行使职权或者不作为,致使公益受到侵害的,分为在立案后制发检察建议前磋商("建议前磋商"),或者制发检察建议后起诉前与行政机关进行磋商("起诉前磋商")。检察机关根据案情的不同,可以灵活地采取前一种或者后一种。在"建议前磋商"问题上,检察机关应加强与行政机关的沟通和协调,充分听取各方意见,这有助于督促行政机关及时依法履职,也有利于检察机关制发更有针对性的检察建议,提高检察建议的准确性。"起诉前磋商"关注的是案情复杂,行政机关整改遇到困难、阻力重重,需要诉前检察建议推进工作、排除阻力的案件,或者多个行政机构同时存在监管职责,但又互相推卸责任的繁杂案件。此种情形下,检察机关可以先向有关部门发出诉前检察建议,再召集相关部门磋商协调,统一思想,明确分工,通过检察监督为有关部门依法履行职责排除阻力,或者推动政府明确相关部门的职责分工,推动负有监管职责的多个部门依法履职,共同维护

国家和社会公共利益。磋商后的结案标准是区分磋商结案还是制发检察建议的关键,经磋商一致,行政机关严格履行整改承诺并使公益得到有效保护的,应尊重磋商成果依法终结案件。对于磋商后未形成磋商合意、明确不整改、坚决不履职或整改不到位等情形,要及时转化为诉前检察建议,用检察建议继续督促行政机关依法履职。

（四）统一依法履职的认定标准

1. 认定标准上要坚持"二元评价"

要坚持做到"二元评价"即行为标准和结果标准的有机结合。〔31〕行政机关对诉前磋商合意进行整改的成效,检察机关有无提出检察建议或提起诉讼的必要性,总体上应当以结果标准评价为指向,也就是要看公共利益的损害是否已经得到了充分的、完全的维护和修复。〔32〕而对于生态环境修复案件,在受到自然条件、经费审批等客观条件制约的情况下,应当以行为标准评价为指导。〔33〕如果损害行为已经被制止,在经过一段时间后,损害逐渐减小,即使在规定的回复期限内没有完全恢复原状,也可以被视为依法履行了自己的职责,没有起诉的必要,只要继续跟进监督就可以了。这一点从延吉市检察院诉延吉市环保局怠于履行对粉煤灰清运法定职责案〔34〕就可以得到证实,这是我国第一例检察机关败诉的行政公益诉讼案件。

2. 认定方式上坚持"二重举措"

在认定方法上,要以最少的司法资源最早实现公共利益的保护,作为判断案件优劣的尺度,从而弥补考核验收机制的不足,避免"回头看"的主观主义倾向,在实践中要坚持"二重"举措。〔35〕

〔31〕参见张娟、马慧颖:《检察机关提起行政公益诉讼的角色混同与二元定位》,载《重庆理工大学学报(社会科学)》2022年第4期。

〔32〕例如,某服刑人员违规领取养老金公益诉讼案,社保经办机构在收到检察建议后立即对相关人员停发、调整养老金待遇并追回了违规发放款项38万余元,就结果看,公益损害已得到保护与恢复,如此即可做结案处理。

〔33〕例如,某非法占用农用地损害生态环境案,对公益的救济方式主要为补植复绿,遵循客观环境与自然规律。

〔34〕延吉市人民检察院与延吉市环境保护局等不履行法定职责一审行政案,吉林省敦化市人民法院(2017)吉2403行初12号行政判决书。法院指出:检察机关提起诉讼前,行政机关已经依法履行职责并采取有效措施但因行政执法程序及执法条件所限尚未完全消除违法后果,检察机关对类似案件提起诉讼并无实质意义。

〔35〕参见刘学涛、潘昆仑:《行政公益诉讼中诉前程序职责履行的认定标准》,载《中共山西省委党校学报》2020年第3期。

(1)重整改效果,创新案件办理效果考核指标

考核的最佳指标应当是磋商后,行政机关整改到位与立案的比例接近1∶1,摒弃单纯以检察建议数量为核心的考核观念,坚持以行政机关的整改成效为出发点。另外,要健全完善检察业务应用系统,增加诉前磋商程序中的"行政机关回复审查评估环节",在这个办案环节中,办案人员要生成相应的法律文书,并上传相关证据材料,综合运用书面审查、现场调查核实等多种方式进行全面审查评估后,才能作出结案处理的决定。

(2)重双向评价,引入双向评价机制

一方面,可以参照被监督机关的反馈评估结果,强调双赢多赢共赢的案件办案效果;另一方面,要将整改成效纳入利益相关者评价,以保证整改效果的可受可感可信。具体来讲,就是通过整改之后的询问笔录、调查问卷、回访等方式,收集整理各利益相关者的意见、建议和切身体会,并及时记录在案,进行存档,从而评价和确定案件整改效果的真实性、客观性和全面性。

(五)完善诉前磋商监督机制

1.对磋商内容的督促跟进

(1)建立磋商协议履行近况备案制度

在磋商协议的履行中,可能因缺少检察机关的监督,致使修复效果达不到协议的目标,故应探索建立起从方案制定、整改落实、公益保护目的达成全链条的近况备案监督制度。必要时,由办案组对被监督行政机关在磋商后整改落实的每一环节都进行跟进监督,适时通过现场查看、书面督促等方式,保证磋商协议的执行,确保诉前磋商程序的效力发挥。针对整改中遇到的困难和问题,要充分发挥检察职能作用,对行政机关解决问题提供有力的支持和帮助,推动磋商协议的全面落实。对于已经完成整改的,要及时作出终结案件的处理决定。对于目前损害已经消除,但将来存在反弹可能的,可以开展定期"回头看",引入履行效果后评估机制,[36]确保公益保护效果。

(2)探索磋商履约信用评价机制

为保证磋商协议的执行,可以将履行诉前磋商协议的情况作为衡量行政机关诚信的一项指标,建立诉前磋商协议履约奖惩制度,积极协调当地政法委将行政公益诉讼诉前磋商协议的履行纳入平安建设考核中,充分发挥

---

〔36〕　参见程雨燕:《生态环境损害赔偿磋商制度构想》,载《北方法学》2017年第5期。

指标体系的“风向标”和“指挥棒”作用，对积极磋商且履约效果好的单位予以适当加分，对消极磋商或敷衍履约的予以适当扣分。如此可降低行政机关的违约风险，有效实现诉前磋商保护的公益目的。

(3)探索推行整改承诺制

可以先从行政公益诉讼案件法定领域范围尝试推行整改承诺制，与相关行政机关联合会签《关于在行政公益诉讼诉前磋商程序中推行整改承诺制的办法(试行)》。紧盯回复期，加强跟踪监督，将“事要解决”作为落脚点。对于整改期限较长，短期内无法结案的，行政机关可以提出整改承诺，检察机关根据已履职情况及承诺，可作出结案决定。如果行政机关不按照承诺整改的，可以认定行政机关未履行磋商协议、未依法履行职责，检察机关据此可以直接提起行政公益诉讼。

2. 建立健全内外部相结合的监督机制

(1)建立健全“回头看”和案件评查长效机制

将“回头看”嵌入行政公益诉讼诉前磋商程序常规办案流程，作为每一个环节的必经办案程序，防止出现纸面销号、虚假整改，切实杜绝假整改、真反弹。“回头看”中要通过现场勘查、拍照摄像等方式留存好证据资料附卷。定期开展案件评查活动，通过交叉评查、随机抽查等方式，对磋商办案质量进行全面梳理，以查促改，以查提质。

(2)探索完善行政公益诉讼公开听证制度

探索适用互联网听证，将听证转化为监督的生产力、解决问题的驱动力，释放公益保护正能量。主动邀请人大代表、政协委员、人民监督员、值班律师等对磋商过程及行政机关整改效果进行监督，增进社会共识，有效提高案件终结审查或提起诉讼的科学性和客观性。

(3)探索建立健全监检衔接机制

在磋商过程中，如果发现有渎职、以权谋私等违法行为的，检察机关应当及时向监察机关移送相关线索。经磋商达成协议，行政机关又不积极履行，借口拖延、敷衍，致使公益得不到及时有效维护的，检察机关可以向监察机关提出对有关责任人员的处分建议。

域外环境法

《环境资源法论丛》
第 14 卷,第 183~213 页

美国无障碍环境法制发展历程及其启示

李迪华[*]　诸葛雪瑾[**]　陈思好[***]

摘　要　物理环境障碍给使用者带来的健康伤害及相关问题日益突显。公共环境的不平等、非公平性及无法形成环境归属感与安全感等问题在我国非常突出,这与立法不完善以及快速且粗放的建设和缺乏科学的后期管理存在密切关系。本文以专业景观设计师的视角,探讨美国无障碍环境立法和实施中的优点与挑战,为我国完善无障碍建设制度寻求启示,以期寻找到从立法到无障碍环境建设以及与实施等相关环节过程中的可操作性建议。通过对美国现有法律法规、景观设计职业教育和行业道德规范以及专业人员权责法规文献的分析与总结,结合美国景观设计学教育与职业培训的制度要求和落实情况,提出中国在无障碍建设的立法与实施中需要补充和完善的关键内容。以下几方面需要特别重视:(1)加强无障碍环境观念普及和文化建设。(2)加快无障碍环境建设立法、评估标准、设计标准、工程质量标准和规范建设。(3)建立准入制的注册景观设计师制度,明确专业教育要求。以此为契机,在专业学习期间落实职业化教育与职业道德规范,同时在教育和实践过程中,拓展景观设计师的职业价值、明确职业边

---

* 李迪华,北京大学建筑与景观设计学院副教授。
** 诸葛雪瑾,加拿大圭尔夫大学硕士研究生。
*** 陈思好,加拿大圭尔夫大学硕士研究生。

界。在公共空间设计过程中,建立责任机制,对无障碍环境设计提出专业的指导意见,并在细节设计中对使用者有所关怀,为无障碍环境建设提供全过程和终身责任制度保障。(4)建立无障碍环境协调机构,城市无障碍环境专项规划、建成环境评估、工程评估、使用后评估,投诉与申诉标准化,沟通法律机构、专业设计师的无障碍培训。(5)建立公众参与机制,设立奖惩机制补充无障碍设计基金的来源,同时设置专项资金支持无障碍设计和服务创新。

关键词 无障碍环境 美国残疾人法案 北美景观设计师 教育 职业道德

物理环境是决定一个人独立生活程度和确定残疾人社会地位的一个非常重要的因素。[1] 在发达国家,多数为残疾人士服务的专业人员(如政府服务部门的公职人员、服务行业的服务人员、企业主管、专业设计和规划人员等)都能意识到有障碍的物理环境给残疾人的生活带来的诸多不便,以及完善的无障碍环境在残疾人生活中起到的重要作用。环境障碍不仅仅会阻碍残疾人生活的方方面面,也会给他/她们带来精神和心理上的影响,延长或阻碍医生和康复医师为残疾人或因身体衰弱造成行动不便的弱势群体制定的康复计划。[2] 近几十年来,借助公民运动的力量,各个国家以及各级政府在努力消除物理环境中存在的各种障碍方面取得了一定的成就;同时通过积极设立和完善法律和规范,结合无障碍设计与最佳实践的成果,以法律的形式保护残疾人权益;通过加强管理和监督以及权责细化让无障碍环境建设成为关切公众日常,特别是关切残障人士以及老人、儿童等弱势群体日常安全、健康和福祉的保障,推动了环境公平以及社会公平目标的实现。

大多数关于物理环境与残障人士相关的研究都侧重于制定规范性准则,以确保建成环境的安全性与可达性。[3] 然而,立法与法律规范的实施

---

[1] Steinfeld E. & Danford G. S., *Enabling Environments: Measuring the Impact of Environment on Disability and Rehabilitation*, Kluwer Academic/Plenum Publishers, 1999.

[2] Zhuge X., *An Exploratory Study of Designing an Evidence-Based Dementia-Friendly Outdoor Environment for an Aging Residential Community in Beijing, China* (Doctoral dissertation, University of Guelph, 2021).

[3] See Steinfeld E. & Danford G. S., *Enabling Environments: Measuring the Impact of Environment on Disability and Rehabilitation*, Kluwer Academic/Plenum Publishers, 1999.

是一套完整的系统,它不仅仅需要对建成环境的结果有所关注,依法予以监管和细分责任权属,同时还需要对设计和实施过程以及参与环境建设的专业人士,如规划师和设计师(包括建筑师、城市设计师、景观设计师[4]、建造师、市政工程师等)进行有针对性的教育、培训、审核、道德约束以及系统的依法管理与监督。无障碍建设实施的每一个步骤都应受到重视:从设计决策到实施过程要做到有科学依据和行业规范依据、有专业设计参与、有法律标准支持,参与无障碍建设的所有专业人士都需要受到严格审查与监督,这样才可以有效地确保公众的安全、健康和福祉,尤其是残疾人和其他弱势群体。

我国当下对无障碍环境建设的研究多聚焦于法规内容的完善,或基于医学角度对残疾人自身身体机能的认定,从而改变物理空间以适应残障人士出行等方面的内容。[5] 然而,理论与政策研究和建设实践之间存在明显脱节,表现为各种法律空白和认知偏差,[6]包括参与室内和室外环境设计与实施的专业人员的法律责任和职业素质的监管问题,使用者对环境评价与医学评价的认知偏差,专业设计人员和施工人员对无障碍环境建设的认知欠缺以及环境使用者、医学以及康复学体系之间的认识偏差等。不仅需要在专业和职业上有更详细的分类作为桥梁去解释和解决这些空白,同时还需要使用者以及无障碍环境建设者参与到法律制度建设及运行中来,最终实现立法和执法更加完善,法律责任更加清晰。

本文以美国无障碍室外环境建设为样本,从参与室外无障碍设计的专业人员——景观设计师的角度,探究美国无障碍环境建设的法律法规对中国立法与从业者专业化要求的启示。内容包括美国无障碍相关法律规范的设立与完善、专员协调与社会监督体制的形成、美国景观设计师如何以教育引导提高从业人员的法律法规认知、设立行业道德规范以提高行业自律等四个方面,以此寄希望于我国在对无障碍立法过程中,能够细化法律法规内

---

[4] 2004年原国家劳动和社会保障部确认景观设计师(Landscape Architect)为正式职业。因存在对名称的质疑而被搁置,错过了一段职业体系建立与完善的黄金时期。

[5] 参见韩颖、薛云:《有爱无障——中美无障碍设计规范之比较解析》,载《广西城镇建设》2018年第9期。

[6] 参见吕世明:《我国无障碍环境建设现状及发展思考》,载《残疾人研究》2013年第2期;李迪华、蔡金栋:《景观设计行业水平的提升有赖于市场化改革的推进》,载《景观设计学》2014年第2期;田涛、杨翠霞、刘晖:《近20年国内无障碍环境建设研究热点及趋势分析》,载《建设科技》2021年第8期。

容,并深化对专业从业者的教育培训,统一参与人员的认知,建立对专业从业者实施无障碍建设过程的统一衡量标准、法律监管依据以及权力和责任的细分。

一、美国残障人权利保护法案与无障碍设计规范的历史与发展

20世纪50~70年代,公民运动在美国兴起,其中包括残疾人为自身群体获得平等权利而发起的运动。他们争取改善社会障碍导致的排斥和隔离,也为使用公共空间的权利而斗争。1959年,美国国家标准协会(American National Standards Institute,ANSI)在会议上提议建筑设计中可自愿引入无障碍设计的标准(U. S General Services Administration, n. d.)。1961年,美国政府基于伊利诺伊大学的研究,首次出台了国家无障碍设计标准,即《美国国家标准协会(ANSI)A 117. 1:可达和可用的建筑与设施》(*American National Standard Specifications for Making Buildings and Facilities Accessible to, and Usable by, The Physically Handicapped*,以下简称ANSI 117. 1)。1965年,在卫生、教育和福利部门的努力下,美国设立了国家残疾人专业康复建筑无障碍委员会(National Commission on Architectural Barriers to Vocational Rehabilitation of the Handicapped, NCAB)。1968年NCAB发表了题为《为所有美国人而设计:国家残疾人康复建筑无障碍委员会的报告》(*Design for All Americans: A Report of the National Commission on Architectural Barriers to Rehabilitation of the Handicapped*)。[7] 报告陈述了改善环境以造福残疾人和老年人的必要性,并对行动规划的优先次序、公众意识的缺乏以及建筑障碍问题持续存在的原因进行了解析。同时,报告还提供了委员会对立法、研究和示范、教育和信息以及其他领域的建议清单。[8] 同年,美国国会通过了《建筑无障碍法案》(ABA)[9],法案明确要求由美国或代表美

---

[7] Goldman C. D., *Architectural Barriers: A Perspective on Progress*, 5 W. New Eng. L. Rev. 465 (1982).

[8] United States National Commission on Architectural Barriers to Rehabilitation of the Handicapped, *Design for All Americans: Report of the National Commission on Architectural Barriers to Rehabilitation of the Handicapped* (1968), U. S. Government Printing Office.

[9] United States Access Board, *The Architectural Barriers Act* (ABA), U. S. Access Board (2022), https://www.access-board.gov/law/aba.html#:~:text=The%20ABA%20stands%20as%20the,August%2012%2C%201968%20be%20accessible.

国设计、建造或改造的设施要为残疾人提供无障碍的环境。该法案也适用于联邦政府租赁的房产和非联邦政府所有的设施。

20 世纪 70 年代初,加州大学伯克利分校的荣休教授雷蒙德·利切兹(Raymond Lifchez)与芭芭拉·温斯洛(Barbara Winslow)将身有残疾的人士作为专家和利益攸关方带到课堂,为学生的建筑作业提供指导意见和设计反馈。[10] 1968~1972 年,伯克利陆续将街道的道牙改建为残疾人可用的路缘坡道。同年,艾德·罗伯托(Ed Robert)在伯克利成立了独立生活中心,定义了残疾人康复过程中所需的环境支持和保持日常生活独立性的环境需求。同时,他们也承认建成环境的各个方面,如无障碍的住房、交通和城市街道环境等,将成为支持和实现残疾人独立生活需求的重要手段。[11] 伯克利的残疾人社区因此创造了一种设计方法,即优先考虑残疾人的经验和体验,以此来验证 1961 年国家标准协会制定的 ANSI 117.1 技术指南中可能存在的问题。该社区所采取的设计和研究在形式和方法上不同于以往政府和医疗机构制定规范而使用的方法。他们认为 ANSI 117.1 标准受限于新建筑和大型改造项目且在特定地点或建筑才能实施,并未在路径的可达性上有所考虑。1973 年,《联邦康复法》第 504 条被签署成为法律条例。该条例规定禁止在接受联邦资助的任何项目或建筑中排斥或歧视残疾人。其还设立了美国无障碍委员会(U.S. Access Board)以执行《建筑无障碍法案》,并制定和更新无障碍设计指南,为《建筑无障碍法案》的强制性标准设立了标准基线。[12]

1982 年,美国无障碍委员会发布了《无障碍设计的最低标准指南和要求》(MGRAD),以此作为《建筑无障碍法案》的基础标准。1984 年,四个联邦标准制定机构——国防部、联邦总务署、住房和城市发展部和美国公共服务部——共同发布了《联邦无障碍统一标准》(UFAS),作为《建筑无障碍法案》的第一个政府范围内的实施标准。1984 年晚些时候,联邦总务署发布了一项关于租赁空间无障碍的政策,以此完善《联邦无障碍统一标准》中未包括的租赁设施。对联邦总务署而言,《无障碍设计的最低标准指南和要求》和《联邦无障碍统一标准》要求其管辖范围内的所有新建、更新和租赁

---

〔10〕 See Williamson. B., *Accessible America*, New York University Press, 2019.

〔11〕 See Williamson. B., *Accessible America*, New York University Press, 2019.

〔12〕 U.S. General Services Administration, *National Accessibility Program: Standards*, Policies and Procedures (n.d.).

的联邦民用工作场所需保证残疾人的方便使用。[13]

1990年,美国国会通过了《残疾人法案》(ADA),该法案规定了禁止在就业、通信以及州和地方政府的活动和服务中歧视残疾人。《残疾人法案》还规定了州和地方政府以及私营部门的设施对无障碍的要求,即公共住宅和商业活动场所的设计、建造和改造需要有无障碍设计。1991年,美国无障碍委员会公布了针对建筑物、设施和公共交通车辆的《无障碍纲要》(*ADA Accessibility Guidelines*,ADAAG),以此作为司法部和交通部实施标准。同年,司法部采纳《无障碍纲要》,以此作为《美国残疾人法案无障碍设计标准》。之后,美国交通运输部(DOT)基于无障碍委员会的《无障碍纲要》,发布了《交通设施无障碍设计标准》和《交通工具无障碍设计标准》。1998年,美国无障碍委员会对《无障碍纲要》进行了修订,将州和地方政府设施以及为儿童使用的建筑设计纳入设计导则。

21世纪伊始,美国无障碍委员会修订了《无障碍纲要》,并将娱乐场所(如游乐场设计、游戏设施等)加入了《无障碍纲要》。该补充内容确立了娱乐场所或游戏设施从最初的设计到施工的每个阶段都要符合《无障碍纲要》标准,并且在每个阶段都要进行严格评估,以确保符合规范。同时该补充内容也强调,为降低风险,游戏区域和其内部设施需要针对不同年龄组的心理和生理需求进行设计并分开使用。

2002年,无障碍委员会又修订了《无障碍纲要》,加入了娱乐设施导则。该导则包括的游乐设施有:划船设施、垂钓码头和平台、高尔夫球场、运动设施以及游泳池和水疗中心等。

2004年,美国无障碍委员会更新了《无障碍纲要》及《建筑无障碍法案》的无障碍指南,使二者的范围界定和技术标准相互同步,并作为《美国残疾人法案和建筑无障碍法案之无障碍指南》(*Americans with Disability Act and Architectural Barriers Act Accessibility Guidelines*)发布。

2006年,美国联邦总务署颁布了《建筑无障碍法案无障碍标准》。同年,交通运输部颁布了《残疾人法案交通设施标准》。

2010年美国司法部根据《残疾人法案》和《建筑无障碍法案》的无障碍导则,颁布了《残疾人法案无障碍设计标准》(2010年版)。现行的《残疾人

[13] U. S. General Services Administration, *National Accessibility Program*: *Standards*, Policies and Procedures(n. d.).

法案无障碍设计标准》(2010 年版)是由《28 CFR 35. 151 新建和改建》和《无障碍指南》(2004 年版)构成的。其涵盖了从室内到室外、新建与改建设施、历史建筑和设施以及连接无障碍设施和场所的所有路径的情况,涉及老年人、儿童、残疾人等弱势群体生活的方方面面,其目的就是让所有人能够平等、自由地进出所有的公共、私人以及商业空间,以此实现社会资源的共享和共同参与。当然,《残疾人法案》、《建筑无障碍法案》和《残疾人法案无障碍设计标准》(2010 年版)还在不断完善和更新中。

2014 年,无障碍法案进一步完善并增加了室外区域和设施的类别。

2017 年,美国无障碍委员会根据《联邦康复法案》第 510 条对医疗诊断设备的无障碍设计进行了规定。同时,美国交通部也对公共交通工具和设施的无障碍标准进行了补充和完善。

美国无障碍法案与设计标准经历了漫长的完善与修订历程(如图 1 所示)。

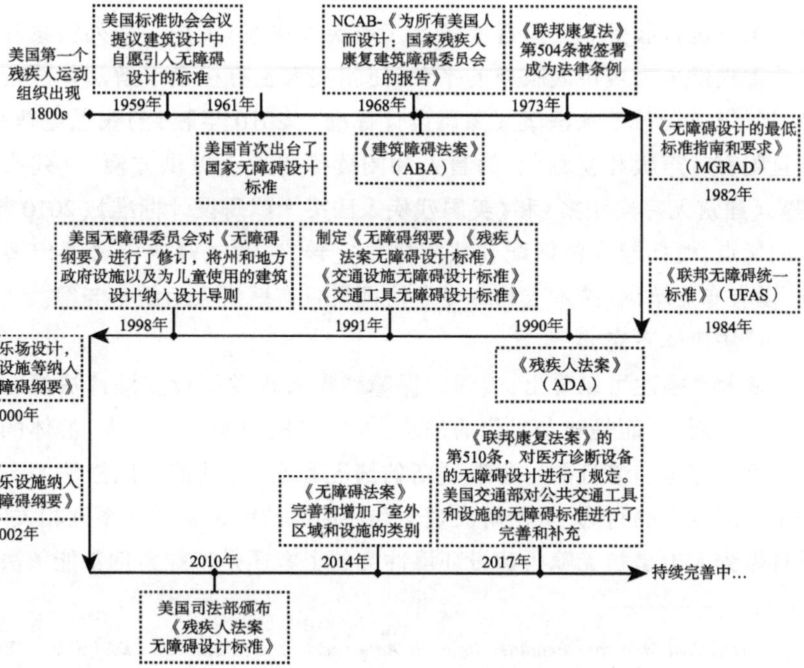

图 1　美国无障碍法案与设计标准的完善与修订历程

注:根据联邦总务署(GSA,General Services Administration)-National Accessibility Program Standards,Policies and Procedures 编辑的《美国无障碍法案与设计标准的完善与修订历程》时间线。(编辑整理:诸葛雪瑾)

二、美国残障人法案和现行规范的优点

《残疾人法案》的一个核心概念是禁止物理空间中的一切歧视。换句话说就是无法进入物理空间或在其中活动就会被视为歧视。这种歧视可能造成私人企业或政府服务部门名誉受损,企业或地方政府也会面临高额罚款和诉讼风险。[14]在法律层面上,为了照顾到残疾人生活的各个方面,以防残疾人在生活中遭遇歧视,法律和规范的制定者对法律名词以及残疾人在全生命周期中遇到的一切可能状况进行了尽可能详尽的解释,以便遇到问题和实际状况时,能做到有法可依。在概念层面,为了保障大多数公众,尤其是弱势群体的权益,美国残疾人保护的相关法律法规和设计规范对残疾的定义进行了扩展,以保证无障碍建设的实施可以保护更多人的利益。在管理层面,为了法案和法规的有效执行,各州政府和城市设有专业协调员为评估、规划、监管、培训与认证、与地方政府协调、提供专业资源和解决投诉等工作进行服务。在监督层面上,《残疾人法案》中的一系列法案和设计规范都提供了为残疾人服务的平台,使相关人士有机会了解法律法规。譬如,提供《美国残疾人法案无障碍设计标准》(2010 年版)的线上免费版本,并且附有有声版和视频版,为盲人和阅读障碍人士提供方便。《残疾人法案》、《建筑无障碍法案》和《美国残疾人法案无障碍设计标准》(2010 年版)等的优点,概括起来包括配套法律体系完善,法律法规中定义界定清晰详细,设有专业培训、技术支持和专业协调员且有残疾人组织参与等。

1. 法律体系完善

从前文描述可以看出,美国为保障残疾人权益而设立法律法规的过程并非一蹴而就,而是随着时代的进步、人口结构的变化和个人、群体的不同需求逐步完善与修订的。每遇到新的情况和案例,其都会以立法的方式来约束大多数人的行为,从而解决观念和行动欠缺所带来的一系列相关问题,并且做到无论是与无障碍建设环境冲突的个案还是特殊案例都能依法保护

---

〔14〕 ADA, *Civil Monetary Penalties Inflation Adjustments Under Title III ADA* (n. d.), https://www.ada.gov/civil_penalties_2014.htm; Torrez. Don, *The Real Reason Local Governments are Facing More ADA Non-Compliance Fines.*, Governing (Mar. 15, 2019), https://www.governing.com/archive/the-real-reason-local-governments-are-facing-more-ada-non-compliance-fines.html; ADA Solution, *What Are the Consequences if Your Business Is Not ADA Compliant?*, ADA Solution. (n. d.) https://adatile.com/what-are-the-consequences-if-your-business-is-not-ada-compliant/#:~:text=Federal%20law%20allows%20fines%20of,accessibility%20than%20the%20ADA%20requires.

使用者的权益,特别是残疾人的权益。

自1973年成立美国无障碍委员会以来,该委员会作为独立的联邦机构,旨在制定法律规范和设计标准,为残疾人和公众生活中的无障碍服务作出努力。其中包括了制定无障碍实施细则和标准,并为此提供技术支持、定期培训与认证。他们同时也会发起研究课题,提供研究基金,以此改善现有的无障碍环境建设,确保对《残疾人法案》认知上的统一,提升公众和专业人员的意识以及《残疾人法案》的有效实施。委员会还提供咨询服务和无障碍设计资源,当设计师或者公众对设计或实施过程有疑问时,可直接咨询委员会成员,让无障碍环境设计切实解决残疾人和公众在生活中可能遇到的安全和健康问题,并可以实施有效监督。

2. 法律法规中定义界定清晰详细

《残疾人法案》、《建筑无障碍法案》和《残疾人法案无障碍设计标准》(2010年版)对于每一个有歧义或者边界不清的术语用语都给予了相应的解释,以期明确无障碍设计的目标与边界。

譬如对"残疾"(disability)是从三个层面上来定义的:(1)"因身体或精神上的损伤(impairment)而实质性限制了一项或多项主要的生活活动的人";(2)"一个人有这种损伤的历史或记录";(3)"或者一个人被其他人认为有这种损伤"(《残疾人法案》—术语表,n. d.)。其中,根据《残疾人法案》术语表中的定义:身体损伤,是因容貌上的缺陷或身体结构上的损失从而影响身体的一个或多个功能上的生理障碍或状况。精神损伤是指任何精神或心理障碍。根据《世界卫生组织(1980)国际损伤、残疾和残疾分类》(*International Classification of Impairments, Disabilities and Handicaps*)可以从传统层面上看出损伤与残疾和残障之间的线性关系(见图2所示)。

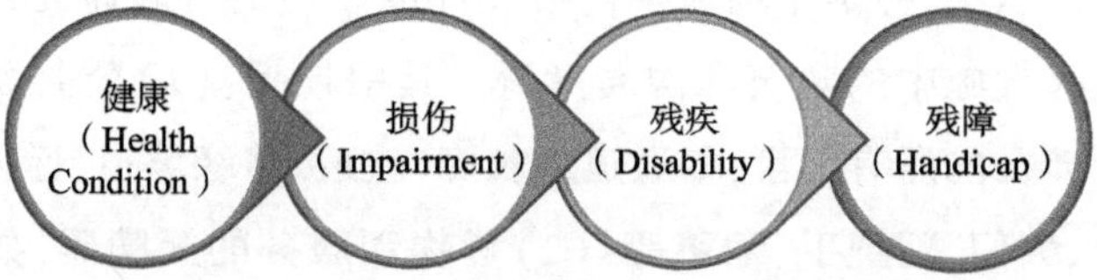

图2 损伤与残疾和残障之间的线性关系

注:国际损伤、残疾和残疾分类(International Classification of Impairments, Disabilities and Handicaps)(WHO, 1980),内容源自:World Health Organization (1980), *International Classification of Impairments, Disabilities, and Handicaps: A Manual of Classification Relating to the Consequences of Disease, Published in Accordance with Resolution WHA29. 35 of the Twenty-ninth World Health Assembly, May 1976*. World Health Organization.(图片编辑和翻译:诸葛雪瑾)

可以看出损伤比残疾和残障程度低且受众面更广,或者潜在获益人群更多。这也使得无障碍设计标准和其他法规设立时,其所指的有需求人群或受益人群的定义更为广泛,其中包括了符合残疾标准的或者因残疾或伤害获得补助的残疾人;也包括因身体伤害、出生缺陷或疾病造成的任何程度的临时或永久的身体残疾、衰弱、畸形和毁容,或者任何程度的瘫痪、截肢、身体不协调、失明或视觉障碍、耳聋或听力障碍、沉默或言语障碍,或身体依赖导盲犬或其他动物或轮椅或其他辅助器具或装置的人群,如老人,儿童,伤病人员;抑或精神障碍或因发育问题导致的学习障碍,或理解或使用符号或口语所涉及的一个或多个过程的功能障碍,如认知症患者、自闭症儿童、精神疾病患者等。《残疾人法案》术语表还对这句话中可能造成语汇或语义不清的词汇进行了解释,如"实质限制"是"指一个人不能从事或在能力上受到严重限制,而这是普通人能够从事或未受限制就可以完成的主要生活活动";其中"主要的生活活动",是"指普通人在没有困难或些许困难的前提下就能完成的活动"。可以看出,术语解释得越详细,法律保护的范围就越清晰,同时因解读偏差产生歧义的可能性就越小,从而执法上就越可以接近相对统一的执行标准。

再譬如"障碍"一词的解释。为了适当解决无障碍问题,理解"什么是障碍"是必不可少的。印第安纳大学对于障碍的解释是,"指阻止残疾人像普通人一样有效使用或获取知识和资源的条件或情况"[15]。《残疾人法案无障碍设计标准》(2010年版)为了更准确地描述不同情况下的"障碍",第三章附注了一个现有设施清单[16],以此来帮助使用者和评估者明确现有设施中的有障碍状况,并确定场地中需要设计或改造的有障碍元素。此清单旨在消除现有设施中的建筑和沟通障碍。其中包括:(1)公共场所的通道和入口处所涉及的所有元素,如通道或长廊、坡道、路缘坡道、标识、停车场、栏杆与扶手、大门、门把手、地毯等;(2)货物和服务的无障碍,如里面空间的净高、电梯按钮位置、盲文标识位置、服务设施中柜台的设置、室内家具的

---

〔15〕 Indiana University, *Accessibility - Barrier to Access*, Indiana University (n. d.), https://accessibility. iu. edu/understanding - accessibility/barriers - to - access. html. https://eric. ed. gov/? id=ED026786.

〔16〕 Institute for Human Centered Design & ADA National Network ADA Checklist for Existing Facilities (2016).

摆放和尺寸、餐饮设施的无障碍、储物空间货物摆放等；（3）公共卫生间的无障碍评估；（4）其他，如饮水池、电话、火警警报等（见表1）。

表1 ADA 现有设施清单

<table>
<tr><td colspan="4">ADA 现有设施清单</td><td>优先2设施和服务可达性</td></tr>
<tr><td>是否至少有一个36英寸×48英寸(914.4mm×1219.2mm)的位置留给轮椅</td><td>是□
否□
尺寸：</td><td>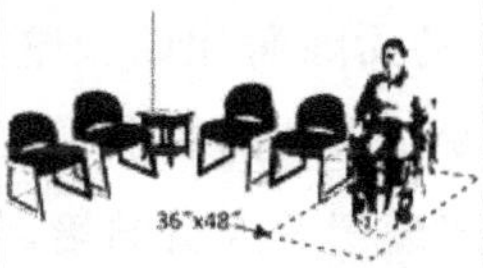</td><td>实物照片：</td><td>改正方式：可以通过移开家具或其他不必要设施而实现</td></tr>
<tr><td colspan="5">长凳—储物室、更衣室、试衣间（本节不提供其他长凳形式）</td></tr>
<tr><td>储物室、更衣室和试衣间，至少有一个房间设置长凳吗？</td><td>是□
否□
尺寸：</td><td rowspan="5">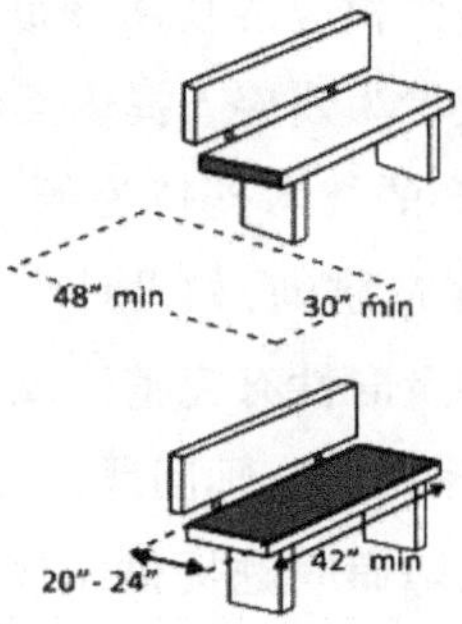</td><td>实物照片：</td><td>改正方式：增加长凳</td></tr>
<tr><td>长凳末端是否有至少30英寸×48英寸(762mm×1219.2mm)的空间平行于长凳短轴而为轮椅设置吗？</td><td>是□
否□
尺寸：</td><td rowspan="4">实物照片：</td><td rowspan="4">改正方式：
1. 移动长凳
2. 更换长凳
3. 将长凳贴墙固定</td></tr>
<tr><td>长凳至少有42英寸(1066.8mm)长，宽度在20英寸~24英寸(508mm~609.6mm)之间吗？</td><td>是□
否□
尺寸：</td></tr>
<tr><td>长凳有靠背还是贴墙？</td><td>是□
否□
尺寸：</td></tr>
<tr><td>长凳座面离地面不小于17英寸(431.8mm)且不大于19英寸(482.6mm)吗？</td><td>是□
否□
尺寸：</td></tr>
</table>

资料来源：Institute for Human Centered Design & ADA National Network, 2016, p. 26.（翻译：诸葛雪瑾）

ADA 现有设施清单以图文并茂的形式，辅以明确的数据尺寸，让其更具实践操作性。公众、设计人员、政府和私营企业的服务人员都可以在需要时有据可查,同时对“障碍”的定义在不同情况下的解释有清晰的理解。

3. 专业培训和技术支持

无障碍委员会和美国残疾人联合会提供了各种培训机会,增加了公众和专业人员对《残疾人法案》的了解。例如,无障碍委员会的培训课程,其中既有建筑和交通的无障碍设计和施工标准,还有对即将修订和完善的法律法规进行有针对性的培训,如儿童游戏环境的设计与实施标准、娱乐设施的无障碍设计、公共场所的无障碍化以及电子通信技术的无障碍设计标准等。同时也会应对不同专业人员的需求制定专业培训,例如对规划、设计与施工等参与无障碍环境建设相关人员的培训以及残疾人社团的相关法律法规培训等。委员会董事会的工作人员还会在培训活动中预留提问和咨询环节,由此衡量不同受众的需求。美国残疾人联合会通过主持线上和线下的研讨会、音频会议、广播访谈、《残疾人法案》专业协调员培训和认证以及知识传播工具包等,以期让公众和官员对法律内容和权益责任有统一认知。

美国司法部和无障碍委员会等同时也提供各种技术支持,旨在让政府职员、私营企业者、专业人员和公众了解他们在《残疾人法案》及其实施条例下的权利和责任,并提供相应的技术援助文件支持。这些文件是帮助各州、地方政府和私营企业者为残疾人提供无障碍环境的最佳做法。

以美国无障碍委员会的技术支持为例,该委员会提供四个部分的基本技术援助:[17](1)回应客户质询,如设计专业人员对其设计项目的无障碍实施的准确性、可靠性和及时性有完整建议,则可以通过无障碍委员会与制定设计标准和纲要的专家探讨实际问题。(2)编写和发布实用手册以及出版不同的刊物,就当下无障碍问题提供阅读出版物,帮助更多人了解问题。同时委员会还出版各种指南、标准手册,并制作小动画帮助公众了解法律和规范的实施标准和实施细节。(3)提供培训,委员会每年提供 50~70 次专业培训。其中包括一系列线上和线下的研讨会。(4)线上法律法规查询和知识传播,委员会提供法规和标准并辅以可视化动画,详细说明指导方针和标准背后的设计原理,展示残疾人如何使用无障碍环境以及环境的无障碍功能需求。

---

〔17〕 Access Board, *Budget Justification*(*FY* 2021), U. S. Access Board(Feb. 2020), https://www.access-board.gov/cj-2021.html; Access Board, *Fiscal Year* 2022 *Budget Justification*, U. S. Access Board(May. 2021), https://www.access-board.gov/cj-2022.html.

4. 专员协调与残疾人组织参与

根据《残疾人法案》,任何拥有50名及以上雇员的州或地方政府、机构以及受联邦资助的组织与企业都要任命无障碍事务专业协调员,以此监督无障碍建设之合规性的实施、处理公众对不合规建设的投诉、对城市3年内的方案进行评估,如果无障碍实施系统要进行改革则要制定过渡计划和计划实施监督。这些机构包括但不限于:美国国家公园管理局、美国国家航空航天局、美国疾病控制和预防中心、警察和消防部门、公共交通公司、公用事业公司、机场和大学等。[18] 无障碍专业协调员(以下简称为ADA协调员)必须精通各种残疾人法案、规范以及保护措施,并为残疾人的生活和工作提供帮助。同时,ADA协调员可以率先审核其所在州或地方政府的计划、政策、活动、服务和设施是否符合美国无障碍法律法规的要求。[19]

被称为ADA协调员的专业人士,需要通过课程培训、专业资格考试和认证。获得该资格后,他们可以作为一个区域、一座城市或一个机构的无障碍事务的专业咨询者和法律法规顾问,并可以为残疾人进行专业化服务的专家协调各方资源且可以监督无障碍事务的实施情况。

残疾人组织在推动《残疾人法案》和无障碍环境建设中也起到至关重要的作用。他们规范化的反馈帮助现行法律法规更加完善并帮助残疾人的权益和诉求获得及时有效的反馈。

《建筑无障碍法案》中的建筑或设施无障碍投诉流程与申诉表格展现了美国对无障碍法案与相关法律规范的重视、简化和标准化沟通流程与化解公共危机的意识。[20] 如果使用者认为建筑或设施在使用过程中遇到障碍,便可以通过网站填写投诉表格(见表2),两周之后其便会得到正式投诉结果的回馈。美国无障碍委员会收到投诉后便会正式进行调查,步骤如下:(1)确定被投诉建筑或设施是否需要遵循法律;(2)如果确定建筑或设施需

---

〔18〕 Cali. Susan, *What Is an ADA Coordinator?*, Accessibility (April. 22, 2021), https://www.accessibility.com/blog/what-is-an-ada-coordinator.

〔19〕 Becerra L., *ADA Best Practices Tool Kit for State and Local Governments. Americans With Disabilities Act* 2010 *ADA Standards*, Chapter 2. Department of Justice (2007), 2010.

〔20〕 United States Access Board, *The Architectural Barriers Act (ABA) Complaint Investigation Process and Corrective Action Plan Procedure*, U. S. Access Board (Jan. 06, 2022), https://accessibilityonline.s3.amazonaws.com/secureDocs/session_110981/Video/Final%20Jan%206th%20Accessibility%20Online%20Rendered.mp4? AWSAccessKeyId=AKIAJXK6UZXBOSSQGTFQ&Expires=1645867882&Signature=zruq8n7TtQuLalJK5f5feHuCtXg%3D.

要遵循法律建设,便会调查建筑或设施是否满足无障碍标准;(3)如果不满足标准,委员会就此与相关责任单位进行沟通,并制定策略改变有障碍情况。正式受理的投诉会一直处于受理状态,直到问题解决。如果建筑或设施不受法律约束,委员会便会通知投诉者协同其他可以帮助其完成建筑或设施改善的相关部门进行最终裁决。

表2 美国建筑无障碍法案投诉表格

主题	内容要求
第一部分 建筑或设施信息	该部分需要投诉者填写建筑或设施的具体相关信息(包括建筑或设施名称、地址、单元号、城市、州、邮编、国家、电话等定位信息)
第二部分 与通行障碍相关的具体表述	该部分需描述使用者在建筑或设施中遇到障碍的具体情况(包括识别和描述——可任意增加文本框进行不同障碍情况描述,一个文本框中填写一种情况)
第三部分 投诉人个人信息	该部分需填写个人相关信息(包括名字、住址、所在组织、邮编、城市、州、联系方式等个人信息)
第四部分 附件(选填)	该部分为辅助性描述文件(包括所遇障碍的照片与附注文字描述)
第五部分 提交	确认所有信息后进行提交(点击提交按钮进行提交,并记下提交后生成的文件编号,方便查询投诉处理的情况)

资料来源:本表为简化内容,需详细内容请参考链接。https://cts.access-board.gov/formsiq/form.do? form_name=Complaint%20Form(2022年1月27日访问).(编辑与翻译:陈思好)

三、美国残障人法案和现行规范中的问题

毋庸置疑,没有一个系统或法规是完美的,《残疾人法案》和《美国残疾人法案无障碍设计标准》(2010年版)也是如此。现行的《残疾人法案无障碍设计标准》(2010年版)将实现物理空间无障碍的情况分为三种:(1)新建,新建筑和场所必须完全实现无障碍;(2)改造,当老建筑或者老设施更新时,改造后的区域和设施要素必须实现完全无障碍;(3)容易实现,建于1992年以前的建筑或设施且为进行翻新改造的,必须将容易拆除(少费用、不费力)的障碍拆除。对于使用者来讲,这些解释和情况需要更进一步的

法律说明和定义，使用者据此可以更有效地监督无障碍实施情况，或定义是否构成物理空间歧视甚至地域、经济、种族和阶级方面的歧视，从而防止执法不一致、宣传被污名化。

虽然美国司法部监督《残疾人法案》第三章中规定了向公众提供商品和服务的企业以及其他实体需要提供无障碍环境和服务，但从未有全面识别所有障碍并强制统一执行的人员或机构进行监督。具体实施一般是由使用者投诉有障碍情况或由障碍设计来推动。使用者可以向该企业投诉，并与他们合作解决问题，也可以向司法部提出正式投诉，这有助于记录无障碍和违规的趋势。这期间有一个棘手的问题：投诉有障碍环境、识别和指证其违法的行为并无标准化。这就引起了公众的不满，他们认为残疾人的投诉是一种不讲理、贪婪甚至抱怨的行为。

因此，美国众议院在推动《残疾人协会教育和改革法案》的实施过程中，同时推动专业人员的培训，以更有效地解决有争议诉讼的问题。企业经常态度冷漠、模糊负罪感，以此回避或忽视障碍的存在。虽然有商业和企业因未拆除对残疾人有障碍的设施而被投诉，但不少企业还是抱着侥幸心理，认为惩罚不到他们，因此在未被起诉前，更愿意视而不见。

四、北美景观设计高等教育与美国残障人法案和现行规范的关系

无障碍设计除了与法律法规的限定有关，还与设计从业者的认知、专业素质、职业道德规范以及法律规定承担的责任密切相关。文章后续将从北美景观设计师的角度来分析如何从教育培训、职业规范和法律约束方面贯彻实施无障碍建设理念和推动法律法规的发展。因此可以看出，无障碍设计的实施不仅需要有详尽的法律法规约束，还需要教育的引导和职业道德的规范。这些可以让从业人员意识到，设计实践过程在法律层面的意义、设计监管和建成环境维护的益处以及让实践受行业内部监督，承担相应的法律责任。这也使得从业者、执法者、使用者可以对无障碍设计标准的解读形成统一共识，并在此共识下以职业道德规范为目标追求，从而提高行业设计标准，完善设计和实施中的不足，推动法律法规的完善与实施的协调。

室外是无障碍环境建设的难点和重点。室外环境瑕疵非常容易被忽视。它们对使用者造成的伤害往往会被归因到使用者自身或多方管理不当，而非设计和施工的责任，这也造成了从业者与实际使用者之间的隔阂，

使得环境对使用者的伤害不能及时反馈到设计决策过程中,造成恶性循环。因此不仅仅需要对设计从业者——景观设计师从设计细节处入手进行无障碍设计的培养与教育,还要加强从业者遵守法律法规和道德规范的意识,引导他/她们关注无障碍设计。

1. 北美高校景观设计教育与无障碍环境建设人才培养关系概述

在景观设计学术界,学者们普遍认同景观设计学科是一门结合艺术、科学与技术的专业学科。[21] 1899年,小弗雷德里克·劳·奥姆斯特德(Frederick Law Olmsted. Jr.)和比阿特丽克斯·琼斯(Beatrix Jones)等人提议并创办了美国景观设计师协会(American Society of Landscape Architecture, ASLA)。协会的创立让景观设计师们在专业化与制度化的进程中迈出了重要的一步,尤其在以科学为基础的实践与验证中以及对技术实施的法律与道德监管中,协会的创立和职业资格的准入对从业者提出了更高的要求。

景观设计专业创建的百年间,美国多所高等学府先后开办了景观设计专业课程。这些景观专业课程为学生们提供了相关知识、技能和与之相匹配的职业价值观。例如,哈佛大学自1900年成立了以建筑学、工程科学、地理学、园艺学和植物学为课程核心的景观设计专业,其课程内容设置不仅为之后推进各种设计实践贡献重要力量,同时也植根于实践与法律法规间的互补与改善,为之后《残疾人法案》的推广打下了基础。[22]

美国作为一个由多个联邦州组成的国家,其推行法律法案的进程也因各州立法系统的不尽相同而有推进速度不一的情况。但是与《残疾人法案》密切相关的注册景观设计专业学校的普及化,让这一切变得相对容易了许多。最新的一份2021年美国景观设计师协会联合美国景观设计认证委员会(Landscape Architectural Accreditation Board, LAAB)的年度报告中提到,全美国总共有73所大学开办了100个被LAAB委员会考核认证过的景

〔21〕 Brown R. D. & Corry R. C., *Evidence-based landscape architecture: The maturing of a profession*, 100(4) Landscape and Urban Planning 327-329. https://doi.org/10.1016/j.landurbplan.2011.01.017.(2011); Gazvoda. D., *Characteristics of Modern Landscape architecture and its Education*, 60(2) Landscape and Urban Planning 117-133, https://doi.org/10.1016/S0169-2046(02)00064-6.(2002).

〔22〕 Pray J., *The Department of Landscape Architecture in Harvard University*, 1 (2) American Society of Landscape Architects 19 (1911).

观设计相关专业。[23] 其中,分别有47个和53个被LAAB委员会认证考核过的本科和研究生专业。这些景观设计项目一般属于设计学院或者相关学科的联合学院(包括建筑、景观设计和设计的学院,如哈佛大学),但也有下属于环境设计与科学学院(如加州伯克利大学和纽约州立大学)。值得一提的是,在这些学校中,只有26所学校同时提供本科和研究生课程,这足以说明要想成为一所被LAAB委员会认证的专业学校是相对困难的。这些大学为不同的州培养了数量不一的高素质景观设计从业者,而这些数量分布不均的结果便可以解释一部分州推进法案较慢的原因。无论是从开设专业的认证考核还是课程设置以及学术的选择多样性上,都使攻读景观设计的学生必须要具备一定的竞争能力。同时不同学科的人才也可学习其他被专业认证的学科,这些跨专业的人才便为之后法律法案的推进与完善提供了人才储备。

2. 北美景观设计课程大纲与美国残障人法案和现行规范的联系

北美景观设计师协会就法律法规和职业道德在景观设计师职业化前的教育起步阶段的重要性进行了全面调查。21世纪伊始,北美几个主要景观设计师协会——美国景观设计师协会(American Society of Landscape Architects,ASLA)、加拿大景观设计师协会(Canadian Society of Landscape Architects,CSLA)、景观设计教育工作者委员会(Council of Educators in Landscape Architecture,CELA)、景观设计注册委员会(Council of Landscape Architectural Registration Boards,CLARB)、景观设计认证委员会——的成员们聚在一起召开了一次具有革命性意义的会议。[24] 此次会议讨论了21世纪的景观设计专业如何因需求的变化确定景观设计专业在学术和实践领域的边界,并就确保整个景观设计行业对本专业涉及的知识体系、特色专业广度达成合理共识,同时将北美景观设计认证制度进行标准化以适应法律的监管和责任的细分。此次会议决定以问卷调查的形式来实现会议中所倡议

---

〔23〕 Pritchard K. & González N. , *Summary of* 2021 *Annual Reports. American Society of Landscape Architects*, ASLA (2021), https://www.asla.org/uploadedFiles/CMS/Education/Accreditation/2020LAABAnnualReportSummary.pdf.

〔24〕 Williams S. K. , Thomas N. & Orland B. , *Landscape Architecture Body of Knowledge Study Report: American Society of Landscape Architects*, Canadian Society of Landscape Architects, Council of Educators in Landscape Architecture, Council of Landscape Architecture Registration Boards, Landscape Architectural Accreditation Board (2004).

的目标与追求。随后会议起草了一份结合客观、科学地调查并展现景观设计专业实践与学术基础的综合性问卷。

这次调查主要为了回答两个问题：一是景观设计专业的核心能力是什么？二是所有获得认可的景观设计专业学位课程的毕业生应该具备怎样的核心知识和基本素养？调查报告中的知识体系和核心竞争力分别涉及了如下对公共政策和法规与职业价值观和道德规范的调查与评估。

公共政策和法规方面，从业者需要掌握：(1)影响土地使用与发展的政府政策和法律；(2)政策与监管审批程序；(3)土地与发展经济学；(4)评估新出现的社会趋势和问题。

职业价值观和道德规范方面，需要掌握并培养从业者的：(1)环境伦理；(2)设计中相对应的社会责任；(3)项目组织管理原则；(4)解决道德和伦理挑战的能力。

关键的核心竞争力涉及：(1)能够识别和收集政策法规信息、可应用的数据和管理项目所需的规定(如相关法律、法规和条例)；(2)能够确认设计中法规条例的合规性(如分区、环境和无障碍规范)；(3)能够协助制定条例、法规、契约、行业标准和涉及指南；(4)能够通过证明、游说或准备公开说明书面文件影响公共政策的制定。其中一个重要内容，即明确提出了景观设计师对法律法规的认知且需要具备一定能力去影响立法和法案、公共政策的修订。

这项报告一直影响着北美景观设计认证委员会制定的高校景观设计专业认证标准和流程，并指导和明确了北美高等景观设计教育的大纲内容。在最近的一份关于景观设计专业课程认证标准和流程的报告中提到了七项标准，包括：(1)专业项目使命和教育目标；(2)专业项目自治、统筹和管理；(3)专业课程大纲；(4)学生的成果和实践经历；(5)专业项目课程授课教师条件及要求；(6)专业项目与机构、社区、校友和从业者的联系和标准；(7)专业项目需提供的设施、设备和技术。[25]

在(3)专业课程大纲的学习计划与成果中，明确规定了景观设计认证专业所需要提供的课程应包括在法律范围内的职业介绍。具体来说就是景

---

[25] LAAB, *Accreditation Standards for Professional Programs in Landscape Architecture*, American Society of Landscape Architects, ASLA (2021), https://www.asla.org/uploadedFiles/LAAB_ACCREDITATION_STANDARDS_SEPTEMBER2021.pdf.

观设计师应该通过其专业知识和技能的应用,保持与维护公共健康和安全,并为实现公众的福祉承担相应的法律责任;能够根据法律和监管框架维护环境、历史、文化和社区资源的内在价值;能够符合遵守职业监管条例和从业执照的要求。

2020年的另一份研究报告表明,北美景观设计认证委员会认证的55所学校的景观设计专业里有47个专业都开设了职业实践课。[26] 这与实践中法律法规的认识和职业道德的遵守密切相关。譬如,在哈佛大学和波士顿建筑学院的景观硕士课程中,职业实践课帮助学生了解现实项目中会遇到的问题,为之后的就业和职业化道路奠定了基础。这门课的主题包括了如何提供专业设计服务,如何在法律框架下合理地设计和管理项目,如何遵守行业行为标准,如何申请并成为注册景观设计师等。在这门课程中,每所学校所在的州立景观设计师协会通常会定期到学校进行宣讲,介绍景观设计师协会的章程、入会流程、职业注册考试机制等内容,为这些景观设计专业的同学做好学校与专业协会的连接,并为这些未来的从业者今后的职业化道路进行展望和引导。

3. 北美景观设计课程与景观设计师注册制度的联系

在美国,如果想要成为一名注册景观设计师,需要在选择本科或研究生专业时就挑选由北美景观设计认证委员会认证的专业或学院。因为这些被认证的专业会直接关系到在读学生毕业之后能否顺利地以最短的时间获得考取注册景观设计师执照的资格。从这些专业院校毕业之后,大多数年轻景观设计师都会考虑并准备职业认证考试。比如位于马萨诸塞州的哈佛大学就提供景观设计行业认证的研究生课程。相应地,如果毕业之后留在马萨诸塞州进行景观设计工作,这些年轻的景观设计师就可以在州景观设计师注册委员会进行执照注册,如马萨诸塞州委员会通过《职业头衔法》(Title Act)管理景观设计行业从业人员。

在美国以景观设计师(Landscape Architect)头衔进行执业必须要通过考试认证,所以这个头衔具有法律保护效应,并不是任何人都能随意使用。在2017年的一份关于景观设计注册师手册里面提到,美国47个州都通过了

〔26〕 Chen S., *Encouraging Interdisciplinary Conversation between Landscape Architecture and Urban Planning Education in North America*, http://hdl.handle.net/10214/17943.

《职业法》(*Practice Acts*),个人能否主持景观设计项目将会受到法律限制。[27] 所以,成为注册景观设计师只有预先满足教育和工作经历的要求,才能有资格进入申请和考试。在马萨诸塞州,这些要求包括:执照申请人必须毕业于被认证过的本科或者研究生项目以及符合特定的工作年限(通常情况下要在注册景观设计师的直接领导下工作至少2年)。当然,如果申请者拥有比如环境设计或者建筑或者任何其他学位,将需要有长达6年的工作经验才有资格申请注册考试。

景观设计师注册考试是一项由四个部分共同组成的职业标准化考试,旨在确定景观设计执照申请人是否具备足够的知识、技能和能力来提供与公众健康、安全和福祉相关的室外环境设计与建设服务。[28] 这些知识和技能在四个部分中有所体现分别是:(1)项目和施工管理;(2)场地勘探和分析;(3)设计;(4)高程设计,排水和施工标书。其中,项目和施工管理考察了执照申请人对前期项目管理、项目投标、施工和维护的知识,此中便涉及无障碍施工的规范和验收、无障碍环境维护的内容、对项目场地的勘探和分析及对场地现有基础条件和概念的分析。其中基础条件分析中便会涉及现场高程差别的考量,从而为设计和实施中的坡道或台阶的设置提供可行性分析。设计部分考察执照申请者对于项目利益相关者(使用者)需求的认知和协调的能力,同时要对从场地规划到细节设计的知识和技能熟练掌控。这部分内容与实际项目中的无障碍建设布局与设计息息相关。而第四部分主要考察申请者是否有能力对景观设计设计内容的实施和落地进行全方位地把控以及实现无障碍法律规范标准在实践中的应用。

从联系上来看,北美认证过的学校课程大纲与景观设计注册考试之间是一以贯之的,并且与法律法规在实践中的应用也有非常紧密的联系。[29] 比如,第一个注册考试的部分内容主要涉及项目的落地及实施管理,与景观设计专业课程的施工、管理课和从业实践课有着相似的知识技能要求。这

---

〔27〕 Sundloff J. & Schatz A. P., *Landscape Architecture Licensure Handbook: Ensuring Safe, Healthy, and Resilient Natural and Built Environments*, The American Society of Landscape Architects, 2017.

〔28〕 CLARB, *L. A. R. E. Orientation*, The Council of Landscape Architectural Registration Boards (2022).

〔29〕 Chen S., *Encouraging Interdisciplinary Conversation between Landscape Architecture and Urban Planning Education in North America*, http://hdl.handle.net/10214/17943.

从学校课程和注册考试双向地保证了申请人有充分的知识和能力推进无障碍法律规范标准在实践中的应用。第四个注册考试中部分关于施工图集绘制与施工工程设计的内容与课程里面的场地工程课、景观施工课等有着密切联系。这个密切联系让法律法规中的具体规范与做法得到了更为详尽且有法可依的体现与验证。

职业考试的内容不仅仅考核了职业景观设计师的核心知识和技能的掌握情况,同时也应当对法律法规、职业道德进行考核,这为确保涉及公众安全、健康和福祉的项目得以在法律框架下实施奠定基础。

五、北美注册景观设计师与美国残障人法案和现行规范的关系

1. 职业行业注册制度与法律规范的关系

一个授予专业学位的学科应该具有独特的无可替代性。[30] 因景观设计专业和职业涉及公众在室外的安全、健康和福祉,并且从规划到细节实施都需要进行系统性的把控,由此使其具有了独特性和不可替代性。景观设计学职业化体系的完成,代表了这一学科从学术到实践都已具备完善的教育体系:清晰的学科定义,明确的实践范畴和相应的法律责任,并且能提供坚实的高强度的培训和符合职业注册认证条件的人员。[31] 除此之外,拥有从业执照的景观设计师还需要具备良好的公共服务意识,并展现出对社会、同行和客户的高度负责任水准,不能局限于自身行业的利益而无视法律法规的约束、社会的责任和职业道德的规范。同时,因为职业的注册与被监管不仅仅有助于提高公共服务标准,也为推动行业准入和行业标准化发展提出更高的要求。行业注册制度的形成与完善往往代表这个行业的从业者拥有核心知识技能,且能够因维护这些核心知识技能的价值而严格遵守职业道德规范、守护行业与法律底线。[32]

在行业从业者的职业化过程中,除了法律法规对设计实践结果的约束,

---

〔30〕 Turner B. S. ,*Discipline*,23(2-3) Theory,Culture & Society 183-186 (2006).

〔31〕 See Deming M. E. & Swaffield S. , *Landscape Architectural Research*: *Inquiry*, *Strategy*, *Design*(1*st edition*),Wiley,2011.

〔32〕 See Squires G. , *Teaching as a Professional Discipline*: *A Multi - dimensional Model*, Routledge,1999.

还有行业行为准则和道德伦理规范(下文简称为准则和规范)的要求。[33] 准则和规范作为约束行业从业者行为的指南,在行业发展中起到非常重要的作用。由于专业实践愈加复杂,利益攸关方的需求也不尽相同,实践中涉及的行业也越来越多,与公众利益的牵涉变得愈加紧密,因此就会对这个行业所参与的各个方面都施与前所未有的关注和讨论,以确保社会与公众的利益得到保障。[34] 因此,准则和规范需要不断地顺应行业的发展、社会需求的改变和社会问题的更迭,从而在行业内部形成统一的价值标准,进而在设计实践中根据这些统一的价值标准对更高的质量和标准有所追求。对从业人员来说,制定的准则和规范对新进入的人员帮助非常大。因为对这些没有工作经验、初出茅庐的从业者来说,其可以参考准则和规范来推进日常设计决策,准确定位来自行业、社会和法律层面对他们的期待。然而,这看起来容易的正反馈机制却不能很好地施行,因为公众利益与兴趣、倾向与喜好、价值和愿望较为主观且会随时变化。[35]

一些行业会很不情愿地去接受随社会发展和进步所要求的改变,主要原因可能是其很大程度上担心或者不愿意承担这些适时改变所带来的更多的社会责任和相应的法律责任。其中有学者很早就提出过探讨,究竟运用什么样的策略才能成为一个行之有效的互相反馈机制来促进行业和准则规范的发展进步。[36] 学者们提出确保准则和规范更新的重要环节是建立对话讨论机制,特别是来自行业内部的不定期讨论以及适时的来自外部的声音。因为对话讨论机制不仅能够为现有的准则和规范注入活力或者带去完善与修正的可能性,或许还能让从业者甚至是受到关联的利益方达成较为一致的认识和理解。毕竟愈加完善的准则和规范,就意味着更多的社会责任与法律义务。[37]

---

〔33〕 See Boynton L., *Professionalism and Social Responsibility: Foundations of Public Relations Ethics*, 26 (1) Annals of the International Communication Association 223-256 (2002).

〔34〕 See Harris N. G. E., *Professional Codes of Conduct in the United Kingdom: A Directory*, *Mansell* (1996).

〔35〕 Chadwick R., *Ethics and the Professions*, 28 (3) The Journal of Value Inquiry 481-484 (1994).

〔36〕 Jackson, J., *Common Codes: Divergent Practices*, in R. Chadwick (ed.), Ethics and the Professions, Ashgate: Avebury, 1994.

〔37〕 Wright D. K., *Social Responsibility in Public Relations: A Multi-step Theory*, 2(3) Public Relations Review 24-36 (1976).

2. 景观设计师注册制度与美国残障人法案和现行规范的关系

(1)行业职业行为准则和道德伦理规范

美国景观设计师行业作为一个职业行业,拥有相应的准则规范[38],这一准则从1995年开始一直不断更新发展直到现在。作为景观设计行业的建立基石,美国景观设计师行业协会一直致力于"公共健康、安全和福祉以及对土地及其资源的保护"。这一目标便成为行业准则和规范的基础。准则和规范里面的每一条款都包含对道德标准的要求以及一些必须遵守的硬性规定。其中,这份准则和规范包含两个大部分:一是关于职业责任;二是关于美国景观设计协会成员的责任。其在关于职业责任里总述的要求如下:[39]

ES1.1 协会成员应该了解并诚实遵守监管专业实践和商业事务的法律,并以诚实、尊严和正直的态度在景观设计的艺术和科学及其专业协会的引领下履行其专业职责。

ES1.2 协会成员应该有义务和责任对依赖其建议和专业工作技能的客户、公众和其他利益相关者充分披露相关信息。

ES1.3 协会成员应该通过其高质量的工作,参与继续教育课程、教育研究发展及坚持向规划、设计、施工和管理相关人员分享宣传行业内的技术信息,以此来努力保护其客户和公众的利益。(p. 1-3)

作为统领职业责任部分的道德伦理标准,它阐述了景观设计行业以及每一位专业从业者所追求的最高标准。这三条总则下属的20条规范涵盖了景观设计师的职业精神与态度,其中包括了恪守法律法规底线、对雇主的诚信与尊重、个人与公众利益的保护、知识产权的维护、同行利益的扶持和对自身能力的评估。

道德标准中的ES1.2和ES1.3包含了八条应该遵守的规范。它们与信息披露和自身能力相关,包括:协会成员对公共服务中自身利益相关性的披

[38] ASLA, *ASLA Code of Professional Ethics*, The American Society of Landscape Architects, (2015).

[39] ASLA, *ASLA Code of Professional Ethics*, The American Society of Landscape Architects, (2015).

露,项目竞标和实施过程中参与成员的能力,自身与项目的利益关联,自身能力与可分配到项目的时间,能否有资格参与或主导专业项目,合理使用盖章签字情况,应有美学、生态和文化方向的高追求以及始终以高专业水准来处理具有争议项目的水平等要求。

最后,关于美国景观设计协会成员的责任,覆盖了协会对成员在环境伦理规范、其他成员是否遵守道德标准要求的监督以及建议成员们积极参与到协会事务中等内容。其中主要包括了协会成员在何时与何种情况下应该如何应对和质疑其他协会成员可能存在的不道德做法,合理规范地使用协会授予的注册章,遵守其他协会规范和积极参与协会的审查委员会、项目委员会和其他委员会。身体或其他方面有障碍的人群作为公众的一部分,他们在公共场所里能自由通行的权利和自由在景观设计师协会的道德伦理标准里面体现得非常细致。

(2)行业职业行为约束及监管

如前一节所述,美国景观设计师协会的现行行业行为规范和道德伦理规范是约束和监管框架。除此之外,美国的 50 个州和哥伦比亚特区都有各自的职业法律来管理和约束景观设计行业,即在具有职业法的管辖区,景观设计职业的工作服务范围和详细描述都已经有成文的法律依据。只有符合注册景观设计师条件的执照持有人才能申请竞标景观设计项目。[40] 之所以能得到全国一致的职业法案支持,是因为景观设计行业和建筑与工程行业一样,都可能对公众的健康带去潜在的危害,比如建成物理环境状况。一般而言,景观设计职业注册管理下属于单独的委员会或者并属于建筑与工程职业管理委员会。委员会也通常会在职业法律下包含对景观设计的定义,并且详细地阐述关于公共健康、安全和福祉的条款。比如,亚拉巴马州的法规条款 34 职业和商业给出了景观设计行业的法律定义:[41]

提供与土地开发相关的专业服务,比如咨询、调查、研究、规划、设计、准备图纸与规范文件以及负责监督项目进展,这些服务的主要目的是保护,增

---

〔40〕 ASLA, *Landscape Architects are Licensed in All 50 States and the District of Columbia*, ASLA (n. d.). , https://www. asla. org/stategovtaffairslicensure. aspx.

〔41〕 Alabama, *The Code of Alabama* 2020, JUSTIA US Law (2020), https://law. justia. com/codes/alabama/2020/title-34/chapter-17/article-1/.

强或确定最适合的土地用途、土地自然特征、植被特征、自然和美学价值、结构和其他改进方式的合理设置与安排、场地高程设计和标准化排水结构的设计以及考虑与确定可能出现的土地环境灾害问题，比如土壤侵蚀、植被侵蚀或其他危害。景观设计服务必须包括上述提到的实际物体或特征设计，或是需要达到上述目标必须具有的附带物，不能包括具有单独或独立目的的通常出现在建筑与工程行业中的结构或设施，并且也不能提供对场地的土地测量服务并以协助提供图纸或文件进行官方批准和备案。此处提到的任何内容均不妨碍一个获得正式景观设计执照的设计师进行本小节第一句中描述的与建筑物、构筑物或设施的设置、方法或环境相关的任何服务。本章中的任何内容均不得解释为授权景观设计师从事建筑、工程或土地测量的服务，这些术语在第 34-17-27 节中定义。[42]

可以看出景观设计行业是有义务和责任去保证场地设施和结构的合理设置与安排、场地高程可达性和坡道的合规性的，同时也要确保场地不出现任何其他危害，包括设计中因疏忽或其他因素对特殊人群的危害。

在 1976 年，科罗拉多州通过了一项日落法案（Sunset Legislation），此项法案旨在授权并提供“一种分析和评估监管项目的方式，并确定最小程度的监管也符合公众的利益的方式”[43]。不管是先前提到的法律法案还是最近的日落法案，都证明了景观设计法律的必要性：景观设计行业的合法化能够保护公共安全和防止无法弥补的伤害的发生。日出法案（Sunrise Review）作为一个对日落法案执行中所涉及的不公正问题的补充，被用来帮助因缺乏某些法案而无法进行日落审核的情况。总的来说，景观设计专业与法律法规存在密切的联系，注册景观设计师能够适时对变化情况和新的价值需求作出义务和责任性质的职业响应。

（3）与美国残障人法案和现行规范的关系

前文详细地介绍了《美国残疾人法案（ADA）》和无障碍设计规范，那么

---

〔42〕 Acts 1971, No. 2396, p. 3819, § 1.

〔43〕 Colorado, *Sunset Reviews* | *DORA - COPRRR*, COLORADO Department of Regulatory Agencies(2022), https://coprrr.colorado.gov/how-reviews-work/sunset-reviews; Sundloff J. & Schatz A. P., *Landscape Architecture Licensure Handbook: Ensuring Safe, Healthy, and Resilient Natural and Built Environments*, The American Society of Landscape Architects (2017).

景观设计行业与此法案和规范又有什么联系呢？两个美国关于无障碍设计瑕疵的法庭案件足以表达合格的景观设计的重要性：[44]

第一个案件是由美国丹佛市市政大楼广场上的两座精美的大理石雕塑引起的。这两座雕塑没有合理地放置，其中的一部分延伸到了人行道的范围，给公众安全造成了潜在的危险，违反了丹佛市城市管理委员会的《残疾人和无障碍通行法案》。盲人、自行车使用者和普通行人都可能是受害对象。为了消除这个危害，市政大楼的开发商不得不采取补救措施，纠正项目在规划和设计上的缺陷，以求符合法律法规要求的对公共利益的保护。当这件报道出来之后，很多人纷纷发问，难道在设计至施工的整个过程中没有任何人意识到要去参考美国残疾人和无障碍通行法律吗？

第二个案件是由 Alford v. Cannon Beach 葡萄酒店和小酒馆引起的。该案中，由于市政府和小酒馆等的不适当无障碍通行设计，多名原告提起多达八项违反法律的指控，整个事件过程非常复杂。

原告总共提出了八项指控。第一项是坎农海滩市违反 ADA 第Ⅱ条条款，针对城市服务、设计、活动、建筑物和设施、公交系统、颁发许可证和授权使用公共设施以及提供警察、公共卫生和其他服务。这条指控还质疑了坎农海滩市没能纠正 1995 年规范审查中确定的某些违反 ADA 的行为。第二项是原告根据《美国法典》第 29 卷第 504 条 § 794 指控坎农海滩市违反了与第一条指控相同的违规行为。

在第三项指控中，原告称小酒馆未能消除某些建筑障碍，违反了 ADA 的第Ⅲ条款。此外，两名原告称，小酒馆老板对他们发表的某些涉嫌辱骂性的言论也违反了 ADA。在第四项指控中，原告称葡萄酒店没能消除某些建筑障碍，违反了 ADA 的第Ⅲ条款。

在第五项指控中，五名原告称所有被告都违反了俄勒冈州修订法规(O. R. S.)第 447 章。在第六项指控中，原告同样指出小酒馆和葡萄酒店还违反了俄勒冈州修订法规(O. R. S.)第 659 章。第七项指控是坎农海滩市没能就残疾问题培训其雇员、未能监督为本市工作的人等。最后，第八项指

---

〔44〕 Sundloff J. & Schatz A. P. , *Landscape Architecture Licensure Handbook: Ensuring Safe, Healthy, and Resilient Natural and Built Environments*, The American Society of Landscape Architects (2017).

控是小酒馆和葡萄酒店存在疏忽。[45]。

最终法庭判决表明,原告对坎农海滩市、小酒馆和葡萄酒店的指控部分被支持,部分被拒绝。最后结果是,高昂的诉讼费用与赔偿远远超过了当初如果认真对待ADA及其余涉及法律条款所带来的费用。

由此可见,满足ADA的要求和选择专业人员进行合规的设计与评估会对之后的项目产生重大影响。日常生活中,若希望每个人都能参与公共生活,就必须要建立一个包容性尽可能多的公共领域(包括物理场所和社会体系)。虽然美国早在1990年就通过了现行的《残疾人法案》和无障碍设计规范,但由于这些法案和规范着重于可达性的技术性要求,致使实践中它们只是设计行业从业人员在公共场所进行设计实践的最低标准。除了公园、广场、街道和花园等公共场所以外的地方,其他场所仍然存在使身体或心理有障碍的人们感到通行困难的情况。美国设计专业人士尤其是景观设计师,一直活跃在这场运动的核心中。他们将法律的多维度要求变为现实,如通过将坡道、门、栏杆、车道、斜坡、楼梯等纳入设计方案,为公共场所中的使用者提供更多选择,并让所有使用者都能在平等的条件下使用场地。

六、美国无障碍设计法律与规范的启示

1990年7月正式签署的《残疾人法案》彻彻底底地改变了美国人的生活和相关职业的从业状态。该法案要求在物理环境中需要提供坡道、电梯、指定残疾人停车场、可通行路缘等辅助设施,许多出行不便的弱势群体因此可以在学校、工作场所和娱乐设施等公共与私人场所自由通行。该法案制定与逐步完善的几十年间,其最大益处就在于让遭受身体或其他机能影响的人在公共和私人场所能够免受歧视,有尊严地参与到工作、教育、公共交通或公共空间的活动中去。法律法规的不断完善、体制和管理体系的更新与变革,让今天的美国至少在公共空间领域变得越来越包容。

当然,每个个案在整个体系中不可能都是完美的,不乏需要提高的地方。对于建筑师与景观设计师而言,日常实践中的无障碍环境设计主要需参考的设计导则是《残疾人法案无障碍设计标准》(2010年版)。这个标准

---

〔45〕 No. CV-00-303-HU(D. Or. Jan. 15,2002).

是由美国司法部和美国无障碍委员会主持和修订的,其出发点很大程度上不是以残疾人为主要发起人来构建和实施的。该标准里存在的不足包括对残疾和身体有障碍的人群等弱势群体的涵盖不够全面,还需要听取并采纳最新的医学和康复学以及其他学科的意见等。同时,针对美国无障碍委员会的培训内容(2022),ADA 协调员(同时也是地方办事处培训机构官员)认为《建筑障碍法无障碍导则》的更新过慢,导致私人空间和场地依然没有无障碍最低标准出台,使残疾人和弱势群体的诉求无法实现;在使用者对有障碍环境抱怨的调查取证和法案修正问题的行动规划问题中需要细化和规范实施。如果能解决好该法案中标准采纳和统一执行的问题,美国将在无障碍环境建设和社会环境包容的问题上更进一步。

综上所述,无障碍环境建设需要教育引导实施者以达成认知统一,行业自律以达到职业行为和道德的约束,法律保障有法可依且无特例,社会监督来协调各方的利益、辅助立法、给予专业支持和专业监督。对应我国的实际状况,各个环节和内容都亟待建设,通过对美国相关工作的研究可以获得以下启示:

第一,立法层面。需要立法人员与专业从业者和使用者合作,对无障碍设施的核心使用者及其需求予以明确;无障碍建设法律法规中的术语和相应定义需要扩充和予以清晰的界定,并辅以可行的行动指南与评估体系。针对不同场所有科学的建成环境评估、无障碍设计评估和无障碍施工过程评估,以此保障大多数群体对公共空间使用的平等权益,并确保弱势群体在使用中免遭歧视(不可达或不安全)。同时,法律法规需要逐步完善,随着时代和科学技术的进步、人口结构的变化、个体与群体需求的不同,逐步修订现有的法律与规范。在遇到新的状况和案例时,以立法的方式来约束大多数人的行为,从而解决意识欠缺的问题,做到在因有障碍建设环境而产生的个案或特殊案例中能依法保护使用者的权益,特别是残疾人等弱势群体的权益能够得到保障。这些评估体系亦可以作为无障碍设备和产品的评价标准,并在设计实践中予以应用。

第二,监督和管理层面。成立由经过认证考核者组成的,并有残疾人参与的机构或部门,专门协调无障碍建设实施。这些机构或部门需要针对不同的事业或企业服务部门提出无障碍建设的可行性规划以及有统一标准的无障碍建设评估体系。这些机构或部门除了为当地所辖区域(如社区)的残疾人和弱势群体的权益进行法律解读和法律援助外,还为无障碍的实施和监管提供专业的咨询和技术支持,为无障碍建设实施的从业人员提供有针对性的专业解读和培训,为无障碍建设过程中的立法和实施之间的知识和技能上的空白提供沟通渠道和解决方案。同时为研究者和立法实施者提供相应的案例数据资源,从而建立全方位的无障碍建设研究—实践—立法体系,并对体系的可实现度拥有监督权。

第三,专业设计从业人员的教育层面。除了针对专门的决策者和设计规划人员的培训外,还应该考虑到教育对物理环境无障碍建设所起到的直接和间接的影响,如景观设计师协会的成立,让美国的景观设计专业正式进入公众的视野。在这百年间,由协会、景观设计教育工作者委员会和景观设计认证委员会认证的专业课程也在美国大学中试点与推进。历经百年的沉淀与发展,这个最初只注重艺术和技术的专业,成长为有专门注册管理和行业监督的职业。正是景观设计师们在不断地努力普及专业教育课程与界定专业体系,使景观设计从业者从毕业伊始就保持了较稳定的、高水平的职业素养,公众对他们也更加尊重,社会对景观设计行业认知得更为具体(而非只停留在公园和小区设计师的狭隘定义上)。此外,由于行业的不断发展,很多与社会相关的问题也纳入了学校的课程学习大纲,让新手从业者具备足够的知识和能力去应对当下社会的难题与挑战。

第四,从专业实践的角度,重视细节的把握和实践积累。比如前文讲到的职业实践课,让学生们在学校就能够亲身经历一个项目从最初现场勘探到后期法律法规审批与施工的完整过程。重视建成使用后评估、景观绩效评估,将行业、实践和教育链接为一个整体。[46] 而国内的大学课程可能更加注重对同学们设计思路与概念创新的引导,很少有老师会提到关于设计实施中法律法规的要求。而这些恰恰是引导学生在法律法规的许可范围内进行设计实践的重要组成部分,尤其是对现有无障碍建成环境的思考和设计实施的规范。

第五,职业道德和行为约束以及专业责任。美国景观设计师协会除了对行业的教育作出了巨大贡献外,在对职业从业人员的执照管理与从业道

〔46〕 参见杨阳、林广思:《面向循证设计的景观绩效评估研究:发展、内涵与重点》,载《景观设计学》2020 年第 2 期。

德规范行为准则上也作出了重要的引导与监督。在美国,作为职业专业(比如景观设计专业、建筑专业等)通常会有专门的执照管理机构来对从业人员进行考核与管理。景观设计注册委员会就是一个专门机构,负责考察具有至少2年工作经验的景观设计师是否具备拥有执照的条件。美国景观设计师协会的继续教育时长要求便是对已拥有执照的景观设计师的持续更新能力与适应社会变化的要求。注册景观设计师取得职业执照,意味着其符合对从业道德规范与行为准则的认识与理解。无论是从法律上对注册从业执照的刚性要求还是道德规范层面的自律要求,都为景观设计行业与其他社会责任和法律法规的衔接做好了准备。

借鉴美国的经验,重视无障碍环境专业建设,积极推进相关法律制度的完善和建设,与我国景观设计专业教育和行业职业化发展可以相互促进、相得益彰。[47]

七、中国无障碍环境建设法治与行动建议

概括起来,我国无障碍建设物理环境问题主要包括以下几方面:[48](1)法律法规的不完善、界定不清晰以及对法律法规的认知不统一。(2)决策者、专业设计规划人员和施工人员对无障碍环境建设的认知度不高,尚没有认识到无障碍环境建设事关全体社会成员,缺乏无障碍环境文化氛围。(3)由于对法律法规关键实施者的教育不到位,法律制度和审批等过程缺乏专业落实与监督且法律责任归属和追究不明确。(4)策划、设计、施工、监理、维护和管理缺环,已有法律和规范的落实流于形式,无法落实到每个部门形成操作指南和规范。(5)设计和产品标准化要求低(安全和审美最

---

〔47〕 参见李迪华、蔡金栋:《景观设计行业水平的提升有赖于市场化改革的推进》,载《景观设计学》2014年第2期。

〔48〕 参见薛峰:《广义无障碍环境建设导论》,载《城市住宅》2018年第11期;王羽、马哲雪、尚婷婷:《基于老年人步态特征的社区适老化步行系统建构》,载《城市建筑》2018年第34期;那伯识:《城市规划管理视角下我国公共空间无障碍环境提升策略》,载《建设科技》2019年第11期;李迪华:《国土空间规划体系中景观设计学科与行业的困惑及机遇》,载《景观设计学》2020年第1期;李存东、王羽、王玥:《社区室外适老健康环境及康复景观设计研究》,载《建筑技艺》2020年第10期;王羽、尚婷婷、赫宸、王祎然:《老年友好型住区构建中面临的挑战与思考——基于〈住宅设计规范〉局部修订研究工作》,载《上海城市规划》2020年第6期;李迪华、杨帆:《城市步行环境意外伤害法律责任分析》,载吕忠梅主编:《环境资源法论丛》第13卷,法律出版社2021年版。

低要求)、设备和产品质量准入标准低,没有为不同人群设置不同级别标准的产品且在实施中需使用符合标准的产品。(6)设计引领无障碍环境建设的理念没有被广泛接受,实践中“施工代设计”“施工赠设计”普遍;设计取费标准无法要求设计师承担相应的专业责任;项目建成前轻视设计和建成后使用中出了事故想到“设计不足”形成鲜明对比。(7)无障碍使用者的声音和反馈缺失。即需要从点、线、面及立面空间系统、从硬件到软件全方位为无障碍使用者考虑无障碍需求。

综上所述,建立一套能够推进实施的法律体系和能够落实到专业实践的制度体系迫在眉睫。第一,加强无障碍环境观念和文化建设。第二,加快无障碍环境建设立法、评估标准、设计标准、工程质量标准和规范建设。第三,建立准入制的注册景观设计师制度,明确专业教育要求。以此为契机,在专业学习期间落实职业化教育与职业道德规范,同时在教育和实践过程中,拓展景观设计师的职业价值、明确职业边界。在公共空间设计过程中,建立责任机制,对无障碍环境设计可提出专业的指导意见,并在细节设计中对使用者有所关怀,为无障碍环境建设提供全过程和终身责任制度保障。第四,建立无障碍环境协调机构,城市无障碍环境专项规划、建成环境评估、工程评估、使用后评估,投诉与申诉标准化,沟通法律机构、专业设计师的无障碍培训。第五,建立公众参与机制,设立奖惩机制扩大无障碍设计基金的来源,同时设置专项资金支持无障碍设计和服务创新。

《环境资源法论丛》
第 14 卷，第 214~236 页

全球视野下健康环境权发展动态及其启示*

王　蒙**

摘　要　为更好应对全球生态危机，世界各国无论是采纳明确承认健康环境权这一直接路径，还是通过“绿化”其国内法所保护的其他权利的间接路径，其终极目标都在于希冀以保护健康环境权的名义来强化国内的生态保护法律实施力度。围绕承认健康环境权面临的分歧，通过对健康环境权规范与实施的考察，有望增进对于健康环境权内容与实施机制的理解。我国可以考虑以健康环境权来替代当下的环境权，提高对健康权与环境权深切关联度的认知，并在司法实践中进一步澄清与充实其内容，强化司法机构、民间社会及公民在应对气候变化与绿色发展转型中的作用与责任，以此来助推我国公共部门及私营部门在绿色发展转型中尽职尽责，切实践行绿色发展要求并达致协同增效的理想状态。

关键词　健康环境权　人权法　生态治理效能　协同增效

一、全球视野下的健康环境权问题

在昆明市举行的世界环境司法大会上，围绕“发挥司法作用　促进生

---

* 本文系 2020 年度国家社科基金重大项目“人类命运共同体理念下我国核安全治理体系和治理能力现代化研究”（项目批准号：20&ZD162）的阶段性成果。

** 王蒙，西南政法大学国际法学院博士研究生。

态文明：共建地球生命共同体”的主题，来自27个国家最高法院、宪法法院、最高行政法院的院长或首席大法官、大法官以及地方法院法官，国际组织代表和驻华使节等展开了交流，探讨了法院、法官在促进环境法治中的地位与作用等。与会各方均指出法治在全球环境治理中具有不可替代的重要作用，强调应通过公开透明、公正高效、可获得、可负担的司法过程来确立裁判规则，维护公众环境权益，优化环境公共政策，完善环境治理体系，维护人与自然和谐共生。[1] 国务院新闻办于2021年9月发布的《国家人权行动计划（2021—2025年）》对于2021~2025年尊重、保护和促进人权的阶段性目标和任务予以了清晰的阐述，并强调要“依法推进，将人权事业纳入法治轨道；协调推进，使各项人权全面协调发展；务实推进，把人权的普遍原则与中国实际相结合”，“坚持绿水青山就是金山银山理念，坚持尊重自然、顺应自然、保护自然，促进人与自然和谐共生，推进生态文明建设，建设美丽中国，为全人类和子孙后代共享发展创造可持续条件”。[2]

众所周知，日益严峻的气候变化威胁是当下决定人类社会未来命运的重大危机之一，其极大地妨碍了当代及子孙后代的政治、经济、社会和文化等方面的权利。时下，国际社会除了要从新冠感染中更好地得到恢复外，也需要拿出更加强有力地应对气候危机的举措，协调处理好自然环境与人权之间的关系。于此背景下，蕴含着呼吸到更清洁的空气、享有更加安全的饮用水、免于暴露在有害物质下及生活在更健康的生态系统中的综合性权利，即享有安全、清洁、健康和与可持续环境有关的权利（以下统称为健康环境权），在国家、区域和国际层面得到的支持与认可开始激增。

前些年，人权与环境问题特别报告员、民间社会领导人和学术界人士组成的一个小组，曾致函在人权理事会下下设的由哥斯达黎加、马尔代夫、摩洛哥、斯洛文尼亚和瑞士五国组成的人权与环境核心小组，敦促其抓住历史性机遇，并公开承诺要在2021年年底之前，赶在2022年斯德哥尔摩人类环境会议50周年之际向人权理事会和联合国大会提交普遍承认健康环境权的决议。在题为“时间就是现在”的基础上，呼吁理事会毫不拖延地承认

---

〔1〕 参见《世界环境司法大会昆明宣言》，载《人民法院报》2021年5月28日，第1版。

〔2〕 参见《国家人权行动计划（2021—2025）》，载中国政府网，http://www.gov.cn/xinwen/2021-09/09/content_5636384.htm。

"所有人都有权享有一个安全、清洁、健康和可持续的环境"。[3]

2020年9月14日至10月7日,人权理事会在联合国日内瓦办事处举行了第45届会议,并通过了A/HRC/RES/45/30号决议,敦促各成员采取有效措施通过一个确保儿童健康的环境权利,特别是要在其国家立法中承认儿童享有健康环境的权利。该决议由德国代表欧洲联盟提出,乌拉圭和加勒比集团等是共同提案方。该决议未经表决即获得通过,其敦促各成员采取有效措施,通过维持健康的环境来确保儿童权利,并特别强调要在国家立法中承认健康环境权。正如世界卫生组织(WHO)的报告《通过健康环境预防疾病:对环境风险造成的疾病负担的全球评估》所述:儿童,尤其是5岁以下的儿童,是受环境影响最严重的群体。每年约有170万5岁以下的儿童因遭受有毒有害气体排放和化学品污染等环境损害致死。这些令人震惊的数字表明,有效地实施和保护儿童的健康环境权,对于确保联合国《儿童权利公约》所规定的权利实现是非常必要的。

2021年9月13日至10月9日,联合国人权理事会举行的第48届会议通过了第A/HRC/48/L.23/Rev.1号决议,承认健康环境权为一项人权。联合国人权理事会承认健康环境权无疑是一个历史性的胜利,这也将是未来历史发展的一个伟大里程碑。其向全世界每个人都传递了一个强有力的信息:生活在一个安全、清洁、健康和可持续的环境中,是一项值得保护的人权。2022年7月28日,联合国大会以161票赞成、8票弃权通过了一项决议,宣布获得清洁、健康和可持续的环境是一项普遍的人权。联合国秘书长古特雷斯将这一发展称为历史性的,并表示"该决议将有助于减少环境不公正现象,缩小保护差距,赋予人们权力,特别对于那些处于弱势地位的人……"随后,联合国人权高级专员米歇尔·巴切莱特也发表讲话,在表达积极支持该决议的同时,也指出"仅仅确认人人享有健康环境的权利是不够的,其还强调各国必须要履行其国际承诺,并在实现这一目标上加大努力"。[4]

---

[3] See https://www.Genevaenvironmentnetwork.org/wp-content/uploads/2020/09/TheTimeIs-Now_Global-Call-for-the-UN-to-Reco gnize-the-Right-to-a-Healthy-Environment-English.pdf.

[4] 参见美国国际法杂志网(https://www.asil.org/ILIB/un-access-clean-and-healthy-environment-universal-human-right)发布的《联合国:获得清洁和健康的环境是普遍人权》一文。

从实践情况来看,虽然有些国家早已将该项权利纳入其国内法律体系之中,然而,该项权利却并未在司法实践中得到有效运用,除了其法官本身对于与环境保护相关的知识积累不够、在其他宪法性权利与健康环境权利相冲突时进行司法权衡的经验匮乏等内在因素的影响外,也受到其司法运行的政治环境、法院以往的一些裁决实践和法律文本中权利的措辞以及律师与法官等在法律适用方法上的偏好等外在因素的影响。

有鉴于此,本文通过对国际上一些国家健康环境保护的法律保障情况及问题进行梳理,以期能为健康环境权这一权利机制在我国司法乃至整个法律体系中得到更好的运用,进而使其为生态文明建设与经济发展绿色转型更好地发挥服务和保障功能提供些许参考意见。

二、现行健康环境权规范概览

(一)全球层面健康环境权的规范情况

从国际层面来看,在1972年联合国在瑞典斯德哥尔摩举行的人类环境会议就曾提及人类环境包括自然的和人为的两个方面。无论如何,其对人类的福祉以及基本人权如生命权的享有而言,都是必不可少的。自此以后,以哥斯达黎加为首的联合国成员通过了一系列决议,探讨与传播环境、生态系统健康和气候安全相关的风险与享受人权之间的相互联系,并声明:人权的享有在很大程度上取决于清洁健康的环境,而环境破坏、生态系统破坏和全球变暖,又将对人权包括健康权和生命权的享有产生不利影响,特别是那些已经处于弱势地位的人而言,更是如此。但是,目前在国际社会上还缺乏一项独立的规定公民享有健康环境权利的宣言或决议,其在《世界人权宣言》《公民权利和政治权利国际公约》《经济、社会及文化权利国际公约》中也未得到体现的原因缘于这些文书的起草与颁行时间均在现代环境运动兴起之前。

联合国层面,首位联合国人权和环境问题特别报告员约翰·诺克斯及其接替者大卫·博伊德,都极力呼吁各成员在联合国层面承认健康环境权,并就将健康环境权规定为法定权利会如何帮助权利人赋权赋能,支持环境人权捍卫者的工作和保护他们的权利,帮助更好地保护生态环境和应对气候变化展开了强有力的阐释。

此外,也有一些国际机构在不断尝试通过"绿化"包括生命权和健康权等在内的法定权利方式,试图将国际人权保护机制拓展适用到生态环境保护领域。长期以来,国际人权机构一直认为国家不仅有义务不直接侵犯人权,而且有义务保护人权的享有不受他人侵扰与妨害。而环境污染与生态退化,严重损害了人们充分享有人权,同时也意味着国家未能履行其保护公民免受这种侵扰与妨害的义务。

(二)区域层面的健康环境权规范情况

就区域层面的条约而言,1981年的《非洲宪章》是第一个包括环境权利的人权条约,其第24条规定:所有人民都有权享有一个有利于其发展的普遍令人满意的环境。7年后的《美洲人权公约》(《圣萨尔瓦多议定书》),则是首个提出个人有生活在健康环境中的权利的条约。2004年《阿拉伯人权宪章》和东盟国家2012年的《人权宣言》,也规定了享有"健康"或"安全、清洁和可持续"的环境,是获得适当生活水平权利的重要组成部分。尽管《欧洲人权公约》和《欧洲社会宪章》没有明确承认健康环境权,但联合国欧洲经济委员会于1998年通过了《奥胡斯公约》,其中规定了获得信息、公众参与和补救的权利,并要求各缔约方应保障这些权利,以便"有助于保护当代及子孙后代每个人在适合其健康和福祉的环境中生活的权利"[5]。但是,随着人权理事会第A/HRC/48/L.23/Rev.1号决议的通过,2021年9月29日,欧洲委员会议会大会(Parliamentary Assembly of Council of Europe,PACE)指出:其高度关切环境退化的速度和程度、生物多样性的丧失和直接影响人类健康、尊严和生命的气候危机,并建议部长委员会可在《欧洲人权公约》的基础上,起草一份关于安全、清洁、健康和可持续环境的权利的附加议定书。

在区域人权法庭,首次采用这种做法的是1994年的洛佩兹·奥斯特拉诉西班牙(Lopez Ostra v. Spain)一案。该案中,欧洲人权法院指出:污染可能会妨碍个人所享有的受《欧洲人权公约》第8条保护的尊重私人和家庭生活的权利,即使该污染并不危及其健康。法院认为:各国有义务采取合理和适当的措施,防止包括公司在内的行为造成对于这一权利干扰。尽管欧

---

[5] 《奥胡斯公约》第1条规定:为促进保护今世后代人人得在适合其健康和福祉的环境中生活的权利,每个缔约方应按照本公约的规定,保障在环境问题上获得信息、公众参与决策和诉诸法律的权利。具体内容参见联合国欧洲经济委员会网站(https://unece.org/environment-policy/public-participation/ aarhus-convention/text)发布的原文。

洲人权法院后来解释第 8 条的裁定，允许各国政府在制定实质性标准方面享有一定的自由裁量权，但也施加了严格的程序要求。如各国应评估拟议活动的环境影响、公开环境信息以及提供获得司法补救措施的途径等。同样，欧洲法院认为：为了保护《欧洲人权公约》第 2 条所规定的生命权免受环境损害，各国必须建立法律框架来制止侵害行为，并对仍在发生的侵害行为进行调查和惩罚。[6] 在非洲区域，尼日利亚政府和荷兰皇家壳牌公司在尼日尔三角洲地区，因为大规模石油污染而产生的纠纷是该区域首例具有重要影响的环境案件。该案件中，非洲委员会认为：开采行为侵犯了生活在三角洲的奥戈尼人的人权，包括他们获得满意环境的权利和健康权，并认为尼日利亚政府有义务及时采取合理有效的措施，来防止环境污染和生态系统退化，强化对生物多样性的保护，并确保生态和自然资源的可持续发展与使用。[7] 此外，在美洲区域，美洲人权法院认为：对于任何可能影响土著和部落人民传统土地和自然资源权利的授予特许权或其他许可活动，国家有义务在授权之前与利益攸关方事先进行协商，并应确保在没有事先进行环境和社会影响评估的情况下不颁发特许经营证；即使特许经营许可证得到批准，也应保证利益攸关方从此类计划中获得"合理利益"。[8] 该法院还在 2017 年就人权与环境问题发表的一项具有深远影响的咨询意见中指出：《美洲公约》规定的国家责任范围，延伸至其领土或控制范围内造成跨界环境损害的行动，并且知情权、公众参与和诉诸司法，应是环境方面生命权与人格完整权的重要组成部分。[9]

（三）国别层面的健康环境权规范情况

就国别层面而言，依据博伊德报告来看，在联合国 193 个会员中已有

---

[6] See Boer. Ben & Boyle. Alan, *Human Rights and the Environment-Background Paper for the 13th Informal ASEM Seminar on Human Rights*, 14 (14) Sydney Law School Research Paper 3-72 (2014).

[7] See Lilian & Chenwi, *The Right to a Satisfactory, Healthy, and Sustainable Environment in the African Regional Human Rights System*, in Knox & Pejan eds., The Human Right to a Healthy Environment, 2018, p. 59.

[8] See J. S. Phillips, *Legal Struggles of the Indigenous Peoples of Guatemala*, Herald of Anthropology, 2022, p. 113-127.

[9] See Banda, Maria L., *Inter-American Court of Human Rights' Advisory Opinion on the Environment and Human Rights*, SSRN (May. 10, 2018), https://ssrn.com/abstract=3357975.

156个成员在法律上承认了这一权利。[10] 如印度、巴基斯坦等12个国家已将这项权利作为宪法赋予生命权的固有权利;[11]肯尼亚和尼日利亚的宪法虽没有明确规定享有清洁、健康和可持续环境权利,但由于在《非洲宪章》中载有享有清洁、健康和可持续环境权利,就使得肯尼亚和尼日利亚国内法院在裁决中认定"享有清洁、健康和可持续环境权利是宪法生命权的一个重要组成部分"。同样,哥斯达黎加和哥伦比亚法院在涉及享有安全、清洁、健康和可持续环境权利的案件中,也都援引了《美洲人权公约》(《圣萨尔瓦多议定书》)。这些裁决无疑对于增进享有健康环境的权利的内容,提供了丰富的且极具价值的见解。类似的国家还有阿根廷、哥伦比亚、希腊、印度、巴基斯坦和菲律宾等,它们均是在健康环境权的基础上,形成了广泛的判例或通过了相应的宪法规定,抑或是通过法院判决及批准国际协定的方式,[12]还有一些是通过签署不具约束力的软法性声明的方式。[13] 在美国,尽管其联邦政府长期以来一直反对环境人权的概念,并且也一直在极力阻止联合国人权理事会通过享有健康环境权的决议,但实际上,有关健康环境权利的认可与发展早已在其州一级层面开始。比如,20世纪70年代具有里程碑意义的宾夕法尼亚州和蒙大拿州的宪法的规定。此外,在2021年年底,纽约成功地通过了一项基于投票措施的环境权利修正案,该修正案宣称"每个人都有权享有清洁的空气和清洁的水,并拥有一个健康的生存环境"。[14] 一些重大的诉讼也支持了美国州一级的环境权利,突出的例子包括2020年蒙大拿州最高法院对帕克县环境委员会诉蒙大拿州环境质量部的判决、2017年夏威夷最高法院对关于毛伊岛电力有限公司的申请案的

---

[10] See Erin Daly & James R. May, *Implementing Environmental Constitutionalism*, Cambridge University Press, 2015, p. 88.

[11] See David R. Boyd, *The Implicit Constitutional Right to a Healthy Environment*, 99(5) Rev. Eur. Community Int. Environ. Law 1163 (2011).

[12] See UNGAOR, *Report of the Special Rapporteur on the Issue of Human Rights Obligations Relating to the Enjoyment of a Safe, Clean, Healthy and Sustainable Environment*, 73rd Sess Annex, Agenda Item 74(b), UN Doc A/73/188, (2018), at para 36.

[13] See David R. Boyd, *Catalyst for Change: Evaluating Forty Years of Experience in Implementing the Right to a Healthy Environment*, in John H Knox & Ramin Pejan eds., The Human Right to a Healthy Environment, Cambridge University Press, 2018, p. 18.

[14] Earthjustice, *Environmental Rights Amendment Passes in NewYork*, earthjustice (November. 3, 2021), https://earth justice. org/news/press/2021/environmental-rights-amendment-passes-in-new-york.

判决，以及 2017 年宾夕法尼亚州最高法院对环境保护基金会诉联邦（Environmental Defense Foundation v. Commonwealth）的判决。在这一系列案件中，联邦宪法条款为新出现的气候变化诉讼奠定了基础，例如正在进行的对蒙大拿州的诉讼。[15] 在该案件的诉讼进程中，作为原告的青年团体声称，“蒙大拿州支持以化石燃料占据主导地位的能源供应体系的政策，引发了气候危机，这无疑侵犯了他们享有清洁和健康环境的宪法性权利”。[16] 上述诸多的裁决，为增进对于享有健康环境权利的内容与实施机制的理解与认识提供了丰富且极具价值的素材。

三、全球健康环境权发展的必要性与可行性

（一）融合人权与环境因素的健康环境权，能为气候诉讼的蓬勃发展，提供坚实的法律依据

正如 2018 年第 73 届联大会议上，《制定全球环境契约》第 72/277 号决议中所提到的，“评估国际环境法和与环境有关的各项文书可能存在的欠缺，有效地解决国际环境法零敲碎打、被动反应的缺陷，摆脱数目众多的部门性监管框架中不成体系、普遍缺乏一致性和协同效应的困境，亟待对国际环境法的监管架构和治理规则体系有效地进行整合”。除了其所倡议的要制定《全球环境契约》外，将环境权升级为健康环境权，也不失为一条有效的路径。在过去的几年里，欧洲人权法院已经成为基于人权法发起气候变化诉讼的重要舞台，其也有效发挥了助推健康环境权认可度不断得到提升的作用。

随着以权利为基础的气候诉讼日益成为解决气候治理和监管方面的缺陷与短板的一种重要手段，索赔人和法院有了新的机会来承认气候变化、不平等和健康之间不可分割的联系。更为重要的是，通过确保保护、尊重和实

---

〔15〕 Pennsylvania Environmental Defense Foundation v. Commonwealth of Pennsylvania, *Recognition of Environmental Rights for Pennsylvania Citizens*, heinonline（November. 3, 2018）, https://heinonline. org/HOL/LandingPage? handle = hein. journals/ rutlr70&div = 32&id = &page = .

〔16〕 See Lo BK & Morgan EH & Folta SC, *Environmental Influences on Physical Activity among Rural Adults in Montana, United States: Views from Built Environment Audits, Resident Focus Groups and Key Informant Interviews*, 14 (10) International Journal of Environmental Research and Public Health 1173 (2017).

现穷人、社会边缘化人士和群体健康权的所有规范性内容,法院可以帮助行政和立法部门更好地克服社会和健康领域高度不平等的影响,创造出一个更利于弱势群体就气候变化问题给其健康带来影响去主张权利诉求的优良环境。

早先,人权理事会和其他联合国及区域人权条约机构就已经深刻认识到,严峻的气候变化将会导致对人权的侵害,其中遭受妨害尤为明显的便是健康权。2015年缔结的气候变化领域的《巴黎协议》更是明确认可了健康权与气候变化之间的联系。联合国人权事务高级专员也指出:为了确保人口适应气候变化,各国应履行其在健康权方面的最低核心义务,包括确保(1)获得健康的环境条件以及(2)获得医疗卫生服务,尤其是弱势或边缘化群体。联合国环境规划署(United Nations Environment Programme,UNEP)更是宣称在全球范围内承认健康环境权,将有助于以更协调、有效和非歧视的方式应对环境危机,帮助实现可持续发展目标,强化应对气候变化危机的缓解与适应措施的实施力度,助推构筑一个人类与自然更为和谐共生的世界。

(二)纳入健康环境权能有效地提升全球环境的治理效能

推导出享有健康环境的权利,可谓意义重大。其将有力地强化世界各国的环境保护力度,明晰政府及主管部门对环境和公共健康造成损害的活动方面的作用和责任,[17]并为因遭受环境污染影响生命健康权利的公民提供更为充分便利的救济途径。

1. 强化环境立法领域的"不倒退"标准,确保在健康环境议题上的进步性

在国际环境法领域,存在"不倒退"原则,也被称为"停顿"原则。[18] 其主要含义在于现有的环境法标准,应被视为只可以加强而不能削弱的底线。例如,在欧盟《生存环境指令》(Habitats Direction)中,其第6(2)条就规定了不倒退条款,要求成员国必须采取一定的措施避免生存环境恶化,并且防止生存环境内的物种多样性受到侵扰,这些措施包括但并不局限于不倒退条

[17] See Avnish Nanda, *Heavy Oil Processing in Peace River, Alberta: A Case Study on the Scope of Section 7 of the Charter in the Environmental Realm*, 27 (2) Journal of Environmental Law and Practice 109-140 (2015).

[18] See Dayna Nadine Scott, *The Environment, Federalism, and the Charter*, in Peter Oliver, Patrick Macklem & Nathalie Des Rosiers eds., The Oxford Handbook to the Canadian Constitution, Oxford University Press, 2017, p. 513.

款、预防原则等。这些内容的确立,对于确保一些在生态环境保护领域力度不够的国家在环境健康领域的立法始终处于进步状态无疑极具意义。例如,在匈牙利,其宪法法院驳回了将公有森林私有化的提案,理由是私人拥有的土地,其环境标准往往过低。比利时当局拒绝了一项通过削弱空气和噪声污染标准来容纳赛车的提案,依据是这将违反比利时禁止减少环境保护标准的规定。[19] 在 Urgenda 基金会诉荷兰案中,海牙地区法院命令该国限制其年度温室气体排放量,其中一部分原因是基于保护后代权利的需要。[20] 在阿什加·莱加里诉巴基斯坦案中,法庭认为国家对气候变化没有采取行动,侵犯当代和后代的生命权和人类尊严。[21] 在凯尔西·卡斯卡德·罗斯诉美利坚合众国案(Kelsey Cascade Rose)中,其中子孙后代的权利是对政府在气候变化问题上无所作为不断进行挑战的法律依据。[22] 2021 年 4 月 29 日,德国联邦宪法法院公布的一项裁决就极力地批评了其联邦政府未能采取有效措施应对气候变化。法院裁定:德国于 2019 年 12 月通过的《气候保护法》,难以满足应对气候变化的义务需要。[23] 该法颁行之后,在德国境内的一群年轻的成年人基于对该法案的不满,而对该法提起宪法诉讼,认为它无法起到充分保护他们免受气候变化影响的效果。从其立法内容来看,德国承诺实现的排放目标为:在 2030 年的排放量较之 1990 年的水平减少 55%,到 2050 年实现气候中和。此外,其为了达成 2030 年前的目标,还专门出台了相应的措施。然而,2030 年以后为实现 2050 年设定的目标而应当采取的具体举措,却在该法中被搁置了,并将其留给后续阶段通过行政命令的方式来决定。虽然该法在 2030 年之前采取的步骤中赋予了德国政府在选择应对气候变化措施方面的一定的自由裁量权,但却对 2030 年

[19] See David R. Boyd, *Catalyst for Change: Evaluating Forty Years of Experience in Implementing the Right to a Healthy Environment*, in John H Knox & Ramin Pejan eds., The Human Right to a Healthy Environment, Cambridge University Press, 2018, p. 32.

[20] See Mayer B., *The State of the Netherlands v. Urgenda Foundation: Ruling of the Court of Appeal of The Hague*, 8 (1) Transnational Environmental Law 167-192 (2019).

[21] See Alexander Zahar, *Human Rights Law and the Obligation to Reduce Greenhouse Gas Emissions*, 23 (3) Human Rights Review 385-411 (2022).

[22] See Kelsey Cascade Rose Juliana et al. v. the United States of America et al., Case No. 6:15-cv-01517-TC.

[23] See Petra Minnerop, *The first German Climate Case*, 22 (3) Environmental Law Review 215-226 (2020).

之后的时间里的任务与事项未作任何规划与安排。据此,申请人向德国联邦宪法法院提起诉讼,认为:德国没有充分履行尊重、保护和实现其健康环境权的义务,侵犯了其基本权利。最终,联邦宪法法院裁定其《气候保护法》违宪。理由是:"根据可持续发展的要求,一代人不得消耗大量的二氧化碳预算同时,承担相对较小的减排负担,如此将导致子孙后代承受过于巨大的减排负担,为了防止气候变化给其子孙后代的生活带来严重的侵扰,采取相应的措施来更好地应对气候变化的影响,即使会给当代人的自由与权利造成一定的妨碍,在宪法上被视为是相称的和正当的"。裁决的依据是其《基本法》第20条a款,其要求国家:铭记其对后代的责任,并保护生命和动物的自然基础。其还提出基于德国剩余的二氧化碳排放预算,如果当代人在剩余预算中花费过多,那么留给后代的回旋余地将微乎其微。法院进一步认为:若现在不采取更多行动,气候变化所带来的重大威胁将会妨碍后代人的基本权利,并给其生存与发展带来严峻挑战。为了实现代际公平,当下只有采取更为有力的措施方是合乎比例的。虽然这一推理主要立基于2030年后的阶段,但也因此对2030年之前的时间产生了影响。换言之,法院认为:今天的作为和不作为,会对下一代在未来的时间里享受基本权利的能力产生潜在影响。代际公平本身也是《基本法》所规定的基本权利中的一个可诉事由,并且变得越来越重要。最终,法院要求德国联邦政府应在2022年年底前对《气候变化法》的法案重新进行设计。[24] 采用类似的立法机制,无疑将会成为强化国内环境保护法律框架实效而迈出的极为重要的一步。

2. 更有利于公民实现权利救济的诉求

根据当下的法定和普通法诉因,虽允许个人向私人行为者寻求补救,但支持私人寻求向政府问责的机制很少。如若根据第7条提出索赔,则通常要比根据现行法定或普通法诉讼理由提出索赔更有利。

从乌干达的情况来看,自其健康环境的权利纳入宪法成为宪法权利以后,乌干达的民间社会在环境保护方面就变得很活跃。其国内的全国专业

〔24〕 See Stephan Tomerius, *Legal Action for Climate Protection-impulses on the International Level from the German Federal Constitutional Court: The Court Order from March 2021 on the Unconstitutionality of the Federal German Climate Protection Act*, 57 (1) RBCIAMB 158-165 (2022).

环境保护主义者协会(NAPE)诉AES尼罗河电力有限公司[25]、环境行动网络有限公司诉司法部长和国家环境管理局[26]、绿色观察诉司法部长和国家环境管理局[27]以及乌干达无毒疟疾控制网络有限公司诉总检察长案[28]中,都有公民社会以公共利益代表的身份行事的身影。虽然公民社会以前主要集中在人道主义和福利领域开展活动,但当下其也越来越多地将注意力投入环境领域的人权意识普及推广和环境治理领域的健康环境权保护议题推进上。[29] 这些案例表明:公民和民间社会必须保持警惕,以确保国家不辜负其环境责任,防止其为了片面的经济利益而将环境保护推向边缘处。另外,一些国家的法院为此而进行的努力值得赞扬,尤其是在阿西姆韦案中,法院明确告诫国家在环境治理领域理应承担起相应的责任,并清晰地阐明了其对国家的要求。联合国人权事务高级专员米歇尔·巴切莱特于2020年2月6日在日内瓦举行的"是否存在与享有安全、洁净、健康和可持续环境相关的人权"视频会议中提出:当下帮助人类抵御环境灾难的环境标准和人权标准五花八门、千差万别,导致在遭受环境伤害时,许多人缺乏有效的补救办法,难以采取有力的行动,而承认和落实健康环境权,无疑可以极大地扭转这一不利局面。

3. 强化环境法的实施与执行力度,提升环境治理的效能

从对其他受宪法保护的健康环境权国家的研究提供的可靠的经验数据来看,至少80个国家在享有健康环境的权利被宪法根深蒂固后,环境法得到了加强。[30] 因为在大多数情况下,明确地将健康环境权纳入本国的法律

---

[25] See NAPE v. AES Nile Power Limited, Misc. Application No 268 of 1999 (High Court of Uganda).

[26] See The Environmental Action Network Ltd. v. The Attorney General & National Environment Management Authority, Misc. Application No 39 of 2001 (High Court of Uganda).

[27] See Greenwatch v Attorney General and NEMA 1, Misc. Application No 140 of 2002 (High Court of Uganda).

[28] See Uganda Network on Toxic Free Malaria Control Limited v. the Attorney General, Constitutional Petition No 14 of 2009 (Court of Appeal of Uganda).

[29] See D. Ngabirano, *Annual State of Constitutionalism in Uganda: Achievements, Challenges, Threats and Trends, in C Mbazira*, The Annual State of Constitutionalism in East Africa 2012 Fountain, 2013, p. 90-97.

[30] See David. Richard Boyd, *Constitutions, Human Rights, and the Environment: National Approaches*, in Anna Grear & Louis J. Kotzé, Research Handbook on Human Rights and the Environment Massachusetts, Edward Elgar Publishing, 2015, p. 187.

体系之中,意味着会相应地修订相关法律,增进本国公民获得环境信息和司法公正的机会,并强化社会对环境决策的参与度,尤其是可以对一些政治和经济边缘化的社区在法庭上成功地行使他们的健康环境权起到促进作用,这样一来,自然而然地可以起到为公民权利救济提供更多的可供选择的途径、防止环境标准倒退、加强环境法的实施力度的功效。1994年阿根廷宪法改革纳入了享有健康环境的权利,这促使阿根廷通过了规定工业废物和清洁水的最低标准及管理获得环境信息途径的新法律,而基于宪法环境权提出的诉讼活动,使得法院下令清理和恢复马坦扎里亚丘埃洛流域,法院的这一举动势必会极大地改善数百万经济边缘化人口的生活条件。在秘鲁,拉奥洛亚(La Oroya)地区的居民因长期接触附近冶炼厂排放的铅而受到健康损害,其依据宪法环境权提起诉讼后,最终也获得了相应的医疗赔偿金。[31] 在哥斯达黎加和菲律宾也是如此。自哥斯达黎加1994年纳入健康环境权以来,其宪法法院在实践中强有力地执行有关固体废物、污水处理、空气污染、地下水和濒危物种的环境法,并将享有健康环境权利所包括的预防原则、污染者付费原则和代际公平原则在裁决中予以贯彻落实;在菲律宾,自其宪法承认享有健康环境权利以来,环境法的实施与执行力度也得到不断的强化,特别是其还专门制定和颁行了环境诉讼的特别程序规则,意在促进其国内保护享有健康环境权利的实现。[32]

以此观之,推导和衍生出健康环境权,无论是对于环境社会治理能力的提升,还是对于绿色发展转型以及人的健康保障的增进,都具有十分重要的意义。尤其是当前气候危机否认主义的声音依然活跃,部分人仍坚定地认为"气候影响与温室气体排放源没有直接联系",另外也有部分人认为"考虑到气候问题的全球规模,一国温室气体排放的影响力可以忽略不计"。因此,首先需要通过司法及其他相应的行动来使得相关国家的国内大多数人将气候变化视为现实的真实存在的威胁,这无疑对于其未来的气候行动具有深远的影响和意义。总而言之,明确清晰强大的健康环境权,可以使得

〔31〕 See David. Richard Boyd, *The Environmental Rights Revolution: A Global Study of Constitutions, Human Rights and the Environment Vancouver*, UBC Press, 2012, p. 187-188.

〔32〕 UNGAOR, *Report of the Special Rapporteur on the Issue of Human Rights Obligations Relating to the Enjoyment of a Safe, Clean, Healthy and Sustainable Environment*, 73rd Sess, Annex, Agenda Item 74(b), UN Doc A/73/188(2018), at para 42.

环境保护的水准得以改善、生态环境治理效能得到强有力的提升,为人类的健康与福祉带来更大的益处。

尽管国家在应对气候变化的行动中,依据本国的国情和综合国力等,在减缓与适应举措的选择方面,享有一定的自由裁量空间,但也应确保这些步骤是合理和适当的。从欧洲人权法院以往的判例来看,在一个特定的案件中,判断国家在应对气候变化进程中所采取的措施是否合理适当,取决于该案件的具体情况,而法院无疑可以作为裁决者,就一个国家采取的措施是否合理和适当进行评判。例如,在朱赫利(Jugheli)等人诉格鲁吉亚一案的判决中,欧洲人权法院就重申:其任务不是在目前情况下,为更有效地减少工厂活动对申请人的影响而裁定到底应该做什么的问题,而是评估政府是否尽职尽责地处理了这个问题并考虑了所有相互竞争的利益。法院强调:国家有责任利用细致严谨的数据,证明某些人代表社会其他成员承担沉重负担的情况是合理的;同时还应注意不能使国家承受不可能的或在特定情况下的不相称的负担,倘若一个国家已经采取了适当与合理的措施,即使最后这些措施未能有效阻止危险的发生,也不能说该国家没有履行其义务。

依据《奥胡斯公约》的内容来看,欲充分保障健康环境权的实现,需要积极修改与不断地完善国家环境立法,通过赋权行动和激励机制来逐步提升公众参与的意愿和能力。欧洲相关国家在充分遵守和执行《奥胡斯公约》条款以及促进公民享有健康环境权利方面,也积累了许多建设性的经验。

此外,特别报告员诺克斯在其任职期间就深入研究了现有的国际人权法制度,并评估了与环境有关的国际人权义务的状况,并据此形成了许多法律声明。这些声明共同形成了一套与环境有关的人权准则,使得与环境有关的人权义务更加趋于统一和确定。[33] 为促进相关义务切实有效地履行与实施,特别报告员还专门将与环境有关的现有人权义务提炼为16项关于人权和环境的“框架原则”。该框架原则规定了各国根据人权法规定的关于健康环境权所应承担的基本义务,[34] 并要求将现有人权义务如尊重、保

---

〔33〕 John H. Knox, UNHRCOR, *Report of the Independent Expert on the Issue of Human Rights Obligations, Relating to the Enjoyment of a SafeClean, Healthy and Sustainable Environment*, 25th Sess, Annex, Agenda Item 3, UN Doc A/HRC/25/53(2013), at para 27.

〔34〕 UNHRC, *Report of the Special Rapporteur on the Issue of Human Rights Obligations Relating to the Enjoyment of a Safe, Clean, Healthy and Sustainable Environment*, 37th Sess, Annex, Agenda Item 3, UN Doc A/HRC/37/59(2018), at para 8.

护和实现生命权、健康权延伸应用到环境领域,可以说其代表了当前环境权利方面的有关义务履行与实施的最佳实践标准。[35]

(三)有关健康环境权的分歧点可以较为妥当地解决

不能否认,引入健康环境权的规范也存在诸多的分歧。为厘清是否可以将健康环境权纳入生命权、自由权和人身安全权的保护之中,国外就曾进行过激烈的争论。尤其是在加拿大,其国内曾就能否依据《宪章》来承认和保护享有健康环境权进行激烈争论。其争论的焦点主要体现在以下三个方面:

第一,积极权利与消极权利的纠葛。批评者通过对其《宪章》第 7 条进行解读后认为,该宪章只保护所谓的消极权利,即不受国家干涉的权利,而积极权利,即要求国家采取特定行动的权利,并不在《宪章》保护范围之列。对此,有学者反驳道,第 7 条"植根于对人类生命价值的深刻尊重"。就生命权而言,其至少意味着一个人不能被剥夺生命,也不能面临由于国家行动而造成的重大生命损失风险;自由则包括不受约束的自由和个人自主作出的对个人至关重要的决定自由;人身安全主要包括不受国家对身体完整性的干涉,尤其是身心健康完整性不遭受国家的严重威胁。但环境恶化无疑会造成生命、自由或人身安全的损害。同其他国家的行为相对比来看,如果一个公民遭受到政府经营或许可经营的工厂焚化炉排放的有毒气体的损害,与其被政府人员开枪或殴打致死一样。而人权法在前一种情形下提供的保护远远比后一种情形少,这显然是不合理的。从某种意义上说,这将导致对生命权的损害行为的责任豁免。由于环境在实现"人类尊严和福利"方面发挥着日益重要的作用,所以承认享有健康环境的权利,即承认环境损害可能造成的损害后果与其他国家行为一样,会剥夺人的生命、自由和安全。另外,关于第 7 条所规定的权利能否为积极权利的问题,相关学者认为这不应成为纳入完整的健康环境权的阻碍因素。毕竟,积极权利和消极权利之间的界分并不总是明确清晰、毫无疑虑的。如马戈特·杨(Margot Young)指出的那样,"任何将受司法保护的权利限于消极义务的规制方案,在逻辑和实践上都是不可能的"。即使一些所谓的消极权利也包含某些积

---

〔35〕 John H. Knox, UNHRCOR, *Report of the Independent Expert on the Issue of Human Rights Obligations Relating to the Enjoyment of a Safe, Clean, Healthy and Sustainable Environment*, 25th Sess, Annex, Agenda Item 3, UN Doc A/HRC/25/53(2013), at para 28.

极方面，故而，并不能总是十分明确精准地将其归类为纯粹消极权利或积极权利，在沙赫特（Schachter）诉加拿大案中，拉默（Lamer）CJC法官代表加拿大最高法院的多数法官在撰写意见中指出：其他权利将更多地具有“消极”权利的性质，它也只是限制政府。然而，即使在这些情况下，权利也可能具有某些积极的方面，如生命权、自由权和人身安全权，在某种意义上是一种消极权利，但政府基于遵循“正义的基本原则”的要求，可能在某些情况下将第7条的权利作为一种积极的权利。鉴于不能总是十分明确精准地区分积极权利和消极权利，而且宪章已经保护了一些积极权利，批评者关于只保护消极权利的论点难称妥当。

第二，损害后果及受害者是否要明确清晰。如果《宪章》要成为保护个人免受伤害的有效手段，就必须要让法院能够在损害发生之前就能对此类风险进行相应的审查。无论潜在遭受损害的人员是否具体明确，只要存在其可能受到某一特定国家行动的影响或妨碍这一事实即可；同样地，损害是否会发生及有多大的概率会发生，均不影响，只要未来有造成特定损害事实的可能，就不应妨碍权利人根据第7条寻求对于健康环境权保护的救济。换言之，审查申请不是在权利受到实际影响时才可以提出，而是只要存在有侵犯人的生命或安全的可能性即可。加拿大最高法院审理的加拿大总检察长诉贝德福特（Bedford）案中的裁决也进一步消除了对这一问题的疑虑。该案中，最高法院在裁决中指出：即使是对身份不明的个人有伤害风险，也构成对人的生命权、自由权或安全权的侵害。该案中的三名申请者诉称：禁止性工作者采取措施保护自己免受暴力侵害的法律，侵犯了其在《宪章》第7条项下享有的权利。麦克·拉赫林（Mc Lachlin）法官在最高法院一致通过的裁决撰写意见书中指出：受到指责的法律使性工作者面临更大的暴力风险，因此侵犯了性工作者的人身安全。尽管控诉人没有提出其因受到指责的法律而直接遭受了诉称的损害，但依据《宪章》第7条的规定来看，其索赔的诉求是有法律根据的。[36] 法院最后认为：只要能够证明政府行为与损害或损害风险之间存在“充分的因果关系”，即可依据《宪章》第7条来主张其生命权、自由权和人身安全权受到侵害，纵然只是身份不明的个人有受到伤害的风险之虞的情形，亦是如此。据此类推来看：即使特定的环境威胁

〔36〕 2013 SCC 72, at paras 85, 92.

可能只是会有造成伤害风险的可能,或者是其损害的对象可能也只是尚不明确的具体个体,这也足以构成将《宪章》第7条拓展适用于环境保护领域的障碍。

第三,能否对国家及私人主张权利的问题。近年来,气候诉讼案件激增使法庭越来越与世界各地应对气候变化的努力相关联。根据联合国环境规划署与哥伦比亚大学萨宾气候变化法律中心合作在2021年1月发布的一份报告显示:气候诉讼在全球范围内变得越来越普遍,也越来越成功;气候变化诉讼案件数量在过去四年中激增,其中大多数法律行动都针对政府,包括中央和地方。[37] 报告总结了气候诉讼近期所呈现出的一种趋势,其中就包括案件越来越依赖基本人权,包括生命权、健康权、食物权和水权等。报告还发现越来越多的诉讼行动目标,旨在迫使政府和企业履行其气候承诺,追求更加雄心勃勃的气候变化缓解和适应目标。就诉讼中原告的类型来看,其也变得越来越多样化,如儿童[38]、老年人、移民、土著居民等。环境署还预计在未来几年内国际及国内机构面临的气候诉讼将会剧增,尤其在公司误报气候风险、政府未能采取适当的措施来帮助人们缓解和适应极端天气事件层面。也有一些企业因未能将气候变化纳入其决策以及未向股东披露气候相关风险而成为攻击目标,尤其是石油公司,因为部分健康环境倡导者希冀其减少化石燃料的开发和利用,并试图通过诉讼让这些企业对日益严重的污染损害负责。

联合国环境规划署国际法部门负责人安迪·雷恩(Andy Raine)就此评述道,这些历史性裁决代表着人类在全球气候诉讼浪潮中又向前迈出了重

[37] 尼泊尔最高法院的一项重要决定使政府颁布了一部新的、适当的《气候变化法》,这标志着保持健康和清洁的环境是政府气候变化职责的一部分。作为气候努力的一部分,2020年,韩国政府因错误地将生物质发电归类为可再生能源而被起诉,因为其影响了宪法规定的环境权,包括健康环境权。虽然此案仍在审理中,但另一项指控称,公民的环境权利受到侵犯,包括享有健康宜人环境的权利,这援引了韩国政府预防气候灾害并保护其免受气候变化影响的义务,目前这一案件正在等待裁决。在印度尼西亚,也有以忽视气候变化影响为由提起的诉讼,其中在印尼的绿色和平组织主张:在瑟鲁坎·巴旺(Celukan Bawang)扩建一座燃煤发电厂而获得的环境部授权的许可,违反了印度尼西亚宪法和国家法律规定的享有良好健康环境的权利。

[38] 2021年10月11日,联合国儿童权利委员会公布了其对16名儿童投诉人根据《关于设定来文程序的任择议定书》(OPIC)对五个国家即阿根廷、巴西、法国、德国和土耳其提出的申诉的决定。在此过程中,委员会发现,缔约成员可能要为其领土范围内的碳排放活动对其境内外儿童权利所产生的不利影响承担责任。

要一步,法院越来越多地要求公司和政府承担应对气候变化的责任。一些国家的政府也因未能有效保护国民免受洪水、野火和其他与气候变化相关灾害的影响而被诉诸法庭。虽然到目前为止,还没有法庭命令被告因气候变化造成的损害承担支付赔偿金的责任。总之,在气候诉讼中,既可以针对政府,也可以针对企业;无论其为国有还是私有,企业均可能因忽视其经营活动对全球变暖带来的影响而面临承担重大责任的风险。

四、我国健康环境权实施机制的完善

气候变化和环境退化所形成的冲击将极大地损害我们的健康和福利。气候变化的事实与不利后果日益确定且严峻,有效地应对气候变化的紧迫性进一步加剧。而从国际层面来看,及时有效地应对气候变化的制度前景和实施效果仍处于比较暗淡的状态,一个新的应对气候变化的国际机制也未能得以确立。与其他类似的国家行为所造成的剥夺人的生命、自由和安全一样,气候危机与环境退化会造成生命、自由或人身安全的损害。由于气候变化引发的许多可预见危害,如干旱、饥饿、海洋上升、资源战争等,将会进一步搅扰世界的和平、发展与安全。据此来看,国家理应在促进可持续发展,为今世后代以平衡和可持续的方式管理土地、空气和水资源等议题上发挥更大的作用,承担起更多的职责,〔39〕以可持续的方式利用资源,以满足当代人和子孙后代的发展和生存环境的需要。除此之外,诸多的看似无害的个人行为汇聚起来后综合产生的影响,也会对气候变化产生重要的作用。因此,在应对气候变化的进程中,也应将其与个人责任联系起来,特别是在非经济性的减排措施中,注重发挥个人的作用,引导和激励个体公民相互之间保持沟通、支持,使其团结起来,相互促进,采取相应的行动。正是考虑到这一点,在欧洲新政系列行动中的《欧洲气候公约》就对公民要求采取更有力行动且进行了相应的因应,以确保每个人都能帮助建立一个更绿色的欧洲,并支持实现可持续发展目标。《欧洲气候公约》是依据欧盟委员会主席的政治指导方针提出的,旨在将“从个人到最大的跨国公司、地区、地方社区、民间社会、工业和学校”聚集在一起,并通过“算上我们吧”(COUNT US IN)这一倡议活动,在设计和允诺层面形成一系列协议,以此来改变每个个

〔39〕 Constitution of the Republic of Uganda(1995),part *XXVII*(i).

体的行为,以更好地支持绿色发展。〔40〕 而早在2017年,来自184个国家的1.5万多名科学家签署了《世界科学家对人类的警告》,敦促国际社会立即采取行动来应对当前灾难性的气候变化趋势,并呼吁科学家、媒体和普通公民推动有意义的气候行动。随后,由相关法律人士发起的《世界法律人气候行动承诺》向全球法律界发出呼吁,敦促各类法律人将气候责任纳入其日常的专业工作领域和活动之中。该承诺是一项合作倡议,倡导作为个体的每一个法律人尽自己最大的能力来承担气候责任。其文本中就提出,为了我们共同且唯一的地球家园的命运,这需要所有人认识并践行个人和机构的职责,并专门对法官及仲裁提出呼吁,要求其在日常的法律实践活动中,采纳有利于有效解决气候问题的法律规范以及解释方案,更好地在维护人权方面发挥重要作用,尤其是在与环境危害相关的人权问题上,注意履行重要职责,并让政府和公共当局对其在应对气候变化方面的不作为和失败的后果负责。〔41〕

(一)通过在公益诉讼中纳入健康环境权,强化司法系统在有效应对气候变化危机与环境退化风险当中的作用与责任

在COVID-19大流行这一系统性风险的冲击下,整个社会和经济所呈现出的脆弱性无疑再次警醒我们:与传染性疾病一样,气候变化和环境退化也会对人类社会的生存与发展形成剧烈的冲击。法律作为当下最为有效的社会治理方式和手段之一,理应对系统性风险与危机作出有效回应。由于司法部门可以在健康环境权的实施方面发挥"终极先锋"的作用,〔42〕在与环境诉讼有关的案件中,司法部门都应该发挥其平衡经济发展和环境保护之间相互竞争的协调角色,并通过其司法领域的行动努力践行公民健康价值高于一切的理念,即便是国家正处于发展的黄金阶段,迫切需要更多的经济投资,也不能据此牺牲公民享有健康环境的权利。为此,我国的司法系统

〔40〕 The European Climate Pact, *Empowering Citizens to Shape a Greener Europe* (Decem. 07, 2020), https://climate.ec.europa.eu/eu-action/european-green-deal/european-climate-pact_en? wt-search=yes.

〔41〕 Stucki & Saskia, *World Lawyers' Pledge on Climate Action: An Urgent Call for Climate Mainstreaming*, EJIL: Talk! (Sept. 07, 2021), https://www.ejiltalk.org/world-lawyers-pledge-on-climate-action-an-urgent-call-for-climate-mainstreaming/.

〔42〕 See JR. May & E. Daly, *Global Environmental Constitutionalism*, Cambridge University Press, 2015, p. 88.

也应改进法律推理方式，以适应气候变化给人类带来的威胁与挑战的调控需求。在“人类世”时代，法院理应成为环境的守护者，就如同他们是人民的保护者一样。在2018年生态文明入宪后，我国生态文明建设的宪法地位、发展方向和建设目标据此得以有效确定，宪法环境条款体系已经形成。[43] 我国的司法机关，尤其是法院，也应依据与气候变化有关的活动的立法框架和治理需求，在符合法律规定的参与空间内，认真准备应对这一领域所带来的法律挑战。例如，加深有关对国际环境法相关原则的理解与认识；积极吸收并借鉴其他国家通过司法制度有效保障生态文明建设的经验；建设生态文明司法保障案例数据库；构筑生态司法保护激励机制等，加深司法人员对于司法在健康与生态环境保障中所能发挥的治理效用的深度与广度的理解及认知水准等。

（二）重视民间社会与学术界在应对气候危机与环境退化风险行动中的责任，提升其对于健康环境权的理论认知水准与实践运用意愿

由于不告不理原则，法院在促进享有清洁和健康环境权利方面的作用，会受到提交与诉诸他们面前的案件争议的焦点的限制。这就需要诉讼当事人特别是民间社会，在进行环境诉讼的过程中直接援引清洁和健康环境的权利，并提出创新和有说服力的论点。故而，促进健康环境权利发展的这一关键任务，不能仅仅由司法机关来承担。相反，如果要全面、有效地将享有清洁和健康环境权利的崇高规定和目标付诸实践，它将需要政府各部门和民间社会更加深思熟虑的努力。事实上，获得清洁和健康环境的权利也常常伴随义务，一些国家的法律除了关于清洁和健康环境的权利以及国家在提供环境保护措施方面的义务规定之外，还会在其法律规定中具体规定每个公民都有保护环境的义务，如在乌干达宪法中就规定“创造和保护清洁健康的环境是乌干达每个公民的责任”，其《国家环境法》（NEA）还对此予以了细化。[44] 乌干达《国家环境法》对于获得健康环境的权利与义务的规定如下：享有一个体面的环境，需要 a. 每个人都有权享有一个健康的环境；b. 每个人都有责任维护和改善环境，包括有责任将可能对环境产生重大影响的所有活动和现象通知当局或当地环境委员会；c. 为促进享有健康环境

---

〔43〕 参见张震、杨茗皓：《论生态文明入宪与宪法环境条款体系的完善》，载《学习与探索》2019年第2期。

〔44〕 See National Environment Act, Cap 153, Laws of Uganda, 2000 (NEA).

的权利并履行维护和改善环境的义务,根据第(2)款获知的当局或地方环境委员会有权对任何其他活动或遗漏或有可能对环境产生重大影响的人提起诉讼。[45] 气候危机无疑会影响到每一个人的日常生活,故而每个人都应该为找到解决方案作出贡献。在欧盟正在采取的应对气候变化的一系列行动中,其《欧洲气候公约》就打算将所有人团结在一起,为各行各业的人们提供一个连接和集体发展与实施气候解决方案的空间,并让每一个个人通过分享想法和最佳实践的方式来扩大其影响。在其倡导下的"算上我们吧"(COUNT US IN)活动,重点在于动员世界各地的人采取实际行动,集结所有人的力量,并希望通过共同的行动来实现巨大的影响。无论是承诺减少食物浪费,还是转用更环保的能源,或者吃应季食品,这些身体力行的行动虽看似微不足道,但都是能够产生重要作用。这一行动的启动阶段,将集中于传播绿色意识和支持绿色行动。这表明这一权利的实现需要国家和个人共同承担责任,即健康环境权实现的崇高理想需要各级政府部门和社会公众的共同努力。

(三)将健康环境权纳入本国法律体系,以人权实施机制的力度来助推国家在应对气候变化与环境退化风险中的责任落实

气候变化的影响现在是无可置疑的:干旱、森林火灾、风暴、洪水和其他极端天气事件的发生率正在全球范围内上升,对人口趋势产生了重大影响。倘若人类不能紧急减少自己的生态足迹和排放,这种变化将更加激进,后果也将难以预测。鉴于现有国际人权法的内容与实施机制,国家有义务保护环境免受干扰,防止其对健康等人权造成损害。虽然具体环境义务的内容仍在发展演变中,但两项主要义务已变得明确:(1)执行法律框架以防止可能侵犯人权的环境损害的义务;(2)国家有义务采用法律和体制框架来规范私人行为,以防止可能或确实会干扰享受人权的环境损害。这些义务有若干人权公约作为依据,如《经济、社会及文化权利国际公约》第12条第2款(b)项规定,各国应采取措施充分实现权利,包括改善环境和工业卫生的各个方面。因此,各国有义务采取措施防止环境损害,并采取"一切可能的措施,防止或尽量减少污染或因其他原因对土地、空气和水资源造成的损害

---

[45] See National Environment Act, Cap 153, Laws of Uganda, 2000 (NEA), s. 3.

和破坏”。〔46〕为了推动这一目标实现,国家必须就环境问题采取具体行动,如通过法律规定拟采取的措施来增进环保意识、有效治理环境以促进可持续发展,保护环境免遭滥用、污染、退化。

另根据《实施法律框架以防止环境损害的责任框架原则》,“各国应建立和维持非自由裁量、非倒退的实质性环境标准,并以其他方式尊重、保护和实现人权”。这些实质性的环境标准应规范诸如“空气质量、全球气候、淡水质量、海洋污染、废物、有毒物质、自然保护区、栖息地和生物多样性等”。在确定国家环境标准是否尊重、保护和履行人权时,要考虑的因素主要有五项:一是应通过符合人权义务的程序制定标准,包括有关言论自由、信息自由、参与和补救的程序;二是标准应符合所有有关的国际环境、卫生和安全标准,如世界卫生组织制定的标准;三是虽然标准应当考虑到现有的最佳科学,但缺乏充分的科学确定性并不能成为推迟采取有效和相称的措施防止环境损害的理由;四是标准必须遵守所有相关的人权义务;五是鉴于环境保护对充分享有人权的影响,标准不应在环境保护和其他社会目标之间取得不合理的平衡。以上五项因素提供了一个基准来作为评估国家的环境标准,并判断其是否遵守实施尊重、保护和实现人权的法律框架的义务。

除此之外,国家为了充分地履行尊重与实现健康环境权的义务,还应规范私人行为体行为,防止可能侵犯人权的环境损害事件的发生。对此,《工商业与人权:实施联合国“保护、尊重和补救”框架的指导原则》(以下简称为《联合国工商业与人权指导原则》)〔47〕就有专门规定,其特别提出国家应有有效的政策、法律、法规和裁决以及采取适当措施预防、调查、惩罚及纠正包括商业企业在内的第三方侵犯人权的行为。其还指出了企业本身就有保护人权的责任,依据《联合国工商业与人权指导原则》的规定:企业有责任尊重人权,这包括有义务避免通过环境损害造成不利的人权影响,在这种影响发生时加以处理,并减轻与其业务直接相关的不利影响。《实施法律框架以防止环境损害的责任框架原则》第12项则进一步规定了监管私人行为体的义务,并提出“各国应确保针对公共和私人行为者有效执行其环境标

〔46〕 See Constitution of the Republic of Uganda,(1995),part XXVII(ii).

〔47〕 2011年6月,联合国人权理事会一致通过了《工商业与人权:实施联合国“保护、尊重和补救”框架的指导原则》,为预防和应对工商业侵犯人权问题提供了全球标准。

准,并应通过调查和惩罚私人和公共参与者违反标准的行为来监督和实施标准的遵守情况”。

总而言之,承认享有健康环境的权利,不失为提升与改进国内环境保护水准的一剂良药。前述对于在其他颁布了健康环境宪法权利的国家的研究也表明,明确将享有健康环境权纳入法律体系加以保障,确实可以提供更加充分有效的救济途径来补救环境造成的损害,有效地防止国家及地方的环境立法及政策标准倒退,有力地提升法律法规和政策在生态环境恶化情形中的应对力,切实地提高生态环境治理的效能。

应对气候变化与加强环境保护是一项需要全民参与的治理工程,它是决定每个人命运的公共事务,与每一个人都息息相关。因此,要让所有人都持续积极地参与进来,形成“人人有责、人人尽责、人人享有”的社会氛围。在当前大力强调全面深入学习贯彻习近平法治思想的社会背景下,作为习近平法治思想中极为重要内容之一的全过程人民民主观,对其进行推动和法治保障的核心要义,不仅仅在于政府要在公共事务治理之中充当监管者的角色,更在于公民、法人和社会要参与其中,积极担当作为,在公共事务治理中担负起责任承担者和监督者的角色。确保和维护人民享有清洁和健康环境的权利,并使其逐步成为追求环境保护和可持续发展指导标准的参与者、行动者、捍卫者,更好地推动我国经济的绿色发展转型进程。

征稿启事

《环境资源法论丛》由吕忠梅教授主编，法律出版社出版。自 2001 年出版第 1 卷，至今已出版 14 卷，所有文章收录于中国知网和北大法宝网。自第 11 卷起，《环境资源法论丛》由清华大学环境资源能源法研究中心主办，坚持“跟踪环境法研究热点、展现环境法发展方向”的出版思路，设置“重点专题”“基础理论”“制度研究”“案例评析”“外国法译评”“学位论文选粹”等栏目，每年出版 1 卷，长期面向学界诚征稿件。

1. 来稿以 1 万至 3 万字为宜，须为原创性学术作品，严格遵守学术规范。

2. 欢迎名家大作、新人新作，也欢迎博士、硕士研究生踊跃投稿（含博士和硕士学位论文）。

3. 注释体例等格式规范请参考《环境资源法论丛》第 11～14 卷。编辑部保留在尊重作者基本观点的前提下进行文字修改和内容删减的权利。

4. 来稿请附作者简介和联系方式。稿件一经采用，即奉上样书和稿酬。

5. 投稿请以电子邮件方式发送至邮箱：hjzyflc@ 126. com。投稿两个月内未收到编辑部通知的，可自行处理。

《环境资源法论丛》第 15 卷，拟以“法典化时代的环境法”为重点专题，特别欢迎关于法典化规律、环境法体系化以及环境法法典化方案的稿件。第 15 卷截稿日期为 2023 年 10 月 31 日，拟于 2024 年年初出版。

《环境资源法论丛》编辑部

2023 年 5 月 1 日